Helmut Dubiel

Niemand ist frei von der Geschichte

Die nationalsozialistische Herrschaft
in den Debatten
des Deutschen Bundestages

Carl Hanser Verlag

1 2 3 4 5   03 02 01 00 99

ISBN 3-446-19650-1
Alle Rechte vorbehalten
© Carl Hanser Verlag München Wien 1999
Satz: Fotosatz Reinhard Amann, Aichstetten
Druck und Bindung: Franz Spiegel Buch GmbH, Ulm
Printed in Germany

Für Max

Inhalt

Einleitung

>»Die stellvertretende Verantwortung für Dinge, die wir nicht ge-
tan haben, das Auf-uns-Nehmen der Konsequenzen von Dingen,
an denen wir vollkommen unschuldig sind, ist der Preis, den wir
für die Tatsache zahlen, daß wir unser Leben nicht mit uns allein,
sondern unter unseren Gefährten leben.«
>Hannah Arendt in einem unveröffentlichten Vortrag

Der Rückblick auf das abgelaufene 20. Jahrhundert hinterläßt Gefühle stärkster Ambivalenz. Da ist vor allem das Entsetzen über
totalitäre politische Ordnungen, unter deren Herrschaft unzählige Menschen geschunden und ermordet wurden. Aber da ist
auch die vorsichtige Hoffnung auf die Ausdehnung und Festigung
von demokratischen Systemen, in denen Bürger sich als Gleiche
wechselseitig anerkennen. Beides, dieser äußerste Schrecken wie
diese schwache Hoffnung entspringen der Erfahrung eines Jahrhunderts, das unwiderruflich modern darin geworden ist, daß
keine Transzendenz und keine Tradition der Politik mehr ihre
Grenzen vorzeichnen.

Daß diese politische Ambivalenz der Moderne in der zweiten
Hälfte des 20. Jahrhunderts in Deutschland mit besonderer
Schärfe empfunden wird, ist nicht selbstverständlich. In der
frühen Nachkriegszeit standen die totalitäre Gewaltherrschaft
und die Demokratie im Bewußtsein der Deutschen zunächst un-
verbunden nebeneinander. Nur durch die Erfahrung der totalen
militärischen Niederlage wurden sie äußerlich zusammenge-
halten. In seinen »Vorlesungen über die geistige Situation in
Deutschland«, die Karl Jaspers im Wintersemester 1945/46 an
der Heidelberger Universität hielt, entwickelte er als erster den
Gedanken, daß es einen Zusammenhang geben könnte zwischen
dem Aufbau einer Demokratie nach Hitler und der öffentlichen
Reflexion deutscher Schuld. Erst Jahrzehnte später konnte man
erkennen, daß in Jaspers' Verknüpfung von Schuldanerkennung

und der Entwicklung einer demokratischen Kultur der politische Konsens der späteren Bundesrepublik vorweggenommen worden war.

Von diesem Zusammenhang handelt dieses Buch. Es verfolgt am Material der Debatten des Deutschen Bundestages die These, daß dem politischen System der Bundesrepublik eine demokratische Kultur nur in dem Maße zugewachsen ist, wie den Erinnerungen jener Vergangenheit ein Raum eröffnet wurde. Kaum zu übersehen ist, daß dieser Prozeß in Gang gekommen ist. Unabsehbar und historisch offen ist sein Ende.

Der vorgelegte Bericht hat selbst schon eine Geschichte. Vor zehn Jahren beschäftigte ich mich in einem Forschungsprojekt mit Fragestellungen der »zivilen Religion«. Soziologen verwenden diesen klassischen Begriff der politischen Philosophie für jene fundamentalen Wertpositionen, die Politiker gern anrufen, wenn sie – angesichts einer dramatischen Krise – den Grundkonsens der Gesellschaft für gefährdet halten. Im Rahmen dieser Fragestellung habe ich mir seinerzeit parlamentarische Debatten über Probleme der gesetzlichen Regelung der Abtreibung, der Notstandsgesetzgebung, der Terrorismusabwehr usw. angesehen – und eben auch einige Debatten über die nationalsozialistische Vergangenheit der Deutschen.[1] Das einmal geweckte Interesse an diesen Debatten des Bundestages war nun nicht mehr zu stillen. Lange Jahre habe ich mich ohne ein bestimmtes Produktionsziel vor Augen durch die ca. 200 000 Seiten der »Verhandlungen des Deutschen Bundestages« hindurchgelesen. Erst durch den Rat interessierter Freunde und nach der ungläubigen Vergewisserung, daß sich tatsächlich noch niemand dieses doch naheliegenden Projekts angenommen hatte, begann ich mit Blick auf den 50. Geburtstag der Bundesrepublik mit der Niederschrift dieses Buches. Zu dem Anspruch, den gesamten Zeitraum der (west-)deutschen Parlamentsgeschichte in den Blick zu nehmen, trat noch der Ehrgeiz, den Bericht so zu schreiben, daß er nicht nur von Fachleuten, sondern auch von interessierten Laien mit Gewinn gelesen werden kann.

Es hat einige Zeit gedauert, bis ich mich in den bis dato 180

Bänden der Parlamentsakten orientieren konnte. Zunächst habe ich damit begonnen, die programmatischen Stellungnahmen, die »Regierungserklärungen« der Bundeskanzler am jeweiligen Beginn einer Wahlperiode daraufhin zu untersuchen, ob und wie sie auf die NS-Zeit eingehen. Mir fiel dann rasch auf, daß sich in den ersten beiden Jahrzehnten der Bonner Republik viele interessante Debatten aus dem Umstand ergaben, daß die Bundesrepublik in die Rechtsnachfolgerschaft zum Dritten Reich eingetreten war. Dies war der Fall bei den Debatten über die Wiedereinstellung von Angehörigen des öffentlichen Dienstes, die nach 1945 entlassen worden waren, bei den Debatten über die Entschädigung und Wiedergutmachung für NS-Opfer, und dies war der Fall bei den Debatten über die Aufhebung der Verjährungsfrist für NS-Massenmörder. In manchen Debatten reagierten die Parlamentarier auch einfach auf skandalöse Tagesereignisse. So gab es eine aufschlußreiche Debatte in Reaktion auf die vermeintliche Flucht des Leiters des Bundesamtes für Verfassungsschutz Otto John in die DDR im Jahre 1954. In den 70er Jahren gaben die Unruhe an den Universitäten und die Terroranschläge der RAF vielfältige Anlässe, sich auf die NS-Zeit zu beziehen. Ab den 70er Jahren entwickelte sich dann im Parlament allmählich eine Liturgie der Gedenktage (vor allem des 8. Mai), die sich in den 90er Jahren zu einer umfassenden politischen Erinnerungskultur der NS-Zeit ausweitete. Leidenschaftliche Debatten gab es auch in den 80er Jahren infolge der geschichtspolitischen Initiativen des neuen Kanzlers Kohl. Und im Übergang zu den 90er Jahren bot die deutsche Vereinigung zahlreiche Anlässe, die spezifische Vorgeschichte der Bonner Republik zu vergegenwärtigen.

Als Sozialwissenschaftler ging es mir nicht darum, alle Bezüge zur NS-Zeit historisch vollständig zu rekonstruieren. Die Erinnerung der NS-Zeit in den Debatten des Bundestages interessierte mich nur insofern, als sie selbst zum Anlaß wurden einer grundsätzlichen Reflexion über das, was eine demokratische Gesellschaft tun soll und was sie nicht tun darf.

Die Sprache, in und mit der dieser moralische Diskurs der Deutschen nach Hitler rekonstruiert wird, ist nicht prinzipiell unterschieden von diesem Diskurs selbst. Material und Analyse liegen auf einer Augenhöhe. Die einzige Überlegenheit, die ich gegenüber dem durchschnittlichen parlamentarischen Redner reklamiere, ist die professionelle Kompetenz des Sozialwissenschaftlers, die breite Kenntnis der einschlägigen Debatten und das Wissen um den weiteren Gang der Geschichte. Der Verzicht auf eine methodische Verfremdung des Materials ist meine Konsequenz aus dem Umstand, daß es angesichts der in Rede stehenden Ereignisse keinen legitimen Anspruch auf eine neutrale Beobachterperspektive geben kann.

Das Geschehen, das den eigentlichen Anlaß der untersuchten Parlamentsdebatten bildet, ist schon in dem einfachen Sinne des Wortes »unsäglich«, weil es keinen unstreitigen Begriff zu seiner Bezeichnung gibt. In allen Begriffen wie etwa »Holocaust«, »Vernichtung der Juden«, »Völkermord«, »Shoah« steckt eine jeweils spezifisch deutende Rekonstruktion des Geschehens. Der für lange Zeit weithin gebrauchte Begriff »Holocaust« stammt etymologisch von dem griechischen Wort »holókaustos« (»gänzlich verbrannt«) und wurde in den 5oer Jahren – zunächst im englischen Sprachraum – auf die Ermordung der europäischen Juden angewandt. Offensichtlich der erste, der »Holocaust« im heutigen Sinne verwendete, war Eli Wiesel.[2] Wenn es heute ein wachsendes Unbehagen gegenüber der Verwendung dieses Begriffs gibt, so bezieht sich dieses weitgehend auf dessen inflationäre Aneignung durch eine Massenkultur, welche durch ihre Präsentationsform ebenjene moralische Sensibilität abstumpft, die sie zugleich zu erzeugen beansprucht. Der Begriff »Shoah«, der seit dem Film von Claude Lanzmann gelegentlich auch von Nicht-Juden verwendet wird, ist aus dem spezifischen religiösen Kontext der Judenheit nicht herauszulösen. Nicht-Juden, die sich emphatisch dieses Begriffs bedienen, erschleichen sich damit unerbeten den Status des Opfers. Die Begriffe »Endlösung der Judenfrage« oder »Vernichtung der europäischen Juden« wiederholen die Terminologie der Nazis, und ihre Einrahmungen durch zitierende Gänsefüßchen können sie nur unzureichend davor schützen. Auch zwanghaft neutralisierende Begriffe wie

»Völkermord« oder »Judäozid« erinnern in ihrem Versuch einer klinischen Neutralisierung des Geschehens an den kalten Blick der Täter. Weil es keinen unstrittigen Begriff gibt, kommt man also nicht umhin, sich bisweilen der oben genannten Begriffe zu bedienen und jeweils die Kontextgebundenheit ihrer Verwendung zu reflektieren.

Die Verarbeitung der nationalsozialistischen Epoche in der Bundesrepublik gilt inzwischen als gut erforscht. Kaum noch übersehbar sind die Studien, die sich mit der Rezeption und Perzeption des Dritten Reiches in einzelnen Berufsgruppen, Wissenschaftsdisziplinen, Parteien und politischen Körperschaften beschäftigen. Viele dieser Studien verknüpfen ihre Resultate mit dem Anspruch, etwas über den Prozeß der Reflexion dieser Vergangenheit im Bewußtsein der Deutschen im allgemeinen auszusagen. Aber noch niemand hat jenes Material umfassend analysiert, in dem sich die kollektive Reflexion der (West-)Deutschen unmittelbar verkörpert – nämlich die »Verhandlungen« des Deutschen Bundestages. Schließlich ist das Parlament nach gängigem liberaldemokratischen Selbstverständnis die Schnittstelle, an der die Interessen und Meinungen der Bürger mit den Verhandlungen der Politiker vermittelt werden sollen. Das Parlament ist die Membran zwischen Gesellschaft und Staat, der Resonanzboden der bürgerlichen Öffentlichkeit zum einen und demokratische Kontrollinstanz der staatlichen Administration zum anderen.[3] Zudem erinnert der in demokratischen Parlamenten institutionalisierte Antagonismus von Regierungsfraktion und Opposition daran, daß Gesellschaften nicht einfach eine Identität haben. Vielmehr entsteht kollektive Identität, das Bewußtsein eines gemeinsamen sozialen Raums, immer erst dann, wenn die verschiedenen Gruppen der Gesellschaft sich über die Gestaltung ihrer Zukunft und die Deutung ihrer Vergangenheit streiten.[4]

Vorgelegt wird eine Reflexionsgeschichte der Bundesrepublik von ihrer Gründung bis zur Gegenwart. Es gab viele gute Gründe, diese Geschichte der kollektiven (Selbst)-Reflexion der Bundesrepublik am Fall der parlamentarischen Vergegenwärtigung der NS-Vergangenheit zu entfalten. Schließlich ist die öffentliche Interpretation der Vergangenheit ganz im allgemeinen das Medium, in dem moderne politische Gemeinschaften über ihr jeweiliges Legitimitätsverständnis streiten. Ähnlich der biographischen Selbstreflexion des Individuums hängt auch die kollektive von der Antwort auf die Frage ab, woher wir kommen, bzw. wie wir unsere Herkunft interpretieren. Das Thema der Nazi-Vergangenheit lag auch nahe wegen des Berichtszeitraums. So gibt es schlicht kein anderes Problem bundesdeutscher Politik, das in dem halben Jahrhundert ihrer Existenz in derartiger Beständigkeit dazu Anlaß gegeben hätte, ihr politisch-moralisches Selbstverständnis fundamental zum Streitgegenstand zu machen. Überdies erwies sich das Thema des staatlich betriebenen Völkermords in den Lagern und des Vernichtungsfeldzugs im Osten als sperrig gegenüber der Neigung, es in jene strategische Rhetorik zu pressen, die dem parlamentarischen Diskurs schon fast sprichwörtlich eignet. Jenseits des schlichten Schweigens, sei es aus Befangenheit, Scham oder Verstocktheit, nötigt dieses Thema zu einer Ernsthaftigkeit und Wahrhaftigkeit, der man sich nicht leicht entziehen kann. Auch noch nach der Lektüre von Tausenden einschlägiger Seiten in den Bundestagsprotokollen blieb die Faszination über die Erfahrung, wie die Oberfläche des politischen Alltags, nämlich die öffentliche Rede im Parlament bei dieser Thematik plötzlich auf eine abgründige Tiefe hin durchsichtig wird.

Ich werde zunächst zeigen, daß in den 5oer Jahren im Parlament die Neigung dominierte, die NS-Vergangenheit fast hermetisch zu beschweigen. Nur die legislativen Zwänge, die sich aus der Rechtsnachfolgerschaft gegenüber dem Dritten Reich ergaben, brachen gelegentlich Breschen in diese Mauer der Scham und der beschwiegenen Schuld. In den 6oer Jahren lockert sich dieser Bann allmählich, vor allem in der Folge der großen Verjährungsdebatten. Anhand der Debatten in den 7oer Jahren konnte man zunächst den Eindruck gewinnen, daß jene Vergangenheit allmählich vergeht. Aber ihre hintergründige Sogkraft zeigte sich dann überdeutlich in der fast bürgerkriegsförmigen Militanz im Umgang mit dem Terror der RAF. Erst in den 8oer Jahren, im ersten Jahrzehnt Helmut Kohls, entladen sich die tektonischen

Spannungen einer in langen Jahrzehnten gestauten Erinnerung im offenen parlamentarischen Streit – allen Versuchen ihrer vergangenheitspolitischen Neutralisierung zum Trotz und oft gerade wegen dieser. Die Intensität der Auseinandersetzung mit der Vergangenheit wuchs noch in den 90er Jahren. Zum einen zeigte sich – besonders anläßlich der erinnerungsträchtigen Daten des 50. Jahrestages des Kriegsendes – eine Tendenz zur zeremoniellen Ritualisierung der Erinnerung. Und gleichzeitig wuchs auf der Ebene der subjektiven Erinnerung der Vergangenheit die Chance einer authentischen, von ideologischen Verzerrungen befreiten Konfrontation mit dem Erbe der Nazi-Zeit.

Unser Gedächtnis ist nicht einfach nur ein Speicher, von dem wir die einmal auf der Festplatte gebannten Zeichen »herunterladen«. In der Forschung gibt es von den Neurophysiologen bis zu den Historikern den Konsens, daß Erinnerung konstruktiv verfährt. Die sogenannte »Vergangenheit« ist kein objektiver Bestand, sondern im individuellen wie im öffentlichen Leben eine höchst subjektive und situationsabhängige Konstruktion. Was wir erinnern und wie wir erinnern, ist weitgehend bestimmt von den Gegebenheiten der Gegenwart. Ein extremes Beispiel für die auf die Spitze getriebene Instrumentalisierung der Vergangenheit für eine noch zukünftige Gegenwart wird berichtet aus dem Krieg zwischen Serben und Kroaten. In den ersten Monaten des Krieges soll es ein geheimes Abkommen zwischen den Kriegsparteien gegeben haben, die Gefallenen nackt und ohne Erkennungszeichen zu bestatten. Diese Anonymisierung geschah im Hinblick auf spätere Historikerkommissionen, die im Auftrag des UNO-Sondergerichts für die Verletzung von Menschenrechten die Kriegsverbrechen beider Seiten bilanzieren würden. Die Anonymität der Toten gab jeder Seite die Möglichkeit, aufgefundene Leichen jeweils als die eigenen zu reklamieren und zum Zweck der Rechtfertigung der eigenen Sache zu nutzen.[5]

In dieses Bild eines kollektiven Gedächtnisses, das die Erinnerung vollständig den vermeintlichen Imperativen der Gegenwartsbewältigung unterordnet, fügt sich auch die Erfahrung der Nachkriegszeit in (West-)Deutschland – die Erfahrung des vielfäl-

tigen Beschweigens, Bemäntelns und Relativierens der unvorstellbaren Greuel, die zwischen 1933 und 1945 in den Lagern und bei
dem Vernichtungsfeldzug im Osten verübt wurden.

Am Phänomen des Beschweigens dieser Greuel in der frühen
Nachkriegszeit kann man aber auch lernen, daß die Herrschaft
der Gegenwart über die Vergangenheit – so verbreitet sie auch in
vielen Gesellschaften und Epochen sein mag – nicht etwa Teil einer
unveränderlichen Condition humaine darstellt. Sie ist vielmehr
in soziologischer wie in psychologischer Hinsicht ein pathologi-
sches Symptom. Das kollektive Gedächtnis der Nachkriegsdeutschen funktionierte wie ein rigides Informationsverarbeitungspro-
gramm, das alle Informationen nur zur Stabilisierung der bereits
eingeschliffenen Denk- und Gefühlsbahnen benutzte. Viele offenkundig irrationale Einstellungen dieser Zeit – etwa die Selbststilisierung der Deutschen als Opfer, das Abschieben aller Schuld
auf das Individuum Hitler oder die Deutung der NS-Zeit als eine
Art Naturkatastrophe – werden im nachhinein durchsichtig in
ihrer Funktion, ein noch vom totalitären System geprägtes stereo-
types Weltbild zu stützen.

Es gibt einen großen Konsens zwischen allen einander sonst
heftig befehdenden Lagern der Psychoanalyse und Sozialwissen-
schaft, daß diese Blockierung des kollektiven Gedächtnisses der
Deutschen etwas mit Gefühlen von traumatischer Schuld zu tun
haben muß. »Schuld« ist ein schwieriger Begriff. Wir sind allzu
leicht geneigt, ihn im Sinne des Strafrechts als kriminelle Schuld
zu begreifen – und ihn für unseren Zusammenhang zu verwerfen.
Natürlich war die große Mehrzahl der Deutschen nicht in diesem
engen strafrechtlichen Sinne »schuldig«, und dies schon gar nicht
als Kollektiv. In einem allgemeineren Sinne gehört »Schuld« zu
den existentiellen Grunderfahrungen des Menschen.[6] Als Menschen sind wir nicht einfach durch unsere biologische Konstitution in unserer Identität so festgelegt wie durch einen einzigartigen Fingerabdruck. Zu unserer Identität gehören wesentlich auch
die in der Erziehung erworbenen moralischen Maßstäbe, denen
wir in unserem Handeln genügen, die wir aber auch verfehlen
können. Die Möglichkeit von Schuld entsteht aus dieser Fehlbar-

keit, d. h. aus dieser Erfahrung einer krassen Nicht-Übereinstimmung zwischen den moralischen Maßstäben, die wir internalisiert haben, und dem Leben, das wir führen. Der Philosoph Tzvetan Todorov, der in seinem Buch »Angesichts des Äußersten« die moralische Dimension der Erfahrung von Lagerhaft beschrieben hat, verknüpft diesen Begriff von Schuld mit dem der menschlichen Würde.[7] Zur menschlichen Würde gehört es, das Böse, das wir getan haben, uns und anderen einzugestehen und die Verantwortung dafür zu übernehmen. Schuld im strengen Sinne entsteht eigentlich und paradoxerweise erst dann, wenn wir nicht bereit sind, sie anzunehmen, d. h. die Verantwortung für das Böse zu übernehmen, das wir verübt haben oder das in unserem Namen geschehen ist. Diese Art von Schuld, die Ralph Giordano die »zweite Schuld« nennt, ergibt sich aus der Weigerung, die Verbrechen, das Unrecht oder auch nur die Folgen der Fahrlässigkeit früheren Handelns in den Prozeß unserer Identitätsbildung einzubeziehen. In Variation eines berühmten Satzes in der Rede von Richard v. Weizsäcker zum 8. Mai 1985 könnte man auch sagen, Schuld entsteht erst dann, wenn wir uns weigern, eine belastende Vergangenheit so zu erinnern, daß sie tatsächlich zu einem Teil unseres Innern wird.

Das sind freilich erst grundsätzliche Überlegungen, die noch völlig offenlassen, wie die an das Individuum gebundene Kategorie der Schuld mit der Sphäre der Politik zusammenhängt. Karl Jaspers unterschied in seiner Schrift über »Die Schuldfrage« die *kriminelle*, die *politische*, die *moralische* und die *metaphysische* Schuld.[8] Das Problem, dem sich Jaspers seinerzeit konfrontiert sah, bestand darin, angesichts der vielfältig gestuften Verantwortung der Deutschen für den Holocaust eine Konzeption zu formulieren, die zum einen die spezifische Form der Verantwortlichkeit abzugrenzen und zugleich angemessene Konzepte der Reue, der Sühne und der Wiedergutmachung festzulegen erlaubte.

Ihm war von vornherein klar, daß – außer im Fall der kriminellen Schuld – die Verwendung des Schuldbegriffs nur metaphorisch war. Die Schwierigkeiten, die sich Jaspers mit der metaphorischen Verwendung des Schuldbegriffs einhandelte, sind nicht die einzigen in seiner Konzeption. Hannah Arendt hat in ihrer Korrespondenz mit Karl Jaspers und in einem unveröffentlichten Vortrag dessen Überlegungen einer zwar scharfen, aber letztlich doch konstruktiven Kritik unterzogen.[9]

In der europäischen Rechtstradition ist der Begriff der kriminellen Schuld deutlich bestimmt. Er bezieht sich auf ein individuelles Vergehen, das durch staatliche Gesetze als Verbrechen definiert ist. Die Instanz, die diese Schuld feststellt, ist das Gericht. Diese klare analytische Bestimmbarkeit krimineller Schuld ist freilich an historische Bedingungen geknüpft, die nach dem Totalitarismus nicht mehr selbstverständlich sind. In jener Rechtstradition war nicht vorgesehen, daß der Staat, der doch der Hüter des Rechts sein sollte, selbst zum Subjekt monströser Verbrechen werden könnte. Dem Verbrechen des staatlich angeordneten Völkermords ist kein konventionelles Schuldstrafrecht mehr angemessen. Wenn es also ein Vergehen gibt, dem keine konventionelle Strafe mehr entspricht, entsteht jene, von Hannah Arendt notierte, verwirrende Situation wie im frühen Nachkriegsdeutschland, wo irgendwie jeder und niemand zugleich schuldig ist.

Die Inkommensurabilität von Schuld und Strafe ist dabei freilich nicht das einzige Problem. Dem am kriminellen Schuldstrafrecht orientierten Blick auf das Phänomen eines vom Staat verübten Völkermords entgehen jene scheinbar »harmlosen«, nicht-justitiablen Formen von Komplizenschaft wie apathische Folgebereitschaft, feiges Weggucken, Nicht-wissen-Wollen usw. Diese Formen der Komplizenschaft versucht Jaspers mit dem Konzept der moralischen Schuld zu erfassen. Moralische Schuld bezeichnet die Verantwortung für die Folgen, die sich aus meinem individuellen Tun oder Unterlassen ergeben. Die Instanz, vor der ich mich als moralisch schuldig Gewordener verantworten muß, ist letztlich mein eigenes Gewissen. In der Folge der christlichen, zumal der protestantischen Tradition neigen wir dazu, das Gewissen als ein rein innerliches Phänomen zu betrachten, als »Gerichtshof des eigenen Herzens«. Aber es ist zugleich die Repräsentanz des Wunsches, von den Menschen, die ich liebe, geachtet zu werden. Das Zivilrecht und das Strafrecht legen fest, welche Form der Gewalt,

der Drohung, der Erpressung zugelassen sind. Eine solche Demarkation des noch zugelassenen Fehlverhaltens gibt es nicht im
Bereich der Moral. Moral ist rigoros. Sie richtet sich auch auf Vergehen, die das Gericht nicht ahndet. Für die moralische Selbstprüfung gibt es keine Berufung auf den »Befehlsnotstand«: Ein
Mord bleibt Mord, auch wenn er befohlen wurde. In den säkularen Zeiten, in denen wir leben, wird die Rolle des sogenannten
»Gewissens« in der psychischen Organisation gern unterschätzt.
Aber der junge Forschungszweig der posttraumatischen Persön-
lichkeitsstörungen (PTSD) hat überwältigende empirische Belege
dafür erbracht, daß die Teilnahme an dramatischem Unrecht (wie
etwa Kriegsverbrechen) auch solche Personen innerlich zerbricht,
deren Taten den Eindruck scheinbarer Gewissenlosigkeit machten.[10]

Karl Jaspers und Hannah Arendt neigten dazu, den Bereich der
moralischen Schuld oder der individuellen moralischen Verantwortung weit auszudehnen. Ein Grenzfall wäre markiert durch
die Frage, ob jeder Bürger eines Staates verantwortlich ist für die
Art, wie er regiert wird. Mit der Antwort auf diese Frage bewegen
wir uns bereits auf dem Gebiet der politischen Schuld.

Dieser Begriff ist bezogen auf Verbrechen im besonderen und
historisches Unrecht im allgemeinen, die im Namen des Staates,
dessen Bürger ich bin, verübt wurden. Die Instanz, die diese
Schuld einklagt, ist in der bisherigen Geschichte immer der militärische Sieger in einem Krieg gewesen. Wir haben freilich – ein
halbes Jahrhundert nach Jaspers' Schrift – Anlaß zur Hoffnung,
daß es zunehmend transnationale Rechtsinstanzen gibt, die diese
Form der Schuld feststellen und ahnden können. In diesen Tagen
wurde in Rom die Einrichtung eines UN-Weltgerichts für die
Ahndung von Verbrechen gegen die Menschlichkeit beschlossen.
Die Konturen des Begriffs der politischen Schuld bleiben freilich
unscharf. Jaspers spricht in diesem Zusammenhang auch von
»politischer Verantwortung«. Dieser Begriff ist uns im politischen Alltag geläufig, wenn z.B. ein Minister wegen des Fehlverhaltens eines Beamten in seinem Ministerium, in seinem »Ver-
antwortungsbereich«, zurücktritt, obwohl ihn individuell keine

Schuld trifft. Ein weiterer Begriff zur Klärung des Konzepts der politischen Schuld ist der der »kollektiven Verantwortung« oder der »kollektiven Haftung«. Eine Person kann auch für Dinge zur Rechenschaft gezogen werden, an denen sie selbst nicht beteiligt war. Sie »haftet« dann, wie Jaspers und Arendt sagen, für ein Unrecht, das im Namen eines Kollektivs geschieht, dem die Person zugehört. Es bleibt freilich bei Karl Jaspers wie auch bei Hannah Arendt unklar, welche Form der Zugehörigkeit zu einer Gesellschaft es erlaubt, von der »kollektiven Haftung« oder der politischen Schuld aller Mitglieder einer politischen Gemeinschaft zu sprechen. Für Jaspers ist es das bloße rechtliche Faktum der Staatsangehörigkeit, das diese Haftung konstituiert. Hannah Arendt legt die Ebene noch tiefer; für sie ist es die Zugehörigkeit zu einem nationalen Kollektiv, in das man, sozusagen ohne gefragt worden zu sein, hineingeboren wurde. Ich finde beide Vorschläge unbefriedigend. Wären dann letztlich nicht auch die deutschen Juden politisch schuldig an dem Unrecht, das ihnen von Deutschen widerfuhr? Das bloße Faktum der Zugehörigkeit zu einem nationalen Kollektiv, sei es nun rechtlich oder ethnisch konzipiert, kann das Konzept der »politischen« Schuld nicht hinreichend erklären. Von »politischer Schuld« kann erst dann sinnvoll die Rede sein, wenn ein bestimmter Grad der politischen und kulturellen Integration einer Gesellschaft erreicht ist. Im strengen Sinn politisch schuldfähig ist erst ein Nationalstaat, der durch eine hinreichende Kongruenz von sozialstrukturellen, kulturellen (d.h. sprachlichen und religiösen) sowie politischen (plebiszitären oder demokratischen) Zugehörigkeiten gekennzeichnet wäre.

Die schwierigste Schuldform ist die, die Jaspers die metaphysische nennt. Diese ergibt sich aus der Verletzung jener abstrakten Solidaritätsverpflichtung, die ich jedem, der ein menschliches Antlitz trägt, schulde. In diesem Begriff sind alle drei vorangegangenen Schuldbegriffe aufgehoben und zugleich zum Extrem verdichtet. In diesem Sinne bin ich schuldig und muß es notwendig werden, wenn ich nicht alles in meiner Macht Stehende tue, um alles Unrecht in der Welt zu verhindern oder wenigstens zu lindern. Jaspers Konzeption der »metaphysischen Schuld« war letztlich religiös begründet. Einzig das Jüngste Gericht, sprich: Gott, stellt diese Schuld fest. Und die in dieser Konzeption enthaltene abstrakte Solidaritätsverpflichtung gegenüber allem, was ein menschliches Antlitz trägt, ergibt sich letztlich aus des Menschen Gottesebenbildlichkeit. Der religiösen Fundierung dessen, was Jaspers »metaphysische Schuld« nennt, hat Hannah Arendt heftig widersprochen. Für sie folgte der Sinn einer solchen universalistisch erweiterten Konzeption »kollektiver Verantwortung« letztlich aus der oben angedeuteten inneren Begrenztheit der Konzeption der »politischen Schuld«. Diese Begrenztheit ergab sich aus dem Umstand, daß der dabei mitgedachte Referenzrahmen der Nationalstaat gewesen war. Sowohl die neuerliche kommunikative und infrastrukturelle Erschließung der Weltgesellschaft als auch die Erfahrung, daß der totalitäre Nationalstaat in seinem Herrschaftsbereich imstande war, die menschliche Zivilisation abzuschaffen, verpflichten uns heute auf ein Konzept von Solidarität und kollektiver Verantwortung, das keine Grenzen mehr kennt. Es war wohl dieses politische Äquivalent von Jaspers' Konzept der »metaphysischen Schuld«, das Hannah Arendt dazu veranlaßte, angesichts der im Eichmann-Prozeß aufgedeckten Greuel von der »Scham« zu sprechen, »ein Mensch zu sein«.

Prolog: Die Debatte über die Verbrechen der deutschen Wehrmacht am 13. März 1997

Daß die Bundestagsdebatte über die Ausstellung »Vernichtungskrieg. Verbrechen der Wehrmacht 1941 bis 1944« am Ende meines Berichtszeitraums steht, ist ein glücklicher Zufall. Denn sie gehört neben den ersten Reden, die im Bundestag überhaupt gehalten wurden, neben den Verjährungsdebatten von 1965, neben den Auseinandersetzungen um Kohls geschichtspolitische Wende in den 8oer Jahren, neben den Reden Weizsäckers und Jenningers und neben den Ansprachen zum Anlaß des 50.Jahrestages der deutschen Kapitulation zu den interessantesten vergangenheitspolitischen Dokumenten der (west-)deutschen Parlamentsgeschichte. Daß die Debatte nicht nur von den Parlamentariern selbst, sondern auch von der Öffentlichkeit als ungewöhnlich empfunden wurde, ist nicht auf das intellektuelle Niveau der Reden zurückzuführen. Sie erregte Aufsehen, weil in der kathartischen Dynamik ihres Verlaufs der lange politisch-historische Lernprozeß, den die Bundesrepublik in den 50 Jahren ihrer Geschichte gemacht hatte, noch einmal wie in einem Zeitraffer abgespult wurde. Ungewöhnlich war an dieser Debatte vor allem die Sichtbarkeit eines generationsspezifischen Konflikts. Die inzwischen selbst zu Macht und Status gelangte Nachkriegsgeneration diskutierte mit der abtretenden Kriegsgeneration über die Hypotheken, die diese hinterläßt. Es war keineswegs das erste Streitgespräch zwischen diesen beiden Generationen. Schon dreißig Jahre zuvor war mit der richtenden Unerbittlichkeit der 68er die lange verleugnete Geschichte der Nazi-Zeit in den intimen Binnenraum westdeutscher Familien eingebrochen. Im März 1997 hatte sich diese Konstellation eigentümlich verdreht. Jetzt weitete sich die familiäre Intimität zum Raum parlamentarischer Öffentlichkeit.

Auf dem Podium des Bundestages wurden plötzlich subjektive Erinnerungen ausgetauscht. Persönliche, ja, intime Bekenntnisse wurden gemacht. Es flossen Tränen. An die Stelle der richtenden Kritik trat jetzt der verzweifelte Versuch, bei allem ungebrochenen Entsetzen die Motive der Väter auch irgendwie nachzuvollziehen.

Die auf nur eine Stunde angesetzte Bundestagssitzung hatte Züge eines gut inszenierten Dramas. Am Beginn stand die Klage des grünen Abgeordneten Gerald Häfner, der die Aussprache im Namen seiner Partei beantragt hatte. Dann folgten die massiven Anschuldigungen des CDU-Abgeordneten Alfred Dregger, der mit der Aggressivität des tief Gekränkten die Generation der Wehrmachtsangehörigen verteidigte. Ihm widersprachen fast alle Redner, auch wenn die große Mehrheit der CDU-Mitglieder ihn durch Beifall und Zurufe unterstützten. Doch wirklich Bewegung in die Debatte und ihre Teilnehmer kam erst, als der SPD-Abgeordnete Otto Schily und die Grüne Christa Nickels die Ebene der politischen Gegenpolemik verließen und offenbar spontan, unvorbereitet und manchmal unter Tränen am Fall der eigenen Familiengeschichte demonstrierten, was es bedeutet, sich einer mit Schuld und Trauer beladenen Geschichte zu stellen, statt in der reflexhaften Abwehr der Verstockten zu verharren. Auch Dregger konnte sich dann der Suggestivkraft ihrer subjektiven Interventionen nicht entziehen.

Das Thema der Debatte war also die vom Hamburger Institut für Sozialforschung ausgerichtete Ausstellung »Vernichtungskrieg. Verbrechen der Wehrmacht 1941 bis 1944«. Diese Ausstellung war zum Zeitpunkt der Debatte schon seit fast zwei Jahren in vierzehn Städten der Bundesrepublik gezeigt worden. Sie hat sofort eine große Aufmerksamkeit bei den Veteranenverbänden gefunden. Aber erst die extrem scharfe Kritik, die Mitglieder der CDU in Bremen und der CSU an der Ausstellung übten, als diese im Münchner Rathaus gezeigt wurde, bescherte ihr rasch eine bundesweite und dann auch internationale Publizität. Das CSU-Organ »Bayernkurier« nannte die Ausstellung auf ihrer Titelseite »einen Vernichtungsfeldzug gegen das deutsche Volk«. Mit Blick auf die Nürnberger Kriegsverbrecherprozesse sprach das Blatt von »Siegerjustiz«. Der CSU-Abgeordnete Gauweiler verrechnete die Toten des Zweiten Weltkriegs mit der Zahl derer, die durch Zigarettenrauch gestorben waren. (Der Direktor des Instituts für Sozialforschung in Hamburg, Jan Philipp Reemtsma, ist ein Erbe des 1959 verstorbenen Zigarettenfabrikanten Philipp Reemtsma.) Diese Kritik erregte deshalb eine so große Aufmerksamkeit, weil sie in ihrer Infamie und Maßlosigkeit von der rechtsextremen Hetzpropaganda nicht mehr unterscheidbar war. Daraufhin hatten die Bündnisgrünen im Bundestag eine parlamentarische Aussprache beantragt.

Von manchen Publizisten und professionellen Historikern war den Ausstellungsmachern vorgeworfen worden, daß sie keine wirklich neuen Fakten geliefert hätten. In der Tat beschränkte sich die Ausstellung weitgehend darauf, Sachverhalte, die in einschlägigen und anerkannten militärgeschichtlichen Instituten gut recherchiert und in der Profession der Historiker weitgehend unstrittig waren, zu dokumentieren und einer weiteren Öffentlichkeit zugänglich und anschaulich zu machen. Obwohl sich die Veranstalter auf die exemplarische Dokumentation einzelner Kriegsabschnitte beschränkten – die Okkupationspolitik in Rußland, den Feldzug in Serbien und das Wüten der (in Stalingrad zerschlagenen) 6. Armee in Weißrußland –, konnten sie doch belegen, daß der Feldzug der Wehrmacht im Osten nicht nur eine »normale« militärische Aggression war, sondern ein brutaler Vernichtungsfeldzug. Es waren nicht einzelne Kriegsverbrecher, die die Genfer Konvention gebrochen hatten. Die summarische Ermordung der »Kommissare« der Roten Armee, das Verhungernlassen von Millionen russischer Kriegsgefangener, die Massenhinrichtungen von Geiseln und Partisanen, die Beteiligung von regulären Wehrmachtseinheiten an Massentötungen osteuropäischer Juden sowie gezielte Massentötungen der ansässigen slawischen Bevölkerung zeigten das Gesicht eines systematischen »Vernichtungskrieges«, dessen Grausamkeit einzig durch die industrielle Massentötung in den Lagern übertroffen wurde.

Daß der »Wehrmachtsausstellung« schließlich eine solche Publizität zuteil wurde, lag wohl daran, daß sie das letzte Tabu brach, das die Deutschen bis dahin vor der vollständigen Anerkennung aller Verbrechen bewahrte, die nicht nur in ihrem Namen, sondern von Deutschen verübt worden waren. Die Ausstellung selbst dokumentierte zahlreiche Filmplakate, Buchtitel und Zeitschriften der 50er und 60er Jahre, in denen die Wehrmacht als eine ganz normale, »saubere« Armee dargestellt wurde, die sich in nichts von den Streitkräften demokratischer Staaten unterschied. Der Schock, den die breitenwirksame Veröffentlichung von Tatsachen bewirkte, die in der Fachwelt längst anerkannt waren, traf besonders die Generation derer, die noch selbst im Zweiten Weltkrieg als Soldaten gedient hatten. Viele von ihnen fühlten sich durch die Ausstellung und die sie begleitende öffentliche Diskussion pauschal verunglimpft. Die Ausstellungsmacher unterstellten zwar keineswegs eine pauschale Mitschuld eines jeden deutschen Soldaten. Gleichwohl wurde die abstrakte Rede von der besonderen politischen Verantwortung, die jeder Deutsche für die Verbrechen in der NS-Zeit hat, doch schon ein wenig konkreter, wenn man bedenkt, daß immerhin 18 Millionen deutscher Männer Mitglieder dieser Institution waren. Und dies zumeist in einem Lebensabschnitt, in dem die Identität des Erwachsenen sowie seine individuelle und kollektive Selbstachtung endgültig Gestalt annimmt.

Zum Sprecher der Generation, die sich durch die Ausstellung pauschal beleidigt fühlte, machte sich in der Bundestagsdebatte vom 13. März 1997 der CDU-Abgeordnete Alfred Dregger:

»Bei den Soldaten des Zweiten Weltkriegs und ihren Angehörigen geht es nicht um eine kleine abgrenzbare Gruppe unseres Volkes, sondern um die gesamte Bevölkerung der damaligen Zeit. Fast alle Männer waren eingezogen. Natürlich waren auch die Mütter, die Schwestern, die Töchter, die Freundinnen und Ehefrauen der Soldaten mitbetroffen. Es geht in dieser Frage also um unser Verhältnis zu einer ganzen Generation unseres Volkes. Wer versucht – diese Versuche gibt es –, die gesamte Kriegsgeneration pauschal als Angehörige und Helfershelfer einer Verbrecherbande abzustempeln ... (Widerspruch beim Bündnis 90/Grüne) ... der will Deutschland ins Mark treffen. Dagegen wehren wir uns (Beifall bei der CDU/CSU sowie Abgeordneten der FDP – Joseph Fischer, Bündnis 90/Grüne: Das ist ja unglaublich.).« (1997/XIII/163/S. 14711)*

Die Figur Alfred Dreggers ragt wie ein Denkmal der 50er Jahre in die politische Kultur der 90er Jahre. Die einzelnen Argumente seiner Polemik gegen die Wehrmachtsausstellung sind so alt wie die Bonner Republik: Die Kritik an der NS-Vergangenheit Deutschlands schadet der Einheit des Volkes. Nur Hitler und einige »Kriegsherren« waren schuld, und die Deutschen waren seine eigentlichen Opfer. Aber anders als vor 50 Jahren ist sich Dregger bewußt, daß Politiker wie er nur noch eine Minderheit der Deutschen repräsentieren. Die Kränkung darüber, daß »die große Mehrheit der politischen Klasse in Deutschland nicht mehr bereit ist, sich in die Lage des deutschen Soldaten im Zweiten Weltkrieg zu versetzen« (a.a.O., S. 14711), bestimmt den Tenor seines ersten Beitrags in der Debatte:

»Meine Damen und Herren, es geht nicht um einzelne, sondern um uns alle. Wie ein Volk nach einem verlorenen Krieg mit seinen Soldaten umgeht, das sagt viel aus über seine moralische Substanz, über seine innere Würde und seine innere Stärke oder Schwäche (a.a.O., S. 14710) . . . Die Ausstellung versöhnt nicht, sie spaltet. Sie empört durch die Art ihrer Darstellung die Generation der Großväter und Väter und verwirrt die Generation der Söhne und Enkel . . . (a.a.O., S. 14172) . . . Aus solchem Selbsthaß kann nichts Gutes entstehen: kein rationales berechenbares Verhalten in der Politik und keine wirkliche Versöhnung. (a.a.O., S. 14711) . . . – Bedeutende Entscheidungen wurden nicht von den Soldaten, sondern von den großen Kriegsherren getroffen, die allein die politische Macht und die Befehlsgewalt hatten. Die meisten der deutschen Soldaten, die Leib und Leben für ihr Land ris-

---

* Die Protokolle bzw. die »Verhandlungen« des Bundestages werden von mir wie folgt zitiert: Die erste Ziffer in der Klammer bezeichnet die Jahreszahl, die zweite (römische) Ziffer die jeweilige Wahlperiode, die dritte Zahl bezeichnet die jeweilige Sitzungsnummer in der Wahlperiode und die letzte Zahl die jeweilige Seite.

kierten und unendliches Elend ertragen mußten, können zu Recht darauf hinweisen, daß sie selbst an Hitlers Kriegsverbrechen nicht beteiligt gewesen seien und sich auch nicht sonstiger Kriegsverbrechen schuldig gemacht hätten. – Die meisten, sage ich; das gilt nicht für alle.« (a.a.O., S. 14710)

Als Zeuge für den geforderten »würdigen« Umgang der Deutschen mit den ehemaligen Wehrmachtssoldaten benennt Alfred Dregger den französischen Staatspräsidenten Mitterrand, der bei einem »Staatsakt« der Bundesregierung zur 50. Wiederkehr des Tages der deutschen Kapitulation in einer demonstrativen Geste der Versöhnung die deutschen Soldaten von historischer Schuld dispensiert hatte. Auf diese Rede werde ich am Ende meines Berichts noch zurückkommen. Dregger zitiert Mitterrand:

»... Ich bin nicht gekommen, um die Niederlage der Deutschen zu unterstreichen ... und wenig bedeuten mir in diesem Zusammenhang die Uniformen und selbst die Ideen, die in den Köpfen der Soldaten damals gewohnt haben, die in so großer Zahl gestorben sind. Sie waren mutig. Sie nahmen den Verlust des Lebens hin für eine schlechte Sache. Aber ihre Haltung hatte damit nichts zu tun. Sie liebten ihr Vaterland. Es ist notwendig, daß uns das klar wird. Europa, das bauen wir. Aber unsere Vaterländer lieben wir. Bleiben wir uns selber treu ... Verbinden wir die Vergangenheit mit der Zukunft, und wir werden in Frieden den Geist dieses Zeugnisses an jene weitergeben können, die uns nachfolgen ...« (Zitiert nach Bundestagsprotokoll, a.a.O., S. 14711)

Was Mitterrand über das am 8. Mai 1995 zeremoniell gebotene Pathos der Versöhnung hinaus dazu bewogen haben mag, diese starke Differenzierung zwischen der »Haltung« des deutschen Soldaten und der »schlechten Sache«, der er diente, vorzunehmen, steht hier nicht zur Debatte. Aber wenn Alfred Dregger sich die letzten Sätze Mitterrands (»Verbinden wir die Vergangenheit mit der Zukunft ...«) emphatisch zu eigen macht, stellt sich die in unserem Zusammenhang einzig interessante Frage, welche Vergangenheit und welche Zukunft er meint. Das Projekt einer auf demokratische Prinzipien verpflichtete transnationalen europäischen Zivilisation, das Mitterrand im Sinne hatte, ist aus der traumatischen Erfahrung eines totalen Krieges und beispielloser Mensch-heitsverbrechen entstanden. Die »Verbindung« zwischen der Ver-gangenheit und der Zukunft, von der Mitterrand spricht, könnte es einzig in der ständigen reflexiven Vergegenwärtigung dieses Zusammenhangs geben. Alfred Dregger hingegen schwebt die einfachere Kontinuität einer deutschen Nationalgeschichte vor, in der es für ihn keinen Bruch gab. So ist für ihn z. B. die Bundes-wehr expressis verbis nicht etwa die Neugründung einer demo-kratisch legitimierten Armee, sondern lediglich das Resultat »einer grundlegenden Militärreform« (a.a.O., S. 14711). Erst Freimut Duve (SPD) muß (den daraufhin kleinlauten) Dregger auf den substantiellen Unterschied hinweisen zwischen der Wehrmacht, deren Soldaten auf Hitler als Person vereidigt waren, und der Bundeswehr, deren Soldaten auf die demokratische Verfassung vereidigt werden.

Zu den eindrucksvollsten Beiträgen der Debatte gehören die Reden von Otto Schily und Christa Nickels. Schily warnt zu-nächst vor der in der Generation der 68er verbreiteten Selbstge-rechtigkeit:

»Die Debatte kann uns auch in die Versuchung bringen – wer wollte das nicht eingestehen –, sie im Stil einer selbstgefälligen Moral zu führen. Davor ist niemand gefeit, davor sollten wir uns alle hüten. Wenn wir ehrlich mit uns umgehen, wird jeder ein-zelne von uns sich fragen müssen, wie er selbst in einer Extrem-situation gehandelt hätte. Wer von uns könnte ohne weiteres behaupten, daß er z. B. den Mut eines deutschen Soldaten auf-gebracht hätte, der sich der Exekution von wehrlosen Zivilisten verweigerte und sich schweigend in ihre Reihe stellte, um den Tod mit ihnen zu teilen ...« (a.a.O., S. 14714)

Man muß nicht erst eine solche Extremsituation imaginieren, um die verbreitete Selbstgerechtigkeit in der nachträglichen Bewer-tung der NS-Zeit zu kritisieren. Es genügt ja schon die Überlegung, daß die eingeforderten Tugenden der moralischen Sensibilität und Zivilcourage nicht unser geschichtsenthobener Individualbesitz sind. Diese Bürgertugenden sind das unwahrscheinliche Resultat der politischen Sozialisation in einer stabilen demokratischen

Kultur. Wie hätten unter dem noch von wilhelminischen Zeiten geprägten Erziehungsmilieu der Weimarer Republik oder gar der NS-Zeit selbst der Widerspruchsgeist und die massenhafte Protestbereitschaft wachsen sollen, auf die wir heute wie selbstverständlich rechnen? Die Bundestagsdebatten aus den 50er Jahren, auf die ich im 1. Kapitel zu sprechen komme, bieten ein überwältigendes Anschauungsmaterial für die Persistenz einer aus der NS-Zeit überkommenen Mentalität, in der demokratische Tugenden kaum ausgeprägt waren.

An der eben zitierten Stelle – so das Protokoll –»hält der Redner inne«. Offenbar ringt Schily mit den Tränen: »Gestatten Sie mir an dieser Stelle einige persönliche Bemerkungen. Mein Onkel Fritz Schily, ein Mann von lauterem Charakter, war Oberst der Luftwaffe ... (Der Redner hält erneut inne.) ... Entschuldigung ... Zum Ende des Krieges war er Kommandeur eines Fliegerhorstes in der Nähe von Ulm. Er suchte in der Verzweiflung über die Verbrechen des Hitler-Regimes den Tod. Mein ältester Bruder Peter Schily verweigerte sich der Mitgliedschaft in der Hitler-Jugend und versuchte zunächst ins Ausland zu fliehen. Da ihm das nicht gelang, meldete er sich freiwillig an die Front, erlitt schwere Verwundungen und verlor ein Auge sowie die Bewegungsfähigkeit eines Armes. Mein Vater, eine herausragende Unternehmerpersönlichkeit, dem ich unendlich viel für mein Leben verdanke, war ein erklärter Gegner des Nazi-Regimes, empfand es aber als Reserveoffizier des Ersten Weltkriegs als tiefe Demütigung, daß er auf Grund seiner Mitgliedschaft in der von den Nazis verbotenen anthroposophischen Gesellschaft nicht zum Wehrdienst eingezogen wurde. Erst später hat er die Verrücktheit – ich verwende seine eigenen Worte – seiner damaligen Einstellung erkannt. Der Vater meiner Frau, Jindrich Chaimovic, ein ungewöhnlich mutiger und opferbereiter Mensch, hat als jüdischer Partisan in Rußland gegen die deutsche Wehrmacht gekämpft. Nun sage ich einen Satz, der in seiner Härte und seiner Klarheit von mir und uns allen angenommen werden muß: Der einzige von allen vier genannten Personen – der einzige! –, der für eine gerechte Sache sein Leben eingesetzt hat, war Jindrich Chaimovic. Denn er kämpfte gegen eine Armee, in deren Rücken sich die Gaskammern befanden, in denen seine Eltern und seine gesamte Familie ermordet wurden. Er kämpfte gegen eine Armee, die einen Ausrottungs- und Vernichtungsfeldzug führte, die die Massenmorde der berüchtigten Einsatzgruppen unterstützte oder diese jedenfalls gewähren ließ. Er kämpfte, damit nicht weiter Tausende von Frauen, Kindern und Greisen auf brutalste Weise umgebracht wurden. Er kämpfte gegen eine deutsche Wehrmacht, die sich zum Vollstrecker des Rassenwahns, der Unmenschlichkeit des Hitler-Regimes erniedrigt und damit ihre Ehre verloren hatte. (Beifall bei der SPD, dem Bündnis 90/Grüne und der PDS sowie bei Abgeordneten der CDU/CSU).« (a.a.O., S. 14714)

Nach den im Nachkriegsdeutschland gängigen Maßstäben hätte Otto Schily keinen Anlaß zu einem familienbiographischen Schuldbekenntnis. Sein Onkel beging Selbstmord aus Verzweiflung über die Verbrechen des Hitler-Regimes, sein Bruder hatte versucht, ins Ausland zu fliehen, sein Vater wurde wegen seiner Zugehörigkeit zu einer anthroposophischen Vereinigung nicht zum Wehrdienst eingezogen. Aber der Onkel und der Bruder waren – trotz aller inneren Distanz – Soldaten in der deutschen Wehrmacht, und der Vater wäre es gern gewesen.

Kinder müssen sich im Sozialisationsprozeß mit der Generation der Eltern identifizieren. Die moralische Integrität der Eltern ist eine zentrale Voraussetzung für eine intakte Ich-Identität der Kinder. Fünfzig Jahre hat es gedauert, bis man in Deutschland den Gedanken öffentlich aussprechen kann, daß die Schuld, die die Wehrmachtsgeneration auf sich geladen hat, auch die Selbstachtung der nachkommenden Generationen beschädigt hat. Zukünftige Generationen können sich – nach Schily – ein positives Selbstkonzept nur in dem Maße erwerben, wie sie sich an den moralischen Traditionen und politischen Kräften orientieren, die gegen die deutsche Wehrmacht gekämpft haben. Aber wenn es so war, daß die deutschen Väter und Großväter Mittäter in einer unmenschlichen Organisation waren, wo ist dann überhaupt ihr Ort im Gedächtnis und im moralischen Bewußtsein der Kinder und Enkel?

Auf diese Frage geht die »grüne« Bundestagsabgeordnete Christa Nickels ein. Sie beschreibt zunächst, wie sie erst als Erwachsene davon erfuhr, daß ihr Vater Mitglied der SS war:

»... Vor einigen Jahren reichten sich unser Bundeskanzler und Präsident Reagan auf einem Friedhof in Bitburg die Hand. Dabei ist mir zum ersten Mal aufgefallen, daß mein Vater auf dem einzigen Foto, das es aus dieser Zeit von ihm gibt, eine Uniform trägt, die schwarz ist und auf der Totenköpfe sind. Damals war ich schon für die Grünen im Bundestag und habe es nicht gewagt, meinen Vater zu fragen; denn es fiel mir unendlich schwer. Ich habe es nicht über das Herz gebracht, ich konnte das nicht...« (a.a.O., S. 14720)

Unwillkürlich drängt sich dem Zuhörer die Frage auf, wie es möglich war, eine Kindheit und eine Jugend mit einem Vater zu verbringen, ohne von dieser Vergangenheit Notiz zu nehmen. Dieses Faktum allein schon verweist auf die soziale und psychische Hermetik, mit der in Deutschland die NS-Vergangenheit beschwiegen wurde. Wie sehr die Kinder zu unbewußten Komplizen dieses Schweigens wurden, bemerkt man daran, daß Christa Nickels die Erkenntnis, daß ihr Vater zu den Tätern gehörte, offenbar nur ertragen kann, indem sie ihn zugleich selbst zum Opfer macht. Sie führt weiter aus:

»... 1989 bin ich mit unserer bündnisgrünen Bundestagsfraktion nach Warschau gefahren. 50 Jahre nach dem Überfall auf Polen sind wir in Majdanek gewesen ... Ich war im KZ in Majdanek und sage Ihnen: Eines Nachts bin ich regelrecht zusammengebrochen, weil ich furchtbar über das erschüttert war, was in Majdanek passiert war, aber genauso über das, was man mit den Männern, zu denen auch mein Vater gehört hat, gemacht hat. Es waren überwiegend Männer, die das Leben und die Kinder liebten. Es ist furchtbar, zu was man diese Männer in diesem verbrecherischen Krieg gemacht hat. Die meisten von ihnen hatten nicht die Kraft, sich dem zu entziehen. Sie alle haben unendliche, entsetzliche Schuld auf sich geladen. Die Männer, Frauen und Kinder – ich bin die Tochter eines solchen Soldaten – sind bis heute davon geprägt.« (a.a.O.)

Ihre Reflexion über die Bedingungen, unter denen ihr Vater zum Täter (gemacht) wurde, dienen freilich nicht dessen moralischer Entlastung. Seine moralische Schuld im Sinne von Karl Jaspers bleibt bestehen, auch wenn die Kräfte durchsichtig werden, die auf ihn eingewirkt haben. Darum unterscheidet sich die Opferperspektive, die Christa Nickels für ihren Vater einnimmt, von der verbreiteten Selbstwahrnehmung als Opfer Hitlers, die viele Angehörige der Kriegsgeneration nach dem Zusammenbruch und oft noch Jahrzehnte danach pflegten. In der Fremdwahrnehmung ihres Vaters kommt bei Christa Nickels jene ambivalente Erfahrung in dramatischer Weise zur Geltung, die letztlich jeder und jede Heranwachsende am Ende eines gelungenen Reifungsprozesses macht – die Erfahrung nämlich, daß das Bild der Eltern in unserem Bewußtsein immer aus dunklen und hellen Komponenten zusammengesetzt ist. Die Neigung zur Idealisierung der eigenen Herkunftsfamilie ist genauso ein neurotisches Symptom wie deren rebellische Verleugnung. In dieser ausgehaltenen Ambivalenz gegenüber der eigenen Familie ist für Christa Nickels zugleich das Modell angelegt, wie sich Deutsche nach dem Holocaust auf ihr eigenes nationales Kollektiv beziehen könnten. Christa Nickels:

»Herr Dregger, es stimmt doch nicht, daß man dann, wenn man die Wunden offen und ungeschminkt zeigt und anfängt darüber zu reden, die Betroffenen mit Schmutz überschüttet oder in eine Ecke stellt. Im Gegenteil, ich glaube, das Beste, das uns passieren könnte, wäre, wenn wir ein Klima in Deutschland bekämen, in dem die Väter und Mütter und ihre Kinder – ich bin ein Nachkriegskind und mittlerweile 45 Jahre alt – endlich einmal in aller Ruhe miteinander darüber reden könnten, was mit ihnen passiert ist und warum das so gekommen ist. Ich bin Mutter, ich habe Kinder. Ich sage Ihnen eines: Für mich steht außer Frage, daß ich, wenn ich jemals einem Deserteur helfen kann, weil er sich weigert, einen anderen Menschen zu erschießen, das tun werde. Ich glaube, wenn es wirklich etwas zu verteidigen gibt, was das eigene Leben wert ist, daß man es freiwillig tut, dann wird das ein Mensch in schwerster Not vielleicht auch tun. Aber man sollte

Menschen dazu nicht abkommandieren. Ich glaube nicht, daß man ein Land lieben kann, wenn man nicht zuallererst gelernt hat, das Leben der anderen Menschen und auch sein eigenes zu lieben. Das ist mir wichtig zu sagen. Diese Debatte beeindruckt mich. Ich habe mir sehr überlegt, ob ich das alles sagen soll, weil vielleicht jemand fragen könnte: Wie kannst du denn so etwas machen? Er ist doch dein Vater gewesen. – Aber ich empfinde das, was ich gesagt habe, nicht als Nestbeschmutzung, weil jeder, der mich kennt, weiß, wie sehr ich meine Eltern – auch meinen Vater – liebe und geliebt habe ...« (a.a.O., S. 14720)

Alfred Dregger bleibt von diesen Interventionen nicht unbeeindruckt. Zum ersten Mal in den langen, langen Jahrzehnten seiner parlamentarischen Präsenz zeigt er Zeichen der Nachdenklichkeit:

»Herr Präsident! Meine Damen und Herren! Ich will mich kurz fassen und bekunden, daß die Kritik, die an mir geübt worden wird, von mir geprüft werden wird, daß ich sie nicht schlankweg zurückweisen werde ... (Beifall im ganzen Hause) ...«

Und nach einigen Versuchen der abschwächenden Wiederholung, der Korrektur und der Relativierung seiner vorherigen Ausführungen sagt er abschließend:

»Meine Damen und Herren, wir sollten irgendwann einmal ... ein Gespräch führen, mit dem Ziel, Mißverständnisse – soweit es Mißverständnisse sind – auszuräumen. Ich würde es sehr gut finden, wenn unser Parlamentarismus so liefe, daß wir offen und anständig miteinander reden könnten, wie es jetzt in diesem Teil der Debatte war. Allen denjenigen, die dazu beigetragen haben, möchte ich herzlich danken ... (Beifall bei der CDU/CSU und der FDP sowie bei Abgeordneten der SPD).« (a.a.O., S. 14721)

1
Die 50er Jahre: Generation ohne Abschied

»Der Edle wird das Schlechte nicht ausspucken«

v. Meerkatz

Stimmen des Anfangs

In feierlichem Rahmen wird am 7. September 1949, exakt um 16 Uhr und fünf Minuten, wie das Protokoll vermerkt, die erste Sitzung des neu gegründeten Bundestags der Bundesrepublik Deutschland eröffnet. Ein Sinfonieorchester spielt zu Beginn Beethovens Ouvertüre »Weihe des Hauses«. Nach einem in vielen Parlamenten üblichen Brauch wird die erste Sitzung des neu konstituierten Bundestages durch dessen ältesten Abgeordneten, den sogenannten Alterspräsidenten, eröffnet. Der Alterspräsident des ersten Bundestages ist der vierundsiebzigjährige sozialdemokratische Abgeordnete Paul Löbe aus Berlin. Es ist nicht nur sein Alter, das ihn für die Aufgabe der feierlichen Eröffnung des Bundestages qualifiziert. Als letzter Reichstagspräsident vor dem Dritten Reich und als Repräsentant Westberlins im Bundestag verkörpert Löbe sowohl den Anspruch auf Anknüpfung an die parlamentarische Tradition der Weimarer Republik als auch auf die Fortsetzung eines einheitlichen deutschen Nationalstaates.[1] Aus heutiger Sicht verwirrend ist die Adressierung seiner Rede. Paul Löbe richtet sich zunächst nicht einfach an die Bürger der neuen Republik, die Westdeutschen, sondern gerade an die Gruppe der Deutschen, die in der Folge der Teilung aus der Gründung der Bundesrepublik mittelbar und unmittelbar ausgeschlossen sind, die Berliner und die Ostdeutschen:

»Meine Damen und Herren! Der Zufall hat es gefügt, daß ich als Alterspräsident vor Ihnen stehe, als einer der Vertreter der alten deutschen Hauptstadt Berlin. In der Entsendung der Berliner Abgeordneten kommt der einhellige Wunsch seiner Bewohner zum Ausdruck, in dieses neue Deutschland einbezogen zu sein, und die Hoffnung, daß dieser Wunsch durch Ihre Arbeit bald seine Erfüllung finde. (Lebhafter Beifall.) Aber nicht minder hoffnungsvoll, ich möchte sagen, Erlösung heischend sind heute die Augen jener Millionen deutscher Landsleute auf uns gerichtet, die in den deutschen Ostgebieten wohnen und deren Vertretern Besatzungsmacht oder fremde Verwaltung gewaltsam verwehrt, mit in diesem Saale zu sitzen und mit uns zu beraten. Indem wir die Wiedergewinnung der deutschen Einheit als erste unserer Aufgaben vor uns sehen, versichern wir gleichzeitig, daß dieses Deutschland ein aufrichtiges, von gutem Willen erfülltes Glied eines geeinten Europa sein will.« (1949/I/1/S. 1)

Daß diese im letzten Satz formulierte Versicherung so auf die Anrufung aller Deutschen folgt, signalisiert wohl die Befürchtung, daß der Anspruch des westdeutschen Bundestags auf die politische Repräsentanz aller Deutschen innerhalb der Grenzen von 1937 vom sogenannten »Ausland« als die Fortsetzung großdeutscher Politik mißverstanden werden könnte.

In einer eindringlichen Erinnerung an die letzte Sitzung des Reichstages nach Hitlers Ermächtigungsgesetz im Januar 1933 sucht Löbe nach dem abgerissenen Faden des deutschen Parlamentarismus. Anders als viele spätere Redner im Bundestag, die den zivilisatorischen Bruch der nationalsozialistischen Ära mit großer Unbefangenheit übersprangen, markiert Löbe deutlich die scheinbar unüberwindlichen Schwierigkeiten einer Wiederanknüpfung an demokratische deutsche Traditionen. Zwischen der Vergangenheit der Demokratie in der Weimarer Republik und ihrer Zukunft in der neuen Bundesrepublik liegt für ihn ein fast unübersteigbares Gebirge von materiellen und moralischen Trümmern:

»Meine Damen und Herren! In dem Augenblick, in dem zum ersten Mal wieder frei gewählte Abgeordnete eines erheblichen Teils von Gesamtdeutschland zusammentreten, um eine deutsche Regierung einzusetzen und eine neue Gesetzgebung zu beginnen, schweifen die Gedanken von uns Älteren zurück zu jener letzten Sitzung des Deutschen Reichstages in der Berliner Krolloper, der wir beiwohnten und in der durch das Hitlersche Ermächtigungsgesetz die staatsbürgerlichen Freiheiten für lange Jahre begraben wurden. Das war ein illegaler Akt. Der Widerstand dagegen war patriotische Tat. (Zwischenruf des kommunistischen Abgeordneten Reimann: Wie viele Abgeordnete sitzen hier, die dafür gestimmt haben!) Die Jüngeren unter uns aber, woher sie auch kommen mögen, haben auf ihrer Reise nach Bonn, vielleicht zum ersten Mal in diesem Umfang, die erschütternden Zeugen der Zerstörung gesehen, die jene Machtergreifung schließlich herbeigeführt hat, die sichtbaren Zeugen nur, denn jeder einzelne von uns weiß dabei um die geistige und seelische Verwüstung, die mit der äußerlichen in unserem Volke angerichtet worden ist. Die Alten und die Jüngeren sind nun hier vereint in der schweren Aufgabe, an die Stelle der Trümmer wieder ein wohnliches Haus und in den Mutlosen eine neue Hoffnung zu wecken.« (a.a.O.)

Der Alterspräsident Löbe spricht die Erblast des Nationalsozialismus direkt an. Zumindest darin unterscheidet sich seine Rede von vielen Bundestagsreden, die in den ersten Wahlperioden gehalten wurden. Viele Abgeordnete zogen es in den 50er Jahren vor, diese Vergangenheit schlicht zu beschweigen oder sich, wenn ihre Erwähnung unvermeidlich war, auf vage Umschreibungen zu beschränken. Geradezu zwanghaft verquickten sie auch die Erwähnung des Dritten Reiches mit der relativierenden Erwähnung der Untaten des Stalinismus. Freilich erfüllt Löbes Erwähnung der nationalsozialistischen Vergangenheit in keiner Weise die Erwartung, daß in dieser ungewöhnlichen Stunde der Gründung einer zweiten deutschen Demokratie einer ihrer Politiker rhetorisch imstande wäre, der Verantwortung für die unvorstellbaren Verbrechen gerecht zu werden, die in deutschem Namen und von Deutschen verübt worden waren. Zwar spricht Paul Löbe von einem »Riesenmaß an Schuld«:

»Wir ... bestreiten auch keinen Augenblick das Riesenmaß von Schuld, das ein verbrecherisches System auf die Schultern unseres Volkes geladen hat. Aber die Kritiker draußen wollen doch eines nicht übersehen: das deutsche Volk litt unter zweifacher Geißelung. Es stöhnte unter den Fußtritten der deutschen Tyrannen und unter den Kriegs- und Vergeltungsmaßnahmen, welche die fremden Mächte zur Überwindung der Naziherrschaft ausgeführt haben. Wessen Haus an allen Ecken brennt, der sieht zunächst die eigene Not, ehe er die Fassung gewinnt, die Lage der Nachbarn voll zu würdigen.« (a.a.O., S. 2)

Aber letztlich handelt es sich für ihn nicht um die Schuld der

Deutschen, sondern um die eines »verbrecherischen Systems«. Mit dieser Trennung von »System« und »Volk« verwandeln sich die Täter und Komplizen zu Opfern. In dieser Hinsicht ist Löbes Denkungsart durchaus repräsentativ für die Mentalität der damaligen Deutschen. Die Selbstwahrnehmung der Deutschen als Opfer und die Abwehr der Kollektivschuldthese bestimmen nahezu alle Reden, die sich im frühen Bundestag auf die Vorgeschichte der neuen Republik beziehen. Die vormoderne Rede vom »Tyrannen«, der dem unterdrückten »Volk« gegenübersteht, unterschlägt nicht nur das Ausmaß der Akzeptanz, welches die Nationalsozialisten bei den Deutschen fanden, sondern auch dessen spezifische Natur. In keinem anderen historisch vergleichbaren Fall nämlich waren Volk und Regime so eng miteinander verschränkt wie im nationalsozialistischen Deutschland. Nirgendwo sonst hatte ein moderner Staat die Repräsentation des Volkes derartig monopolisiert, daß beide nicht nur in der Propaganda, sondern im Bewußtsein des größten Teils der Bevölkerung ununterscheidbar wurden.[2] Der Eindruck, daß Paul Löbe von »Schuld« zwar spricht, sie aber eigentlich nicht den Deutschen zurechnen möchte, verdichtet sich schon beim nächsten Satz. Mit dem Hinweis auf die Inhaftierung jener sozialdemokratischen Reichstagsabgeordneten, die dem Ermächtigungsgesetz nicht zugestimmt haben, möchte er dem Vorwurf begegnen, daß es keinen politischen Widerstand gegen Hitler gegeben habe:

»Es sind auch Vorwürfe erhoben worden, weil das deutsche Volk sich nicht gegen den nationalsozialistischen Terror zur Wehr gesetzt habe. Wenn ich Ihnen sage, daß allein von den 94 sozialdemokratischen Abgeordneten, die gegen das Ermächtigungsgesetz gestimmt haben, da sie sich zu jener Zeit noch in Freiheit befanden, 24 ihren Widerstand mit dem Leben bezahlt haben ... (die Abgeordneten erheben sich von den Sitzen), wenn Sie bedenken, welche Opfer ...« (a.a.O.)

Diese erste Erwähnung von Opfern der nationalsozialistischen Herrschaft im Deutschen Bundestag ist vor allem deshalb bemerkenswert, weil in der ersten Rede nicht etwa der jüdischen Opfer gedacht wird oder der Toten des von den Deutschen entfesselten

Krieges, sondern nur jener Menschen, denen sich die Anwesenden besonders nahe fühlen können – nämlich der drangsalierten und ermordeten Abgeordneten des Reichstages. Diese ausblendende Befangenheit in der Wahrnehmung der Opfer führt dann bei manchen Abgeordneten, die Löbe zuhören, zu dem Disput, welche Partei mehr Opfer gebracht hat. Im Anschluß an die eben zitierte Passage vermerkt das Protokoll:

»Unruhe. – Zuruf von rechts: Auch von anderen Parteien sind Opfer gebracht worden; wir wollen keine Rechnungen aufmachen! – Weitere Zurufe von rechts und von den Kommunisten.« (a.a.O.)

Wer mit dem Abstand eines halben Jahrhunderts auf diese kleine Szene in der ersten Sitzung des Bundestages zurückblickt, weiß nicht, worüber er mehr verblüfft sein soll – über die Konkurrenz der Parteien um den höheren Opferstatus oder die Abwesenheit von Spuren einer kollektiven Scham, die bei den demokratischen Repräsentanten Nachhitlerdeutschlands doch zu vermuten gewesen wäre. Der Alterspräsident beruhigt die Abgeordneten, indem er das Opferprivileg großzügig an alle politischen Seiten verteilt:

»Meine Herren, lassen Sie mich nur weitersprechen. Wäre nicht die Unterbrechung erfolgt, so hätte ich das sowieso erwähnt. Wenn Sie bedenken, daß große Opfer auch von der kommunistischen Fraktion gebracht worden sind, aber auch von den Mitgliedern des frühen Zentrums und von Abgeordneten bis in die Rechtsparteien hinein, dann wird sich ergeben, daß auch dieser Vorwurf nicht aufrechterhalten werden kann ... Soweit solche Anklagen Berechtigung haben, bitten wir also, die Ursachen mit zu berücksichtigen und auch bei den noch in Gang befindlichen Maßnahmen so zu verfahren, daß der Entwicklungsgang der deutschen Demokratie nicht aufs neue aufgehalten wird. (Die Abgeordneten nehmen ihre Plätze wieder ein.)« (a.a.O.)

Die Gegenwärtigkeit der NS-Vergangenheit war für die Deutschen seinerzeit offenbar nur in dem Maße erträglich, wie sie sich als ihre primären Opfer (miß-)deuteten. Als Löbe z. B. auf konkrete Opfergruppen zu sprechen kommt, erwähnt er ausschließlich und eindringlich das Schicksal der deutschen Kriegsgefangenen. Kein Wort darüber, daß Deutsche den Krieg begonnen haben. Kein Wort des Gedenkens für die ermordeten europäischen Juden. Der nicht-deutschen Kriegstoten wird nur in einem einzigen Satz gedacht:

»Nun, meine Damen und Herren, lassen Sie uns eine Minute stillen Gedenkens all den Toten weihen, die als Opfer des Krieges von allen Völkern gefordert wurden (die Abgeordneten erheben sich von den Sitzen), all denen, die durch die Fortwirkung des Krieges ihr Leben verloren. (Minute des Schweigens.) Sie haben das Andenken geehrt; ich danke Ihnen.« (a.a.O.)

Die oben zitierte Erwähnung auf die »noch im Gang befindlichen Maßnahmen« war allen Zeitgenossen unmittelbar verständlich. Löbe bezieht sich auf die Ende 1949 noch praktizierten Formen der Entnazifizierung. Mit der Auffassung, daß sich die neue Demokratie nur dann stabilisieren könnte, wenn die Deutschen durch die Alliierten aus der Haftung für die monströsen Verbrechen ihres Staates entlassen würden, stand der Alterspräsident nicht allein. Mit Ausnahme der Kommunisten und einiger weniger linker Sozialdemokraten war es wohl ein breiter Konsens im frühen Bundestag, daß eine forcierte öffentliche Reflexion der ererbten moralischen Belastungen der neuen Demokratie nur abträglich sein könnte.

Konrad Adenauer

Konrad Adenauer zeigt in seiner Antrittsrede als Bundeskanzler wenig Nachdenklichkeit. Die Tonlage seiner Erklärung ist geschäftsmäßig, so, als könne das Chaos des Neubeginns nur durch forcierten Pragmatismus gebändigt werden. Nur zu Beginn der Rede bemüht sich der erste deutsche Kanzler um eine historische Ortsbestimmung der neuen Demokratie. Nachdem er gesagt hat, daß die »Wirtschaft im Aufstieg . . .« ist, bemerkt er trocken: »Wir haben vor allem wieder den Schutz der *Persönlichkeitsrechte*« (1949/I/5/22), immerhin fett gedruckt im Protokoll. Und am Ende seiner Ausführungen, die im gedruckten Protokoll 8 Druckseiten umfassen, hebt er kurz den Kopf aus den Geschäften des Tages und äußert die Hoffnung, daß »es uns mit Gottes Hilfe gelingen wird, das deutsche Volk aufwärtszuführen und beizutragen zum Frieden in Europa und in der Welt« (a.a.O., S. 30).

In dem so gesteckten Rahmen umreißt Adenauer in groben Strichen die Vorhaben und Leitlinien der neuen Regierung. Auf die Hypotheken der NS-Vergangenheit kommt der neue Kanzler nur indirekt, nämlich im sachlichen Ressort Rechtspolitik zu sprechen. Wenn in diese Erwähnung der Vergangenheit überhaupt eine moralische Bewertung einfließt, ist sie nicht etwa selbstkritisch gegen die Deutschen gerichtet, sondern eher gegen die Besatzungsmächte, die es mit der Naziverfolgung angeblich zu weit treiben. Übergangslos und apodiktisch bemerkt Adenauer, daß »durch die Denazifizierung viel Unglück und viel Unheil angerichtet worden ist« (a.a.O., S. 30). Zwar sollten die »wirklich Schuldigen ... mit aller Strenge bestraft werden«, aber:

»... im übrigen dürften wir nicht mehr zwei Klassen von Menschen unterscheiden: (Zustimmung von rechts) die politisch Einwandfreien und die Nichteinwandfreien. Diese Unterscheidung muß baldigst verschwinden. (Erneute Zustimmung) Der Krieg und auch die Wirren der Nachkriegszeit haben eine so harte Prüfung für viele gebracht und solche Versuchungen, daß man für manche Verfehlungen und Vergehen Verständnis aufbringen muß. Es wird daher die Frage einer Amnestie von der Bundesregierung geprüft werden, (Bravo!) und es wird weiterhin die Frage geprüft werden, auch bei den Hohen Kommissaren dahingehend vorstellig zu werden, daß entsprechend für von alliierten Militärgerichten verhängte Strafen Amnestie gewährt wird. (Beifall rechts und in der Mitte.) Wenn die Bundesregierung so entschlossen ist, Vergangenes vergangen sein zu lassen, in der Überzeugung, daß viele für subjektiv nicht schwerwiegende Schuld gebüßt haben, so ist sie andererseits doch unbedingt entschlossen, aus der Vergangenheit die nötigen Lehren gegenüber all denjenigen zu ziehen, die an der Existenz unseres Staates rütteln (Bravo! und Sehr gut!) ...« (a.a.O., S. 27)

Aber wer angesichts dieser behaupteten Lehren aus der Vergangenheit nur an die Gefahren dachte, die der neuen Republik aus den Folgen des Nationalsozialismus erwachsen könnten, wird von Adenauer eines Besseren belehrt. Er fährt fort: »... mögen sie nun zum Rechtsradikalismus oder zum Linksradikalismus zu rechnen sein« (a.a.O.). Und in die aufbrandenden Zwischenrufe der KPD-Abgeordneten hinein ruft Adenauer einige Sätze, die wie eine Relativierung der rechten Gefahr klingen:

»Die Befürchtungen, meine Damen und Herren, die namentlich in der ausländischen Presse über rechtsradikale Umtriebe in Deutschland laut geworden sind, sind ganz bestimmt weit übertrieben. (Sehr richtig! rechts) Ich bedaure außerordentlich, daß durch Berichte deutscher und ausländischer Zeitungen Persönlichkeiten, indem man ihre ungezogenen Reden verbreitet hat, eine Bedeutung beigelegt worden ist, die sie in Deutschland niemals gehabt haben ... Meine Damen und Herren! Lassen Sie mich in diesem Zusammenhang ein Wort zu hier und da anscheinend hervorgetretenen antisemitischen Bestrebungen sagen. Wir verurteilen diese Bestrebungen auf das Schärfste. Wir halten es für unwürdig und für an sich unglaublich, daß nach all dem, was sich in nationalsozialistischer Zeit begeben hat, in Deutschland noch Leute sein sollten, die Juden deswegen verfolgen oder verachten, weil sie Juden sind (Zuruf von der KPD).« (a.a.O.)

Immerhin beklagte der sozialdemokratische Kurt Schumacher in seiner Entgegnung auf Adenauers Regierungserklärung am nächsten Tag, daß diese Abgrenzung vom Antisemitismus zu »matt und zu schwach« ausgefallen sei (vgl. 1949/I/6/S.36). Und wie um zu demonstrieren, was er, Schumacher, für eine angemessene Darstellung gehalten hätte, formuliert er den denkwürdigen Satz: »Die Hitler-Barbarei hat das deutsche Volk durch die Ausrottung von sechs Millionen jüdischer Menschen entehrt.« (a.a.O) Der eigentümliche Gedanke, daß gerade die »deutsche Ehre« den angemessenen Rahmen für die Schuldreflexion der Deutschen abgeben könnte, zeigt sich auch in einer irritierenden Bemerkung des sozialdemokratischen Abgeordneten Carlo Schmid, die 1953 anläßlich einer Debatte über die Politik der Wiedergutmachung für

Israel fiel. In dieser Rede hatte er betont, daß unter den ermordeten Juden

»... so viele treueste Bürger des deutschen Staates und wertvollste Glieder unseres Volkes gewesen sind, deren Namen für alle Zeiten auf den schönsten Blättern des Ehrenbuchs unserer Nation verzeichnet stehen werden ...« (1953/I/252/S. 12278)

Diese Bemerkung zeigt deutlicher noch als die eben zitierte von Kurt Schumacher die Beharrungskraft einer nationalen Form der Selbstidentifikation der Deutschen. Diese Form der Selbstidentifikation ist auch den meisten sozialdemokratischen Abgeordneten derartig selbstverständlich, daß die Juden, die doch vor wenigen Jahren im Namen der deutschen Nation ermordet wurden, erst wieder in diese eingemeindet werden müssen, um überhaupt legitime Objekte von Trauer werden zu können.

In seiner Antrittsrede, die Adenauer vier Jahre später – im Oktober 1953 – als Kanzler der neu gewählten Bundesregierung hält, verwendet er erstmals eine rhetorische Figur, die sich dann in fast jeder Antrittserklärung eines neu gewählten Kanzlers wiederfinden sollte: die Ausrufung des »Endes der Nachkriegszeit«. Diese Formulierung ist nur eine Beschwörung der Hoffnung, nun endlich aus der moralischen Haftung für den Nationalsozialismus entlassen zu werden. Was freilich die Deutschen oder besser ihre politischen Repräsentanten zu der proklamierten Hoffnung berechtigt, aus dem Schatten von Auschwitz endlich herausgetreten zu sein, wandelt sich mit dem Lauf der Zeit. Bei dem Nachfolger Adenauers, Ludwig Erhard, war es ähnlich wie später für Helmut Kohl die schwindende biographische Verantwortung nachwachsender Generationen für die Verbrechen der Nazi-Zeit und der wirtschaftliche Erfolg der Bundesrepublik, die es in ihren Augen rechtfertigte, die Nachkriegszeit für beendet zu erklären. 1953 – für Konrad Adenauer – ist es zunächst nichts weiter als das Phänomen einer vollzogenen demokratischen Wahl. Adenauer:

»Wir wünschen auch, meine Damen und Herren, daß die Staaten, mit denen wir in engerer Verbindung stehen, das Ergebnis dieser Wahl erkennen und respektieren. Wir hoffen, daß das Bild eines Wiedererstehens des Nationalsozialismus, eines aggressiven

Deutschlands nun nicht mehr in der öffentlichen Meinung der anderen Staaten erscheint.« (1953/II/3/S. 12)

Unter anderem hatte Anlaß zu Adenauers Befürchtung der Umstand gegeben, daß auf Grund der relativ großen Mehrheit der CDU im zweiten Bundestag im Ausland Parallelen zu 1933 gezogen worden waren. Aber es war weniger das Wahlergebnis selbst, was im Ausland Besorgnisse über die Substanz der demokratischen Kultur in der Bundesrepublik freisetzte, als vielmehr die unbefangene Sorge vieler westdeutscher Politiker für die einsitzenden Kriegsverbrecher. Adenauers Antrittsrede als neu gewählter Kanzler im Oktober 1953 ist ein unverhüllter Ausdruck dieser Sorge, während sich in seiner gesamten Antrittsrede wiederum nicht ein einziges Wort des Bedauerns über die Opfer des Krieges und die in den Lagern Ermordeten findet. Unmittelbar nach den einleitenden Bemerkungen, in welchen er die zitierte Forderung nach der moralischen Wiederanerkennung Deutschlands aufgestellt hatte, äußert er die Hoffnung,

»... daß das Ergebnis dieser Wahl die summarische Nachprüfung der Kriegsverbrecherprozesse beschleunigt und beeinflußt, daß alle Verurteilten, die nicht wirkliche Verbrechen begangen haben, baldigst in Freiheit gesetzt werden und daß sie unverzüglich Milderungen ihrer Haft erfahren. (Beifall bei den Regierungsparteien.) Außerdem hat sich die Bundesregierung bei der Alliierten Hohen Kommission immer wieder dafür eingesetzt, daß auch für die Gefangenen in Spandau gewisse Erleichterungen und Maßnahmen getroffen werden, wie es zum Beispiel im Hinblick auf das hohe Alter und den Gesundheitszustand einiger Gefangener dringend wünschenswert erscheint (erneuter Beifall von der Mitte bis rechts) ...« (a.a.O.)

Warum diese demonstrative Einseitigkeit, warum kein Wort über die Toten oder die unter Kriegs- und Lagerfolgen noch leidenden Opfer des NS-Staates? Wie läßt sich diese Einseitigkeit im Eingedenken der Opfer erklären, zumal es das Mißtrauen des »Auslands« nur verstärken mußte?

Die in den ersten Jahren der neuen Republik im Parlament und im vorparlamentarischen Raum geführte Debatte über die sogenannten »Kriegsverbrecher« offenbart eine Kontinuität kollektiver Zugehörigkeitsgefühle, für deren Träger sich die vor 1945 geltenden symbolischen Grenzziehungen von »wir« und »die« noch kaum geändert hatten. Sachlich bezog sich der Begriff »Kriegsverbrecher« auf jene vornehmlich in Landsberg, Werl und Wittlich einsitzenden Straftäter, die von den Alliierten in den Nürnberger und deren Nachfolgeprozessen inhaftiert worden waren. Anders als es der Terminus suggeriert, handelt es sich bei dieser Gruppe vor allem um Angehörige der Verwaltungseliten des nationalsozialistischen Staates, die, wie alle anderen NS-Straftäter auch, wegen einer individuell zugerechneten Schuld verurteilt worden waren – sowie um schlichte Massenmörder, die als Lagerpersonal oder als Angehörige von Polizeibataillonen, Wehrmachts- und Sondereinheiten an der deutschen Vernichtungspolitik beteiligt waren, und nur zu einem kleineren Teil um »Kriegsverbrecher« im engeren Sinne – also Angehörigen regulärer Einheiten der Wehrmacht, denen nachgewiesen worden war, daß sie die Haager Landkriegsordnung brutal mißachtet hatten.

Ihre eigentliche Dynamik bekam diese Diskussion vor allem durch die forcierten Bemühungen der westlichen Alliierten, die Bundesrepublik in das politische und auch militärische Bündnissystem des Westens zu integrieren. Die dabei wieder zugestandene Teilsouveränität des westdeutschen Teilstaates bildete auf deutscher Seite den Hintergrund für ein politisches Junktim, das in großer Deutlichkeit die eigentümliche Dialektik von mentaler Kontinuität und strukturellem Bruch mit der Vergangenheit demonstrierte. Wie der Historiker Norbert Frei dargestellt hat, war der Kreis derer, die das Junktim von Westintegration und gefordertem Generalpardon für fast alle Inhaftierten trugen, gesellschaftlich und politisch breit verankert.[3] Es war nicht nur auf den Kreis der Rechten beschränkt, sondern reichte durchaus bis weit in die Sozialdemokratie hinein. Ihr parlamentarischer Arm wurde vor allem gebildet von der Deutschen Partei sowie der FDP und – oft vermittelt auch über die Kirchen – von Abgeordneten der CDU. Dieser am Fall einer vermeintlichen Siegerjustiz entzündete Reflex eines reaktiven Nationalismus, welcher sich durch das neue

politische Interesse der westlichen Alliierten im Besitz eines Faust-
pfandes wähnte, findet sich durchaus auch in den liberalen Medien dieser Zeit wie etwa der »Zeit« oder dem »Spiegel«. Die widersprüchliche Gefühlslage der moralisch Verurteilten und der
zugleich politisch wieder Umworbenen, der kollektiv Gedemütig-
ten und eines trotzigen Stolzes (»Wir sind wieder wer«) war in der
deutschen Bevölkerung offenbar weit verbreitet. Darum läßt es
sich in der Rückschau nur schwer im Einzelfall entscheiden, ob
die rhetorische Anrufung dieses Konsenses von seiten mancher
Politiker wirklich einer inneren Überzeugung entsprang oder nicht
vielmehr einem wahltaktischen populistischen Kalkül. Der hart-
näckige Kampf für die Freilassung der sogenannten »Kriegsverbrecher« führte mit seiner heute kaum noch begreiflichen moralischen Indifferenz gegenüber den Verbrechen, die in deutschem
Namen und von Deutschen begangen wurden, zu einer – wie
Frei prägnant anmerkt – »sekundären Bestätigung der nationalsozialistischen Volksgemeinschaft«.[4] Es sind also gerade die unübersehbaren Zeichen einer öffentlichen Solidarität mit den einsitzenden NS-Tätern, welche viele Politiker seinerzeit wirklich
empfanden, oder auf die sie bei ihrem Wahlvolk Rücksicht nahmen, welche den Eindruck einer mentalen Kontinuität zwischen
der deutschen Bevölkerung unter der Diktatur und dem Wahlvolk der jungen Bundesrepublik stützt.

Da Adenauer gewiß keiner Sympathien für den Nationalsozialismus verdächtigt werden kann, reflektiert sich in seiner so massiven Sorge für die »Kriegsverbrecher« offenbar die Schwierigkeit,
daß die absolute Majorität des Wahlvolkes, an das Adenauer sich
in seiner Antrittsrede wendete, nach seiner Einschätzung mehr-
heitlich Träger einer Mentalität war, welcher der in Spandau ein-
sitzende »Stellvertreter des Führers«, Rudolf Hess, näherstand als
jeder ermordete Jude. Wenn dies tatsächlich der Fall war, ergibt
sich eine Reihe schwieriger Fragen. Wenn die These stimmt, daß
die Majorität der Deutschen bis zur totalen Niederlage Loyalität
gegenüber Hitler empfand, gab es dann überhaupt einen Spiel-
raum für radikal entnazifizierende Lösungen jenseits einer – auf
lange Jahrzehnte berechneten – »kommunikativen Integration«[5]

dieser Majorität? Welche Alternative gab es überhaupt zu dem – durch die Bundesrepublik repräsentierten – Projekt einer durch die Besatzungsmächte geschützten, von liberal-demokratischen Eliten getragenen, politisch-kulturellen Erziehungsdiktatur über die Deutschen? Wäre die kommunistische Idee, den politischen Wiederaufbau der neuen Republik dem Widerstand, dem linken zumal, zu übertragen, nicht auf unüberwindbare Schwierigkeiten gestoßen, die gerade darin bestanden hätten, daß der Selbstwiderspruch einer nachtotalitären Demokratie (ihr Aufbau wider ein undemokratisches Volk) sich so unerträglich zugespitzt hätte, wie es dann in der DDR der Fall war?

Theodor Heuss

Am 12. September 1949 hält der eben gewählte erste Bundespräsident Theodor Heuss seine Antrittsrede. Ungewöhnlich an dieser Rede ist von der ersten bis zur letzten Zeile die konsequente Vermeidung jedes repräsentativen Pathos, obgleich die Geburtsstunde der zweiten deutschen Republik, der Ort des neu konstituierten Parlaments und der persönliche Anlaß seines Amtsantritts dies doch nahegelegt hätten. Der unpathetische, demonstrativ »zivile« Stil seiner Rede wird zunächst markiert durch eine stark literarisch geformte Sprache, die sich von dem rasch herausbildenden Jargon der durchschnittlichen Parlamentsreden deutlich unterscheidet. Erzeugt wird diese »zivile« Rhetorik aber vor allem durch eine persönlich-private Redehaltung. Hier spricht nicht ein Repräsentant des Staates, hier spricht das Individuum Theodor Heuss:

»Noch ein persönliches Wort! In den Zeitungen habe ich in den letzten Tagen allerhand seltsame Dinge von mir lesen können – nette Sachen –, aber daß mir die ›Ellbogenkraft‹ fehle, die zum Politiker gehöre. Ich selber habe das Gefühl: von der Ellbogenpolitik haben wir genug gehabt.« (1949/I/2/S. 9)

Es ist eben diese bewußt als Stilmittel eingesetzte Distanz zur Rolle des obersten politischen Repräsentanten, die es Heuss erlaubt, Dinge zu sagen und sie in einer Weise zu sagen, wie man sie bei anderen Politikern dieser Zeit nicht findet. Als Privatier, der er nicht ist, und als Intellektueller, den er nicht verleugnet, kann Heuss Reflexionen anstellen, die ein Großteil seines Publikums seinerzeit befremdet haben müssen. So räsonniert er unverblümt über die Tragik der Demokratie der Deutschen, die immer nur in der Folge verlorener Kriege über sie kam. Aber trotz dieser äußeren Ähnlichkeit besteht für ihn eine Differenz zwischen der Entstehung der Weimarer Republik und der Bundesrepublik. Diese Differenz wird freilich nicht recht deutlich. Angesichts der historischen Hypotheken des Staates, dessen Präsident er nun ist, versagt seine sonst geschliffene Rhetorik. Seine Rede wird vage:

»Es ist – davon ist neuerlich nicht viel zu sagen – das geschichtliche Leid der Deutschen, daß die Demokratie von ihnen nicht erkämpft wurde, sondern als letzte, als einzige Möglichkeit der Legitimierung eines Gesamtlebens kam, wenn der Staat in Katastrophen und Kriegen zusammengebrochen war. Das ist die Last, in der der Beginn nach 1918, in der der Beginn heute mit uns steht, das Fertigwerden mit den Vergangenheiten. Diese Aufgabe war 1918 da. Damals dynastische Empfindungen, die weitergingen, von denen nicht gering zu sprechen ist: heute das Problem, vom Ausland stärker gesehen und groß gemacht, wie weit die nahe Vergangenheit, die hinter uns liegt, noch seelisch zwischen uns vorhanden.« (a.a.O., S. 10)

Warum rechnet der Bundespräsident Heuss den eigentümlichen Bann, den »die nahe Vergangenheit, die hinter uns liegt«, über die neue Demokratie gelegt hat, primär der Wahrnehmung des »Auslands« und dessen vorgeblicher Neigung zu interessierter Dramatisierung zu (»... groß gemacht ...«) und nicht der traumatischen Persistenz dieser Vergangenheit im Bewußtsein der Deutschen? Aber immerhin stellt er schon damals einen Zusammenhang her zwischen der demokratischen (Un-)Reife der Deutschen und der »seelischen« Gegenwärtigkeit der Vergangenheit. Diese kommt dann doch zur Sprache und mit ihr die Frage des angemessenen Umgangs. Die Formulierungen, die Heuss dann so bedächtig abwägt, haben in der Bundesrepublik Geschichte gemacht. Seine im folgenden ausführlich zitierten Worte über die zwiespältige »Gabe, vergessen zu können«, wurde in den folgenden Jahrzehnten zu einem geflügelten Wort in zahllosen parlamentarischen Reden:

»Es ist eine Gnade des Schicksals beim Einzelmenschen, daß er vergessen kann. Wie könnten wir als Einzelne leben, wenn all das, was uns an Leid, Enttäuschungen und Trauer im Leben begegnet ist, uns immer gegenwärtig sein würde. Und auch für die Völker ist es eine Gnade, vergessen zu können. Aber meine Sorge ist, daß manche Leute in Deutschland mit dieser Gnade Mißbrauch treiben und zu rasch vergessen wollen. Wir müssen das im Spürgefühl behalten, was uns dorthin geführt hat, wo wir heute sind. Das soll kein Wort der Rachegefühle, des Hasses sein. Ich hoffe, daß wir dazu kommen werden, nun aus dieser Verwirrung der Seelen im Volk eine Einheit zu schaffen. Aber wir dürfen es uns nicht so leicht machen, nun das vergessen zu haben, was die Hitler-Zeit uns gebracht hat.« (a.a.O.)

Fast genau ein Jahr später, am 7. September 1950, dem ersten »Nationalen Gedenktag«, findet sich in einer Rede von Heuss der Versuch, das in Worte zu kleiden, was nachträglich als »antifaschistischer Konsens« der Bundesrepublik gedeutet wurde. Der Kontext wurde gebildet durch die Frage, welches Erinnerungsdatum das Selbstverständnis der neuen Demokratie am besten zum Ausdruck bringen könnte. Der 7. September war der erste politische Feiertag der neuen Demokratie, bis er 1954 durch den 17. Juni ersetzt wurde. Heuss erwähnt die frühere Überlegung der Regierung, ob der 8. Mai zum »Nationalen Gedenktag« gemacht werden sollte oder, wie dann zunächst geschehen, der 7. September. Der 8. Mai (1945) war sowohl das Datum der deutschen Kapitulation als auch der abschließenden Lesung des parlamentarischen Rates (1949), in welcher das Grundgesetz gebilligt wurde. Der 7. September (1949) steht für die konstituierenden Sitzungen des Bundestages und des Bundesrates. Heuss sagt nicht, warum sich die Politiker nicht für den 8. Mai entschieden haben. Mit Blick auf die damalige Diskussion und den ursprünglichen Plan erwähnt er nur:

»... es war eine Überlegung möglich, ob denn nicht der 8. Mai, der Tag der Schlußabstimmung, der damals bewußt gewählt wurde, etwas mehr von Geschichtswucht in sich trage. Das Ineinander der Ereignisse in diesem Termin wollte wohl damals, als wir zu dem 8. Mai hindrängten, eine Marke der Erinnerung sein, denn niemand mochte 4 Jahre zuvor die Phantasie besitzen, so die Entwicklung zu sehen.« (1950/I/56/S. 3086)

So als wolle er noch einmal die von ihm für richtig befundene Lösung nachträglich rechtfertigen, formuliert Heuss dann die folgenden hochverdichteten Sätze, die sich als das implizite antifaschistische Selbstverständnis der Bundesrepublik lesen lassen:

»Und mir scheint, es ist notwendig, die Verwobenheit der Mühen, zu einem System der Ordnung zu kommen, mit jener totalen Katastrophe im Bewußtsein zu halten ...« (a.a.O.)

Die bestechende Idee hinter der – dann nicht durchgesetzten – Wahl des 8. Mai als »nationalem Gedenktag« wäre eben jene symbolische Brücke gewesen zwischen dem Tag der militärischen Niederlage der Hitler-Diktatur und der Verfassungsgebung eines demokratischen Deutschland. Es bedurfte eines halben Jahrhunderts, um den Zusammenhang zu erkennen zwischen der öffentlichen Erinnerung der in deutschem Namen verübten Menschheitsverbrechen und der allmählichen Demokratisierung Nachkriegsdeutschlands. Am Beginn der fünfziger Jahre waren die Deutschen politisch noch nicht reif für eine breitenwirksame und identitätsbildende Reflexion dieses Zusammenhangs. Noch 45 Jahre später, am 8. Mai 1995, bestimmte die Streitfrage, ob der 8. Mai 1945 ein Tag der Befreiung oder der Niederlage war, das Bewußtsein der Öffentlichkeit. Aber immerhin konnte der Bundespräsident Roman Herzog bei dem Staatsakt zum Anlaß der 50jährigen Wiederkehr des Tages der deutschen Kapitulation relativ unwidersprochen feststellen, daß am 8. Mai 1945 »ein Tor in die Zukunft aufgestoßen worden sei«. Der erste Bundespräsident Theodor Heuss versucht in einer verhalten kritischen Überlegung zu erklären, warum die Wahl des 8. Mai als nationaler Feiertag den zeitgenössischen Deutschen

nicht zuzumuten war. Er greift dabei auf eine Formulierung seiner Antrittsrede zurück. Unmittelbar auf die oben zitierte Passage folgt der Satz:

»denn die Gnade des Vergessenkönnens, ohne die der einzelne,
ohne die ein Volk nicht leben könnte, wird mißbraucht vom Vergessenwollen, das so bequem ist und die Maßstäbe des Urteils
verschiebt.« (a.a.O.)

Freilich muß die Frage offenbleiben, wie sich diejenigen, die
seinerzeit in Heuss' Sinn für den 8. Mai als nationalem Feiertag
votiert haben, selbst den symbolischen Zusammenhang zwi-
schem dem Tag der militärischen Niederlage und dem Tag der demokratischen Neukonstitution ausbuchstabiert hätten. Nur sehr
zögernd hat sich heute bei vielen Linken und manchen nachdenk-
lichen Liberalen die Ansicht durchgesetzt, daß sich die politische
Identität Deutschlands nach dem Nationalsozialismus einzig auf
den »postnationalen« Prinzipien einer demokratischen Verfassung gründen ließe. In diesem Sinne hätte die totale Diskreditierung des nationalen Erbes durch den Nationalsozialismus den
Deutschen auch die historische Chance der Ausbildung einer kollektiven Identität bieten können, die keiner nationalen Krücken
mehr bedurfte. Aber für die 50er Jahre war dies noch Zukunfts-
musik – auch wenn Dolf Sternberger den Begriff des »Verfas-
sungspatriotismus« schon damals geprägt hatte. Für Theodor
Heuss wäre die Vorstellung einer Identität der Deutschen jenseits
des Nationalen gewiß undenkbar gewesen. Die führenden Politiker der frühen Bundesrepublik konnten auch der Frage, von
welcher Natur jenes Band sei, das ihre Bürger miteinander verband, weniger ausweichen als die Politiker anderer Staaten. Der
Anspruch Bonns, die Stimme Gesamtdeutschlands trotz der
staatlichen Teilung zur Geltung zu bringen, bedurfte schließlich
eines Fundaments, welches über den bloß negativen Tatbestand
hinausging, daß den Bürgern der DDR eine demokratische Wahl
versagt blieb. Für Theodor Heuss besteht dieses Legitimitätsfun-
dament in der Idee der deutschen »Kulturnation«. Am 17. Juli
1954, dem Tag seiner Wiederwahl als Bundespräsident, spricht er
vor der Bundesversammlung:

».. . Es gibt keinen nach den so kurzsichtigen Artikeln von Potsdam und Yalta grenzpolitisch geschiedenen ›deutschen‹ Geist, weder eine westdeutsche noch eine mittel- und ostdeutsche Kultur. Die landsmannschaftlichen Farbigkeiten der Herkünfte waren nie Trennung, sondern immer Bereicherung. Es gibt nur – in der fruchtbaren Weltwertung – dies eine: Bach, Leibniz, Kant, Herder, Kleist, Eichendorff; das ist doch Deutschland, Gesamtdeutschland, ein unverlierbares Stück, niemals von fremdem Entscheid, der Hitlers Kriege gegen die deutsche Geschichte wie gegen die Zukunft in machtpolitischen Interessenssphären zu beenden glaubte, in seiner Geschichtswürde, an der auch die anderen teilhaben, auszulöschen.« (1954/II/Bundesversammlung/S. 6)

Mit dieser Beschwörung einer vorgeblich unbeschädigten Integrität des kulturellen deutschen Erbes stand Theodor Heuss innerhalb der zeitgenössischen westdeutschen Politiker gewiß nicht allein. Viele Politiker waren unabhängig von ihrer parteipolitischen Bindung geradezu besessen von der Suche nach historischen Konstanten, die es möglich machen konnten, den zivilisatorischen Bruch der Nazivergangenheit zu überbrücken. Bei der kulturellen Intelligenz, d. h. bei den Schriftstellern, Philosophen und Publizisten der frühen Nachkriegszeit, dominierte hingegen das Bewußtsein einer scharfen historischen Zäsur, die nicht nur das politische System betraf, sondern gerade auch die deutsche Kultur. Mit seiner Meinung, daß sich nach Auschwitz kein Gedicht mehr schreiben ließe, stand Theodor W. Adorno nicht allein. Daß Bewußtsein, daß Deutschland nicht nur im materiellen und institutionellen, sondern auch im kulturellen Sinne ein Trümmerfeld war und daß einzig die schonungslose Bestandsaufnahme dieser Zerstörung einer neuen demokratischen Ordnung den Weg ebnen könnte, spiegelte sich in zahlreichen, in den Geburtsjahren der Bundesrepublik geschriebenen Essays, deren Titel jeweils programmatisch waren. Georg Picht schrieb von dem »Volk ohne Wirklichkeit« (Monat, 1950), Theodor Plievier sprach im selben Heft von dem »Nullpunkt der Kultur« (»Monat«, 1949/50). Clemens Münster sprach vom »Zwischenreich von Furcht und Hoffnung« (»Frank-

furter Hefte«, 1946); Rudolf Hagelstange reflektierte im »Monat«
1950/51 über das Verhältnis von »Sühne und Ehre« in der deutschen Kultur.

Symbole der Kontinuität

Im Januar 1952 provoziert der damalige Bundesminister Seebohm
eine Debatte im Deutschen Bundestag durch eine Äußerung, die
er bei einer Rede auf dem Bundesparteitag der Deutschen Partei
getan hatte. In Anspielung auf ehemalige Soldaten, die auch noch
in der neuen Republik ihren mit Hakenkreuzen geschmückten
Orden öffentlich tragen, hatte er bemerkt:
»Wir neigen uns in Ehrfurcht vor jedem Symbol unsreres Volkes – ich sage ausdrücklich: vor jedem!, – unter dem deutsche
Menschen ihr Leben für ihr Vaterland geopfert haben. Und wir
sind der Auffassung, daß alle Auszeichnungen, die sich ein Mensch
durch persönlichen Einsatz und persönliche Tapferkeit erworben
hat, mit Blut und mit dem Einsatz seines ganzen Menschen, daß
solche Auszeichnungen sein persönlicher Besitz sind und daß niemand das Recht hat, an diesen Auszeichnungen herumzudeu-
teln.« (1952/I/185/S. 7869, zitiert nach Bundestagsprotokoll)
  In Reaktion auf diese Äußerung Seebohms auf einem Bundesparteitag der Deutschen Partei beantragt die SPD-Fraktion eine
große Anfrage. Diese Debatte entwickelt sich dann zu einem
Streit über den angemessenen Umgang der neuen Republik mit
ihrer nationalsozialistischen Vorgeschichte. In einer seltenen Prägnanz bringt v. Meerkatz, ein Parteifreund von Seebohm, die konservative Logik dieses Umgangs auf den Begriff. Er meint, daß ein
stabiler und »guter« Staat nach der Katastrophe nur durch eine
entschiedene Integration der belasteten Elemente errichtet werden könnte. Meerkatz bemüht sich also gar nicht darum, die massenhafte Eingliederung ehemaliger Nationalsozialisten in den
neuen Staat zu bemänteln. Er gewinnt diesem Prozeß sogar noch
eine »ethische« Seite ab. Seine konservative Maxime illustriert er
mit einem indischen Sprichwort:

»Der Edle wird das Schlechte nicht ausspucken und auch nicht sein Herz vergiften lassen, sondern er wird es verdauen, das heißt, er wird stärker sein als das Schlechte. Ich glaube, es gehört zu unseren deutschen Aufgaben, das Schlechte zu verdauen, um stärker zu sein, um etwas Gutes und konstruktiv Neues aufzubauen ...« (a.a.O., S. 7871)

Fünf Jahre später, im Sommer des Jahres 1957, entspinnt sich im Parlament eine ähnliche Diskussion über die Legitimität des Tragens von Orden, die deutsche Soldaten im Krieg bekommen hatten. Auch in dieser Debatte ging der Streit um die Dimension historisch gesättigter Symbole, mittels derer das neue Deutschland seine Legitimität repräsentiert sehen wollte. Den Anlaß hatte eine Neufassung des Ordensrechts der Bundesrepublik gebildet. Der parlamentarischen Beratung vorausgegangen war eine vom Bundespräsidenten einberufene Kommission, der auch die Repräsentanten verschiedener Soldatenverbände angehörten. Im Kern ging es um die Frage, ob die im Krieg erhaltenen »Tapferkeitsauszeichnungen« in alter Form in der neuen Republik getragen werden dürften. Die ursprüngliche Kontroverse, die auch der parlamentarischen Auseinandersetzung ihre Schärfe verlieh, handelte von der Frage, ob die in manchen Orden enthaltenen Hakenkreuze öffentlich gezeigt werden dürften. Manche Vertreter der Soldatenverbände in dem vom Bundespräsidenten einberufenen Ausschuß hatten entschieden dafür plädiert. Durch einen Protest amerikanischer Politiker, die der deutsche Geschäftsträger in Washington den Mitgliedern des Ausschusses bekanntmachte, wurde dieses Plädoyer für das Hakenkreuz sofort unterbunden. Zur parlamentarischen Beratung ist es gar nicht mehr gekommen. Gegenstand der parlamentarischen Debatte war dann nur noch das schwarz-weiß-rote Band, an das fast alle Orden geheftet waren. Diese spezifische Vorgeschichte des Ordensstreits verschweigt der CDU-Innenminister Schröder in seiner Einleitung der Debatte. Daß es überhaupt Kräfte gegeben habe, die für das Hakenkreuz votiert hätten, will er nicht mehr wahrhaben:

»... Da gibt es einen Punkt, der für alle außer Zweifel steht und in dem die überwiegende Mehrheit unseres Volkes auf unserer

Seite ist, das ist die Forderung, daß aus den Auszeichnungen das Hakenkreuz verschwindet ... Aber was sollte uns nötigen, abweichend von den Kommissionsempfehlungen, abweichend von der Verleihungsweise das kleine schwarz-weiß-rote Band zu eliminieren?« (1957/II/217/S. 12863)

Schröders Rehabilitierungsversuch des »Schwarz-weiß-rot«, d. h. der Farben des Kaiserreichs und der antirepublikanischen Kräfte der Weimarer Republik, fügt sich in das Bild des Balanceakts von Kontinuierung und Bruch, mit der der konservative Teil des Parlaments den legitimitätsstiftenden Grundkonsens der Bundesrepublik ausdrücken wollte. Um den Bruch mit dem Nationalsozialismus zu signalisieren, müssen diese antirepublikanischen Farben in antinazistische Farben umgedeutet werden. Sie werden zum Symbolträger des konservativen Protests gegen den Nationalsozialismus. Schröder:

»Es heißt, glaube ich, eine falsche Erinnerung an die Zeiten von 1933 bis 1945 zu haben, wenn man Schwarz-weiß-rot als in den Augen der großen Mehrheit unseres Volkes etwa diffamiert oder diskriminiert ansehen wollte. Das ist eine völlig falsche Erinnerung an diese Zeit. Es hat in unserem Vaterland viele viele Menschen gegeben, die gerade, um vor der Hakenkreuzfahne ausweichen zu können, sich der Farben Schwarz-weiß-rot bedient haben. Das haben wir doch alle erlebt (Beifall bei den Regierungsparteien. Zurufe von der SPD.) ... Das ist die geschichtliche Wahrheit.« (a.a.O., S. 12863)

Und an einem späteren Punkt der Debatte fügt er dann noch hinzu, warum die Regierung sich überhaupt mit dieser politisch schlüpfrigen Materie befaßt. Wiederum geht es um die von Kiesinger so treffend bezeichnete »innerdeutsche Integration«. So meint Schröder in Replik auf einen sozialdemokratischen Abgeordneten, der ihn daran erinnerte, daß die rechtsradikalen Schlägertrupps in der Weimarer Republik unter schwarz-weiß-roten Fahnen antraten:

»... es geht hier nicht darum, irgend etwas zu legalisieren, was anti-republikanische Schlägerkolonnen getan haben, sondern es geht um die Frage, wie Millionen anständiger, ordentlicher Soldaten des letzten Krieges ihre Tapferkeitsauszeichnungen tragen können.« (a.a.O., S. 12868)

Der sozialdemokratische Abgeordnete Wittrock, auf den der Innenminister reagiert, hatte auf die Problematik hingewiesen, die sich ergibt, wenn die zweite deutsche Republik in einem legislativen Verfahren die Symbolfarben jener politischen Kräfte aufwertet, die die erste Republik bitter bekämpft hatten:

»... hierbei geht es um das Schwarz-weiß-rot, unter dem die antirepublikanischen Schlägerkolonnen während der Weimarer Republik sich zusammengefunden haben, um dieser Weimarer Republik den Todesstoß zu versetzen. Und darum geht es, meine Damen und Herren, ob sie dieses Schwarz-weiß-rot der antirepublikanischen Kräfte ... hier erstmalig in einem Gesetz legalisieren wollen ...« (a.a.O.)

In einem Änderungsantrag der Sozialdemokraten, der zum unmittelbaren Auslöser der Parlamentsdebatte geworden war, hatten diese beantragt, nicht nur die Hakenkreuze selbst aus den Kriegsauszeichnungen zu verbannen, sondern auch noch das schwarz-weiß-rote Ordensband selbst. Im Verlauf der Debatte jedoch steigerte sich diese Forderung bei manchen Sozialdemokraten bis zu der Anregung, das Tragen von Kriegsauszeichnungen insgesamt aus der öffentlichen Sphäre zu verbannen, um damit der Welt und der deutschen Bevölkerung den Bruch zwischen der Bundesrepublik und dem »Dritten Reich« zu demonstrieren. Der Abgeordnete Pohle suggeriert zumindest diesen Vorschlag, wenn er daran erinnert, daß auch die Kriegsauszeichnungen des Ersten Weltkriegs einen Regime-Gegner im »Dritten Reich« nicht vor der Verfolgung schützen konnten. Pohle: »Dann habe ich mir gesagt, nein, nie wieder Orden, wenn Ordensträger so von Deutschen behandelt werden können. (Beifall bei der SPD)« (a.a.O., S. 12865). Und der Abgeordnete Wittrock gibt zu bedenken, welchen Eindruck es macht, wenn Bürger aus der DDR »als Besucher zu uns kommen und hier in den Straßen bei den Soldaten die Orden des Dritten Reiches wiedersehen« (a.a.O., S. 12868). Und der Abgeordnete Pohle wiederum zitiert zustimmend ein Schreiben der Pax-Christi-Bewegung:

»Der deutsche Rat der Internationalen Pax-Christi-Bewegung ist der Ansicht, daß der Verzicht auf das Tragen der Kriegsauszeichnungen ein deutliches Zeichen unserer Volksvertreter für die ganze Welt wäre, daß sie auch jetzt noch zur Gnade des Nullpunktes von 1945 stehen ... Wir halten den Verzicht auf die Wiedereinführung der Kriegsauszeichnungen für eine einmalige Chance, vor der Welt den Verzicht auf jeden falschen Nationalismus zu dokumentieren. Ergreifen Sie doch alle die Gelegenheit, um der Lauterkeit unserer Absichten, um des Ansehens unseres Volkes und der Einheit Europas willen (Beifall bei der SPD).« (S. 12869)

Die staatsoffizielle Anerkennung von »Schwarz-weiß-rot« und die Forderung, »Tapferkeitsauszeichnungen« des Zweiten Weltkrieges insgesamt aus der Öffentlichkeit zu verbannen, stehen jeweils für zwei konträre Strategien der historischen Legitimitätsstiftung in der jungen Demokratie. Der Anschluß an nationalstaatliche deutsche Traditionen, unter Einschluß seiner vor- und antirepublikanischen Elemente einerseits und der Vorschlag einer »postnationalen« Form deutscher Identitätsfindung andererseits bilden die beiden Extrempunkte eines Kontinuums, auf dem sich die innerparlamentarischen Kämpfe um die Symbolisierung eines politischen Konsenses der Bundesrepublik in den fünfziger Jahren abspielen.

Eine konträre Sichtweise auf die historische Legitimierung der neuen Republik vertritt der sozialdemokratische Abgeordnete Grewe. Der am Fall Seebohm deutlich gewordenen, von v. Meerkatz auf den Begriff gebrachten konservativen Strategie der Integration »belasteter« Personen und Symbole in die institutionelle Struktur des neuen Staates setzt er ein Legitimitätsverständnis entgegen, das sich gerade aus der Absetzung von dieser Vorgeschichte ergibt, nämlich aus dem trauernden Eingedenken der Opfer des Nationalsozialismus. In Anspielung auf die zitierte Äußerung Seebohms sagt er:

»Wenn sich Herr Seebohm schon verneigen wollte, dann hätte er sich vor den Millionen Opfern verneigen sollen, die uns das Hakenkreuz gebracht hat. (Stürmischer Beifall bei der SPD.) Das wäre eine Verneigung gewesen!« (a.a.O., S. 7873)

59

Diese historische Suche nach anschlußfähigen Fäden im aufgeplatzten Knoten der deutschen Geschichte wird wiederaufgenommen in der Beratung eines von der SPD eingebrachten Gesetzes zur Wiedergutmachung. Der eigentliche Streit in dieser Wiedergutmachungsdiskussion (11.9.1952) ging im Kern darum, ob jede Widerstandshaltung moralisch anerkannt und materiell restituiert werden sollte oder nur solche, die tatsächlich in einem – im konservativen Sinne ausgelegten –»nationalen Interesse« waren. Der Sprecher der SPD definiert den »Widerständler« als einen:

»... der aus Überzeugung oder seines Glaubens oder Gewissens willen der nationalsozialistischen Gewaltherrschaft Widerstand leistete, um die Menschenrechte zu verteidigen oder einem Verfolgten beizustehen oder der Zerstörung Deutschlands Einhalt zu gebieten oder sich gegen die Unterdrückung aufzulehnen.« (1952/I/229/S. 10433)

Diese Formulierung entspricht der Definition des Widerstandes, die im entsprechenden Ausschuß erarbeitet worden war und der auch CDU-Mitglieder zugestimmt hatten. Dieser Definition widerspricht die Deutsche Partei in Gestalt des Abgeordneten Ewers. Seine Partei sähe ihre Aufgabe darin, die heute noch dem Nationalsozialismus innerlich Verhafteten in den neuen Staat zu integrieren:

»Wir haben alle Veranlassung, die heute noch Dissentierenden nicht zu Staatsfeinden zu machen; und darin sehen wir unsere konservative Aufgabe.« (a.a.O., S. 10436)

Darum hätte seine Partei ein Interesse an einer weiteren (sprich: patriotischen) Qualifizierung des anerkennungswürdigen Widerstandes, also der Auswahl »legitimer« Widerständler. Der fraktionslose, der Rechten zugerechnete Abgeordnete Thadden, der später Begründer und Vorsitzender der NPD werden sollte, definiert diese Einschränkung deutlich:

»... nach meiner Meinung kann diesen Anspruch nur derjenige erheben, der aus idealer Gesinnung und im Interesse des deutschen Volkes gehandelt hat, aber nicht derjenige, der ... dem System der Gewalt Widerstand geleistet hat, um ein anderes System an seine Stelle zu setzen.« (a.a.O., S. 10442)

Diesem konservativ-selektiven Zuschnitt »legitimer« Wider-
standshandlungen setzt der Sprecher der KPD, der Abgeordnete
Müller, seine radikale Sichtweise entgegen. Nicht parteilich aus-
gewählte Widerstandshaltungen moralisch anzuerkennen und
materiell zu entschädigen sei das Gebot der Stunde Null gewesen,
sondern vielmehr die umfassende Überantwortung der Konstitution der neuen Republik auf die Überlebenden des politischen Widerstandes:

»Wäre es nicht selbstverständlich, wäre es nicht eine moralische
und politische Pflicht gewesen, den Widerstandskämpfern und
Opfern des Nationalsozialismus nicht nur ... Wiedergutmachung
zukommen zu lassen, sondern ... im Bewußtsein der großen Verpflichtung, die sich aus dem Kampf und Tod der Widerstandskämpfer ergibt, gerade ihnen die Neugestaltung des deutschen
Aufbaus zu übertragen.« (a.a.O., S. 10438)

Eine Probe aufs Exempel der neuen Demokratie: Der Fall John

Im Spätsommer des Jahres 1954 wird die Bundesrepublik von der
Affäre »John« erschüttert. Die Hintergründe dieser Affäre sind
niemals aufgeklärt worden. Auch nach der Öffnung der Mauer
und der östlichen Geheimdienstarchive in den 90er Jahren blieb
der wahre Verlauf der mit dem Namen John verbundenen Ereignisse unklar. John war Leiter des Bundesamtes für Verfassungsschutz seit 1951. Im Sommer 1954 gelangte er nach Ost-Berlin, um
von dort aus die politische Klasse der Bundesrepublik als noch
weitgehend von Nazis durchsetzt zu kritisieren. John selbst, der
Ende 1955 in die Bundesrepublik zurückkehrte, um dort wegen
Hochverrat angeklagt und inhaftiert zu werden, machte geltend,
daß er von östlichen Diensten entführt und zu seinen öffentlichen
Auftritten gezwungen worden sei. Offenbar erst im Verlauf der
Affäre wurde klar, daß John während der Nazi-Zeit Emigrant in
England gewesen und daß er bei verschiedenen Kriegsverbrecher-
Prozessen als Zeuge der alliierten Anklage-Behörde aufgetreten

war. Die Affäre wurde noch dramatisiert durch den Fall Schmidt-Widmark. Schmidt-Widmark war ein Bundestagsabgeordneter, der sich ebenfalls in die DDR abgesetzt hatte und von dort als politischer Ankläger westdeutscher Politiker auftrat. Aufwühlender und für unsere spezifische Fragstellung relevanter ist freilich der Fall John, weil er (als ehemaliger Emigrant) das spezifische Loyalitätsdilemma des Nachfolgestaates des Dritten Reiches grell beleuchtete. Sollte die politische Klasse nun loyal sein gegenüber dem neuen, von den Besatzungsbehörden geforderten »neuen«, »demokratischen« Deutschland, oder dauerten ältere, sozusagen tieferliegende nationale Loyalitätsbindungen fort? Das Bewußtsein für die außerordentliche Sprengkraft dieser Frage ist in der Debatte über den Fall John bei allen Abgeordneten zu spüren. Der Abgeordnete der Deutschen Partei, v. Meerkatz, formuliert bündig:

»Der Sinn dieser Sitzung ist doch der, daß die gestörten Loyalitäts- und Vertrauensgrundlagen im Volke in einer sehr gefährlichen und gefährdeten Zeit wiederhergestellt werden müssen.« (1954/II/42/S. 1982)

Und der sozialdemokratische Abgeordnete Mellies spricht gar davon, daß

»... der Fall John eine außergewöhnliche Erschütterung und die größte Vertrauenskrise seit dem Jahre 1945 im gesamten deutschen Volk hervorgerufen (hat) ... In den letzten Wochen zeigte sich die ganze Labilität unserer parlamentarischen Demokratie, vor der viele in den letzten Jahren gerne die Augen verschlossen haben. Es ist mit erschreckender Deutlichkeit klargeworden, wie wenig in der Bundesrepublik getan wurde, um eine echte parlamentarische Demokratie aufzubauen.« (a.a.O., S. 1944)

So sehr sich auch die Abgeordneten aller Parteien darin einig sind, daß sie mit der bislang größten Legitimitätskrise der jungen Bundesrepublik konfrontiert sind, so uneinig sind sich die verschiedenen politischen Lager über Ursache und Natur dieser Krise. Dieser Streit läßt sich wiederum abtragen auf die Streitachse historische Kontinuität/Diskontinuität. Während manche Linke meinen, daß der neuen Republik eine demokratische Legitimität nur in dem Maße zuwachsen kann, wie sie mit der vorgängigen NS-Tradition gänzlich bricht, halten die Konservativen der CDU und der DP am Phantasma einer durch den Nationalsozialismus angeblich nicht beschädigten nationalen Identität fest und erwarten einzig von dieser eine politisch-kulturelle Integration der Bundesrepublik. Es ist eine Implikation dieser konservativen Strategie, die Abrechnung mit der eigenen totalitären Vergangenheit nur sehr zurückhaltend zu betreiben. Einige wenige Führungsfiguren der NSDAP sollten zwar zur Verantwortung gezogen werden, aber die weiterreichenden identitätsstiftenden Traditionen der Deutschen seien aus der Haftung für den Völkermord auszunehmen.

Der Sprecher der SPD, Menzel, führt die von niemandem bestrittene Labilität der westdeutschen Demokratie ursächlich auf die mangelnde öffentliche Auseinandersetzung mit dem Nationalsozialismus zurück:

»Wir teilen gar nicht die Ansichten, daß etwa in Deutschland ein neuer Hitler vor der Tür steht. Aber das hindert doch nicht, daß wir, die wir für die politische Entwicklung in diesem Volk verantwortlich sind, die bittere und enttäuschende Feststellung machen müssen, daß uns die innenpolitische Entwicklung der letzten Jahre in Deutschland der Demokratie zumindest nicht näher gebracht hat... Niemand kann wohl diese Entwicklung wundern, wenn sogar führende Männer des Staates schwarz-weiß-roten Veranstaltungen ihre telegraphischen Huldigungsgrüße schicken. Wie kann es kommen, wie kann es die Regierung dulden, daß der Vertreter einer Regierungspartei sich auf einer solchen Kundgebung hinstellt und erklärt, es komme gar nicht darauf an, daß wir den Zweiten Weltkrieg verloren hätten, entscheidend sei doch vielmehr, daß wir in diesem Kampf gut gekämpft hätten. Das heißt doch nichts anderes, als den Versuch zu unternehmen, auch die hitlerischen Greuel des Krieges nachträglich in aller Öffentlichkeit zu legalisieren.« (a.a.O., S. 1950f.)

Und er schließt diese Klage über die unzureichende Distanzierung der politischen Klasse der Bundesrepublik vom Nationalsozialismus mit der Mahnung ab:

»Gerade das Parlament hat die Verpflichtung, den Finger auf diese offene Wunde zu legen, um die Ordnung wiederherzustellen, die erschüttert scheint.« (a.a.O.)

Der Abgeordnete Kiesinger von der CDU ist in diesem Punkt genau der gegenteiligen Ansicht. Als der Abgeordnete Menzel das Parlament mahnt, den Finger auf diese offene Wunde zu legen, ruft ihm Kiesinger dazwischen, daß das Parlament ».. . aber auch die Verpflichtung (habe), Wunden zu heilen!« (a.a.O.) Was er damit meint, führt er in seinem darauffolgenden Debattenbeitrag weiter aus:

»Aber eine wichtige Aufgabe dieses Parlaments ist es auch, diese Wunden mit heilen zu helfen und nicht bei jedem Anlaß die kaum vernarbten Wunden wieder aufzureißen. Wir haben in den letzten Jahren viel über die europäische Integration gesprochen, und sie ist wahrhaftig nötig, wenn wir mit dem Leben davonkommen wollen. Aber es gibt auch eine innerdeutsche Integration. Wir dienen Europa nicht und wir dienen diesem Volke nicht, wenn wir nicht alles daransetzen, diesen Integrationsprozeß voranzutreiben und aus diesem immer noch gespaltenen und blutenden, unsicheren und verwirrten Volk endlich wieder ein gesundes Volk zu machen ...« (a.a.O., S. 1961)

Abgesehen von der damals häufig zu beobachtenden Umwidmung von Kategorien moralischer Belastungen in Opfermerkmale (»blutend«, »unsicher«, »verwirrt«) und abgesehen auch von der seinerzeit nicht nur bei Konservativen zu beobachtenden Konfusion moralischer und biologischer Begriffe (»ein gesundes Volk«) ist diese Stelle von bemerkenswerter Klarheit. In ihr wird ebenjene Strategie der Auseinandersetzung mit dem NS-Erbe beschworen, die v. Meerkatz mit jenem oben zitierten indischen Sprichwort beschworen hatte und die dann Hermann Lübbe drei Jahrzehnte später als »kommunikatives Beschweigen« feierte.[5] Der durch die Affäre John in seinem Kern bedrohte politische Konsens der nachfaschistischen Republik soll durch eine diskrete Zurückhaltung gegenüber den politisch und moralisch Belasteten gesichert werden. Zu dieser Diskretion gehört natürlich auch der weitgehende Verzicht auf öffentliche Solidarisierung mit den Gegnern und Opfern der Nationalsozialisten. Es liegt in der Logik dieser Strategie der »innerdeutschen Integration«, die Traditionen, Mentalitäten, Einstellungen und Freund/Feind-Schematisierungen, die das nationalsozialistische Regime stützten, irgendwie noch zu respektieren, ohne dabei die von den westlichen Besatzungsmächten auferlegten neuen demokratischen Spielregeln aus den Augen zu verlieren. Adenauer war offenbar ein Meister in der Kunst dieser Balance. Eine im Parlament in der Mitte der 50er Jahre häufige zitierte Rundfunkrede des Kanzlers zum Anlaß der 10. Wiederkehr des 20. Juli ist dafür ein guter Beleg. Nachdem er davor gewarnt hatte, das Andenken an die Widerstandskämpfer zum Anlaß »politischer Schnüffelei« zu nehmen, meint er weiter:

»Es waren zur Zeit des Nationalsozialismus und insbesondere, als Deutschland in Blut und Feuer unterzugehen drohte, besondere Verhältnisse, die mit besonderen Maßstäben gemessen werden mußten. Wer es aus Liebe zum deutschen Volk unternahm, die Tyrannei zu brechen, wie das die Opfer des 20. Juli getan haben, ist der Hochschätzung und Verehrung aller würdig. Wer damals in die Emigration gegangen ist, verdient keinen Tadel. Er hat in der Emigration, wenn er ein ehrlicher Deutscher war, ebenfalls schwer gelitten ...« (a.a.O., S. 1956, zitiert nach Bundestagsprotokoll)

Sehr viel weniger »ausgewogen« in der Balance der auferlegten »neuen« politischen Wertrepertoires und »alter« Sprachregelungen ist der Abgeordnete Kiesinger. In seiner Diagnose des Kerns des Skandals werden alte Denkweisen in eleganter Indirektheit wieder in ihr Recht gesetzt. Zum Fall John bemerkt er:

»Nun erfahren sie (›viele Menschen in diesem Volke‹), daß dieser Leiter des Bundesamtes für Verfassungsschutz ein ehemaliger Emigrant war. Sie erfahren dazu, daß er, ob das nun stimmte oder nicht – die Meldung wurde verbreitet –, während des Krieges im englischen Dienst, ja sogar im englischen Geheimdienst beschäftigt gewesen sei. Sie erfuhren weiter, daß derselbe Herr John nach 1945 hier in Deutschland eine höchst eigentümliche Rolle gespielt habe, daß er nämlich in gewissen Prozessen in Nürnberg und in

Hamburg, im Krupp-Prozeß und im Manstein-Prozeß, als Zeuge der alliierten Anklagebehörde aufgetreten ist. Es kam hinzu, daß man hörte, dieser Herr sei überdies ein Trunkenbold und ein Homosexueller und im ganzen eine ungemein zweifelhafte und problematische Persönlichkeit...« (a.a.O., S. 1960)

Natürlich will der in der NS-Zeit in Goebbels' Propagandaministerium tätige Abgeordnete Kiesinger nicht behaupten, daß alle Emigranten und Antifaschisten eo ipso homosexuelle Alkoholiker gewesen seien. Er demonstriert Ausgewogenheit:

»Aber so sicher es großartige Persönlichkeiten gegeben hat, die in die Emigration gegangen sind, so sicher hat es auch fragwürdige Persönlichkeiten gegeben. Aber, meine Damen und Herren, es gibt auch Millionen in diesem Lande, die in der tragischen Situation der Hitlerzeit eben nicht jene heroische Haltung der Widerstandskämpfer oder nicht jenen Entschluß zur Emigration finden konnten oder finden wollten und die trotzdem nach der Katastrophe echte und überzeugte Bürger des demokratischen Staatswesens geworden sind...« (a.a.O., S. 1961)

Abgesehen wiederum von existentialistischen und naturalistischen Metaphern wie »tragisch« oder »Katastrophe«, die die Ereignisse zwischen 1933 und 1945 in einer Sphäre jenseits menschlicher Verantwortung verorten, will Kiesinger bestreiten, daß nur ein radikaler Bruch mit der nationalsozialistischen Vergangenheit den Weg zur neuen Demokratie ebnet. Kiesinger weiß, daß er die von den Besatzungsmächten auferlegte und ja auch im Grundgesetz artikulierte antifaschistische Grundorientierung der Bundesrepublik nicht revidieren kann. Aber er möchte ihren Geltungsbereich beschränkt wissen. Es sollen auch die Bürger in die neue Demokratie »integriert« werden, die sich einer inneren »Entnazifizierung« verweigert haben.

Ein solcher Versuch der Konstruktion einer – auf Mentalitäten und politische Wertorientierungen bezogenen – historischen Kontinuität erscheint als noch geradezu zurückhaltend, wenn man sie mit einer in der »John«-Debatte gefallenen Äußerung des Abgeordneten v. Meerkatz vergleicht. Meerkatz möchte schlicht allen Deutschen, die in den Armeen der Alliierten gegen Nazi-Deutschland gekämpft haben, das Recht bestreiten, im öffentlichen Dienst der neuen Republik tätig zu sein.

»Das sollten wir in diesem Hause einmal ganz klarstellen ... Ein Mann, der mit dem Feind zusammengearbeitet hat, ist für jedes öffentliche Amt disqualifiziert ... Aber einen Punkt kann man doch aus allen Verwirrungen herauslösen: Wer Verrat an seinem Volke begangen hat, Verrat an seinem Volke!, ist, und das sollte die Richtschnur sein für ein öffentliches Amt, disqualifiziert.« (a.a.O., S. 1968)

Das Protokoll verzeichnet zwar »Beifall von rechts«, aber keine Reaktionen der Empörung. Für v. Meerkatz gibt es offenbar keinen historischen Bruch zwischen der Diktatur und der Demokratie. Seine Formulierungen erwecken den Eindruck, daß sich die Gegnerschaftskonstellationen von gestern sich für ihn nicht verändert haben.

Eine erste Zwischenbilanz

Die Rede von einem »Bruch«, einer »Diskontinuität« oder gar einer »Stunde Null« im historischen Prozeß ist mißverständlich. Eine wirkliche Unterbrechung des historischen Flusses gibt es weder für den auf kollektive Gesamtgestalten gerichteten Blick des Historikers noch in der mikroskopischen Perspektive individuellen Erlebens. Wer von einem »Bruch« spricht, kann sich eigentlich nur beziehen auf das Verhältnis zwischen der erfahrenen Realität und den Deutungsmustern, mit denen sich Menschen einen Reim auf diese Erfahrungen machen. Wenn in der Folge von historischen Großereignissen wie Revolutionen und Kriegen die institutionelle Ordnung einer Gesellschaft zusammenbricht, leben zumeist die Bilder, Symbole und Mentalitäten, mittels derer die alte Ordnung die Menschen an sich gebunden hatte, fort. Manchmal können sie auch die Festigung des Neuen wie dämonische Wiedergänger verhindern. Die Rede von der »Stunde Null« ist also ideologisch, weil sie suggeriert, daß mit der militärischen Zerschlagung des Dritten Reiches auch die Mentalitäten und Einstel-

lungen verschwunden seien, auf die sich jenes hatte stützen können. Aus der Interpretation der ersten Reden und Debatten im
Bundestag wurde deutlich, daß nicht nur in den Köpfen und Herzen der verstockten Nazis, sondern auch in denen der demokratischen Politiker das Dritte Reich bis weit in die Geschichte der
Bundesrepublik hineinragte.

Zwar hat es bis in die 70er Jahre hinein (genauer: bis zu der von
Kanzler Brandt initiierten parlamentarischen Feier des 25. Jahrestages der deutschen Kapitulation) keine unmittelbare, von Gesetzesvorhaben unabhängige Debatte über das nationalsozialistische
Deutschland gegeben. In den zahlreichen Regierungserklärungen
und Debatten der ersten politischen Repräsentanten der neuen
Republik war zwar nicht die NS-Vergangenheit der Deutschen
selbst explizites Thema, dafür war – aus der Perspektive des
nachträglichen Berichterstatters – der Geist dieser Vergangenheit
von einer unüberhörbaren Präsenz. Präsent war er vor allem in
den zahllosen parlamentarischen Anfragen und Initiativen, die in
der ersten Wahlperiode auf die Beendigung der Entnazifizierungsverfahren und die Entlassung der sogenannten »Kriegsverbrecher« drängten. Zwar gingen diese Initiativen nur von einem
kleinen Kreis von Rechtsparteien aus, zu denen seinerzeit auch die
FDP gezählt werden muß. Sie konnten freilich über viele christdemokratische Abgeordnete hinaus bis in Kreise der SPD hinein mit
einer gewissen Sympathie rechnen und einer überwältigenden
Zustimmung in der Bevölkerung. Dem eigentümlichen Konsens,
daß die neue deutsche Demokratie nur auf den Weg käme, wenn
ihre Bürger aus der Haftung für die monströsen Verbrechen der
NS-Zeit befreit würden, wurde seinerzeit nur von den Kommunisten und manchen linken Sozialdemokraten widersprochen. In
starkem Kontrast zur Sorge der Nachkriegspolitiker für die Täter,
die Belasteten und Mitläufer, die noch unter den Folgen der Straf-
und Sühnemaßnahmen der Besatzer litten, stand schlichte Ignoranz, rhetorische Hilflosigkeit oder vielleicht auch von Scham
diktierte stumme Befangenheit gegenüber den Opfern der Massentötungen. Norbert Frei hat in seiner Studie über die »Vergangenheitspolitik« der frühen Bundesrepublik im Detail die Geset-

zesvorhaben, die parlamentarischen und administrativen Iniativen untersucht, die direkt oder indirekt auf die »Bewältigung« der alliierten Strafmaßnahmen für NS-Täter zielten.[6] Das Straffreiheitsgesetz von 1949 und 1954 sowie die mit Paragraph 131 des Grundgesetzes bewerkstelligte Wiedereinstellung und Versorgungsregelung von Beamten, die 1945 entlassen worden waren, sowie die schier obsessive Beschäftigung des Parlaments und der Regierung mit der sogenannten »Kriegsverbrecherfrage« zielten in ihrer Summe auf die Beendigung und Rücknahme jener Säuberungen, die von den Westalliierten in der unmittelbaren Nachkriegszeit verfügt worden waren. Freilich lassen sich in den Reden nur weniger Abgeordneter unmittelbare Spuren nationalsozialistischer Ideologie nachweisen. Aber für den heutigen Betrachter unübersehbar sind eigentümliche Reflexionsblockaden, die sich angemessen wohl nur in psychoanalytischen Begriffen erfassen ließen. In der häufigen Stilisierung der Deutschen zu Hitlers eigentlichen Opfern, in der Deutung der nationalsozialistischen Machtübernahme als außergeschichtlichem, von niemand zu verantwortendem Einbruch in deutsche Geschichte sowie im Abschieben aller Schuld auf Hitler zeigten sich die Spuren jener autoritären Mentalität, die auch die Fügsamkeit gegenüber dem NS-Regime bestimmt hatte. Nicht nur in den hier untersuchten Parlamentsprotokollen, sondern auch in Presseanalysen und in klinischen Aufzeichnungen von Psychotherapeuten lassen sich in großer Deutlichkeit die immer gleichen rhetorischen Figuren wiederfinden, mit denen die Deutschen versuchten, sich ihre belastende Vergangenheit vom Leibe zu halten.[7]

Die erste Figur ist die der Abspaltung. Hier wird versucht, sich von der Verantwortung zu entlasten, indem die Schuld für die in deutschem Namen verübten Menschheitsverbrechen isolierbaren einzelnen Figuren (im Extremfall Hitler allein!) oder einem anonymisierten »System« zugerechnet wird. »Abspaltung« findet statt, wenn Alfred Dregger in der Diskussion über die Verbrechen der deutschen Wehrmacht nur die »Kriegsherren« schuldig spricht oder wenn Paul Löbe von der »Schuld« spricht, die ein »verbrecherisches System den Deutschen aufgeladen hat«. Eine weitere Figur ist die der Opferhaltung. Diese Figur, deren Hintergründe unten noch weiter ausgeleuchtet werden, ist z. B. gegeben, wenn Kiesinger vom »verwirrten, blutenden deutschen Volk« spricht, das – so Adenauer – »in eine tiefe Grube gestürzt« war. Eine weitere Figur ist die der Existentialisierung. Hier wird die NS-Zeit als ein mythischer Einbruch in die deutsche Geschichte gedeutet, für die niemand zur Verantwortung gezogen werden kann. »Existentialisierung« findet statt, wenn z. B. Kiesinger über die »Katastrophe« spricht, die über das deutsche Volk hereingebrochen war. Mit dieser Figur werden historische Prozesse in Naturzusammenhänge eingefügt und damit ihrer moralischen Qualität entkleidet. Besonders in den hier untersuchten frühen Jahren war auch verbreitet eine Figur der Aufrechnung. Wenn z. B. überhaupt im Parlament von den Verbrechen der Deutschen die Rede war, so wurden diese häufig verrechnet mit den Leiden, die Deutsche in der Folge des von ihnen begonnenen Krieges widerfahren war. Viele konservative Abgeordnete verquickten z. B. durchweg die Debatten über die Wiedergutmachung mit Entschädigungsforderungen für deutsche Vertriebene. Noch in den 8oer Jahren waren sie nur dann bereit, die Leugnung der Verbrechen in Auschwitz (die Auschwitzlüge!) per Gesetz unter Strafe zu stellen, wenn auch die Verleugnung der Leiden der aus den Ostgebieten Vertriebenen bestraft würde. Schließlich finden wir auch noch die Figur der Relativierung. Sie ist der Versuch, dem Bann der Vergangenheit dadurch zu entkommen, daß die zeitliche Distanz zu den Jahren der NS-Herrschaft betont wird oder daß die deutschen Verbrechen in einen so episch breiten historischen Zusammenhang eingeordnet werden, daß sie ihre spezifische Qualität als moralisch zu verantwortende Handlungen konkreter Personen verlieren. Die zeitliche Distanz zur NS-Zeit wurde – wie oben dargestellt – durch die häufige Ausrufung des Endes der Nachkriegszeit konstruiert.

Es waren vor allem zwei Argumentationsfiguren, welche in den vergangenheitspolitischen Äußerungen der westdeutschen Parlamentarier in den 5oer Jahren eine relativ einheitliche Diskursgestalt erkennen lassen: die Abwehr der Kollektivschuldthese und die Selbststilisierung der Deutschen als der eigentlichen Opfer der NS-Diktatur.

An der Abwehr der Kollektivschuldthese, die sich in den einschlägigen Debattenbeiträgen sehr häufig findet, ist vor allem bemerkenswert, daß sie auf einen Vorwurf reagiert, den niemand erhoben hatte. In keinem Dekret der Besatzungsmächte, in keiner öffentlichen Äußerung eines mit Definitionsmacht ausgestatteten britischen, französischen oder amerikanischen Politikers war jemals von einer kollektiven Schuld aller Deutschen die Rede. Das ist auch schon deshalb unwahrscheinlich, weil in der gesamten klassischen Rechtstradition der Begriff der Schuld unmittelbar mit der Zurechnungsfähigkeit der individuellen Person verbunden ist. Die geradezu obsessive Abwehr eines Vorwurfs, den niemand erhoben hatte, erlaubt einzig die psychoanalytische Deutung als »Projektion«. In dieser Abwehr wird nämlich die vielfältige – nach überkommenen moralischen und politischen Kriterien kaum deutbare – Verstrickung zahlloser Deutscher in die historisch beispiellosen Verbrechen ihres Staates indirekt eingestanden. Daß diese mit der mißverständlichen Kategorie der Schuld bezeichnete Verantwortung oder Haftung überdies noch den Deutschen als gewissermaßen organisches Kollektiv zugerechnet wird, ist vor allem das Problem der Selbstwahrnehmung einer Bevölkerung, die auch im Status der totalen moralischen und militärischen Niederlage nicht aufhören konnte, sich als »Volksgemeinschaft« zu empfinden.

Die Figur der Kollektivschuldabwehr findet sich in den Debatten häufig im Kritikzusammenhang der Entnazifizierungsverfahren. Von vielen Deutschen wurde der Fokus der alliierten Säuberungsverfahren als zu weit empfunden. Dieses Unbehagen, das seinen paradigmatischen Ausdruck in Ernst von Salomons Roman »Der Fragebogen« gefunden hat, bildet vielleicht den realen, wenn auch nicht den rationalen Kern der Kollektivschuldunterstellung. So sah etwa die erste Direktive der amerikanischen Besatzungsmacht vor, daß alle Deutschen, die Mitglieder der NSDAP gewesen waren, aus ihren Positionen im öffentlichen Dienst zu entfernen seien. Dabei ist in Rechnung zu stellen, daß

8 Millionen Deutsche Parteimitglieder waren und auch noch zusätzlich vier Millionen Mitglieder ihrer Unterorganisationen. Die Inkonsequenz und Halbherzigkeit, mit der diese Säuberungspläne dann verfolgt wurden, widerlegt indes die an sie geknüpfte Kollektivschuldunterstellung. Diese Widersprüchlichkeit war nicht nur dem Umstand geschuldet, daß die Westalliierten die Westdeutschen als Bündnispartner in einer neuen weltpolitischen Konstellation brauchten. Sie ergab sich auch aus der spezifischen Natur der Verstrickung zahlloser Deutscher in einen Verbrechenszusammenhang, der in der Geschichte beispiellos ist. Die industriellen Massentötungen in den Lagern und der Vernichtungsfeldzug der Wehrmacht im Osten involvierte in sehr verschiedenen Formen einen Großteil der deutschen Bevölkerung. Zwar erlaubt der Umfang dieser Komplizenschaft nicht die absurde Unterstellung, alle Deutschen seien sadistische Nazis gewesen, die Natur dieser Komplizenschaft erlaubte aber genausowenig die klare Demarkation eines kleinen Kreises der unmittelbar Verantwortlichen, die dann nach traditionellen strafrechtlichen Kriterien abzuurteilen seien. Genau dies war das Problem, dem sich die Kriegsgegner Deutschlands konfrontiert sahen, als sie vor der sich abzeichnenden Niederlage damit begannen, die politische Säuberung Nach-Hitler-Deutschlands zu planen.

Der beschriebene Topos der Abwehr der Kollektivschuldsuggestion wird vielfach verknüpft mit dem zweiten Topos, den wir abschließend betrachten wollen, nämlich die Stilisierung der Deutschen als der eigentlichen Opfer Hitlers. In einer ersten Beratung des von der SPD eingebrachten Gesetzes zur »Wiedergutmachung nationalsozialistischen Unrechts« betont Georg August Zinn (SPD) sogar, daß dieses geplante Gesetz der »Widerlegung der Kollektivschuldthese dient«. Die Universalisierung des Täterverdachts, die in der Kollektivschuldthese impliziert ist, möchte Zinn entkräften durch eine Universalisierung der Opfervermutung. Er konstruiert eine – später dann vielzitierte Gemeinsamkeit – zwischen den erfolglosen Männern des Widerstands, den sozusagen unmittelbaren Opfern Hitlers und den mittelbaren, von ihm verführten einfachen Bürgern und Soldaten:

»Ein Opfergang war der Weg von Millionen jenseits unserer Grenzen, aber auch Millionen innerhalb unserer Grenzen, die nicht wie die Männer des Widerstandes zu den Wissenden gehören, sind Opfer der Gewaltherrschaft gewesen.« (1950/I/47/S. 1611)

»Opfer« waren sie also alle, wenn auch mit dem kleinen Unterschied, daß die einen gefoltert und hingerichtet, die anderen nur »verführt« wurden. Diese über den Opferstatus konstruierte Gemeinsamkeit spitzt Zinn noch bildhaft zu. Er schlägt den Bogen zwischen dem

»Schicksal jener, die wegen ihrer politischen Überzeugung in den Gefängnissen oder Lagern des Dritten Reiches zugebracht haben«, und jenen, »die in der russischen Steppe ... in den schwersten Konflikt, den Konflikt zwischen Vaterland und Menschheit, gestellt waren«. (a.a.O.)

Und diesen Bogen möchte Zinn dann zum tragenden Element einer neuen Legitimität machen:

»Die Gemeinsamkeit dieses Schicksals möge eine Brücke zwischen den Männern und Frauen des deutschen Widerstandes und jenen sein, die durch die Männer von Stalingrad repräsentiert werden. Möge daraus die Sehnsucht nach einer Welt der Freiheit, einer besseren Welt der Menschlichkeit erwachsen.« (a.a.O.)

Interessant ist freilich nicht nur, wer in diese Gemeinsamkeit eingeschlossen, sondern noch interessanter ist, wer aus ihr ausgeschlossen ist. Hätte Zinn nämlich auch die jüdischen Opfer in diese Konstruktion einbezogen, wäre ihre latente Fragwürdigkeit manifest geworden. Spätestens dann wäre deutlich geworden, daß jeder Versuch der Konstruktion einer nachfaschistischen Legitimität sich nicht darauf beschränken konnte, die Kollektivschuldsuggestion einfach zurückzuweisen. Manche sozialdemokratischen Abgeordneten haben deshalb die Zurückweisung der Kollektivschuldthese verknüpft mit der Zurückweisung ihres Gegenteils, nämlich der Behauptung der kollektiven Unschuld der Deutschen. Diese Verlegenheitsfloskel ist nur eine sehr grobe Antwort auf die Frage nach der spezifischen Verantwortung der Deutschen.

Fast vierzig Jahre sollte es dauern, bis ein Bundespräsident Richard v. Weizsäcker ohne Wenn und Aber die Täterschaft der

Deutschen öffentlich benennen konnte. Und dieses vorbehaltlose Einbekennen bot zugleich die Voraussetzung dafür, in einer nicht-ideologischen Form von den Leiden zu sprechen, die der deutschen Bevölkerung in der Folge des von ihnen entfesselten Krieges widerfahren ist. Daß die Kategorie des »Opfers« in den frühen Nachkriegsjahren zum semantischen Vehikel der Verdrängung wurde, ist vielleicht auch in der Etymologie des Wortes »Opfer« selbst angelegt. Im Deutschen werden nämlich in diesem Begriff zwei Bedeutungsschichten ineinandergedacht, die in anderen Sprachen differenziert werden: die des unschuldigen Subjekts, dem ein verhängnisvolles Geschehen ohne dessen eigenes Zutun widerfährt (engl. »victim«), und die einer kultischen Praxis, die einem Handlungsakt einen höheren, auf Transzendenz bezogenen Sinn verleihen soll (engl. »sacrifice«). In der deutschen Sprache ist mithin das Problem angelegt, ein sinnloses, nicht selbst verschuldetes Leiden (»victim«) auch nur angemessen sprachlich zum Ausdruck zu bringen. Diese fehlende semantische Differenzierung wurde in der frühen Nachkriegszeit gern genutzt.

Das vielleicht auffälligste Merkmal der frühen Debatten im Deutschen Bundestag war die Unfähigkeit der Politiker, sich angemessen über den zivilisatorischen Bruch Rechenschaft abzulegen, der durch die industriell betriebenen Massentötungen in den Lagern und durch den Vernichtungsfeldzug der Wehrmacht im Osten eingetreten war. Die zwanghafte Beschwörung einer durch den Nationalsozialismus nur »geschändeten«, aber nicht zerstörten »deutschen Ehre«, die trotzige Behauptung der Integrität einer deutschen Kulturnation und die obsessive Suche nach anschlußfähigen politischen Traditionen verweisen auf die Ahnung, daß jene überkommenen Identitätspotentiale unwiederbringlich zerstört waren, aus denen die Deutschen kollektiv wie individuell hätten Selbstachtung beziehen können. Ich werde noch zeigen, daß die öffentliche Reflexion der NS-Zeit im Bundestag auf vielfältige Weise verknüpft war mit Versuchen, den Nachkriegsdeutschen eine Ersatzidentität zu verordnen. Das Projekt einer »christlichen Demokratie«, die »formierte Gesellschaft«, der Patriotismus der erfolgreichen Wirtschaftsnation, das »Modell Deutschland«

usw. waren solche Versuche von politischer Seite, Ersatzidentitäten zu konstruieren, deren fiktiver Charakter sich allein schon an ihrer Kurzlebigkeit zeigte.

Die Ersatzidentität der fünfziger Jahre war der »Antitotalitarismus«. Bis in die siebziger Jahre hinein konnte man nur wenige konservative oder liberale Politiker finden, die das Wort »Nationalsozialismus« oder gar »Faschismus« überhaupt in den Mund nahmen. Viele zogen es vor, vage von der »totalitären« Herrschaft zu sprechen. Durch die Übernahme dieses Begriffs in die Tagespolitik wurden zwei Fliegen mit einer Klappe geschlagen. Die eigene nationalsozialistische Vergangenheit wurde hinter dieser radikalen Abkehr vom »Totalitarismus« sozusagen abgeschattet, und die gesamte Aufmerksamkeit konzentrierte sich auf die noch gegenwärtige Form des Totalitarismus, nämlich die kommunistische Herrschaft. Und dabei gilt es natürlich mit zu bedenken, daß der Antikommunismus ein integraler Bestandteil der deutschen Ideologie nach und unter Hitler war. Diese Argumentationsfigur erlaubte es vielen Konservativen in der Bundesrepublik, die Illusion zu nähren, die Deutschen hätten bereits zur westlichen Allianz gehört, als sie Hitlers Kampf gegen Rußland unterstützten. In den meisten Zusammenhängen, in denen dieser totalitaristische Topos verwendet wurde, fungierte er zur Bezeichnung der weltpolitischen Lagerbildung, die in der Folge des Kalten Krieges entstanden war: der demokratische Westen, dessen vorderstes Bollwerk die nachfaschistische Bundesrepublik ist, steht gegen den totalitären Osten. Diese These ist dann noch weiter historisch komplettiert worden durch eine nachträgliche Umdeutung des Übergangs der Weimarer Republik zum Nationalsozialismus. In vielen Bundestagsreden wird das Ende der Weimarer Republik einem geheimen Bündnis der Kommunisten mit den Nationalsozialisten zugerechnet, dem – wie es häufig hieß – »Zusammenwirken der totalitären Kräfte«. Die schlichte historische Wahrheit, daß der Übergang der Macht an die Nationalsozialisten tatsächlich durch ein Bündnis der Konservativen mit der extremen Rechten zustande kam, hätte das »totalitaristische« Schema und die historische Legitimität des nachnationalsozialistischen Konservatismus untergraben. In den Auseinandersetzungen über den Terrorismus der RAF in den 70er Jahren sollte diese Rechtfertigungsfigur noch einmal eine kräftige Renaissance erfahren.

Das Studium der Parlamentsdebatten der 50er Jahre hat deutlich gemacht, daß die zweite Demokratie der Deutschen an ihrem Beginn nur ein institutionelles Skelett war. Der Leib einer demokratischen Kultur ist ihm erst in den späteren Jahrzehnten zugewachsen. In ihrer Selbstdeutung als die eigentlichen Opfer Hitlers, in ihrer an der projektiven Abwehr der Kollektivschuldthese sich zeigenden Selbstwahrnehmung als organisches Kollektiv offenbarte sich eine aus der NS-Zeit überkommene Mentalität, welche die neue Ordnung allenfalls aus Motiven passiver Folgebereitschaft oder instrumentellen Kalküls akzeptierte. In ihrer klassischen Studie »The Civic Culture« registrieren die politischen Kulturforscher Gabriel Almond und Sidney Verba für die 50er Jahre, daß die (West-)Deutschen zwar mit der Leistung ihres neuen politischen Systems zufrieden sind, aber sich – ganz im Gegensatz zu ihrer hohen Identifikation mit dem NS-Regime – ihm kaum innerlich verbunden fühlen.[8] Ihre Daten stützten die Befürchtung, daß die Demokratie der Bundesrepublik, würde sie ähnlichen Belastungen ausgesetzt wie die Weimarer Republik, deren Schicksal teilen würde. Nur zwanzig Jahre später kommen Almond/Verba in ihrer Nachfolgestudie »The Civic Culture revisited«, gestützt auf Daten, die in den späten 70er Jahren erhoben wurden, zu einem dramatisch anderen Befund. In ihrer Einstellung zu den Grundrechten, in ihrer Akzeptanz des Systems der Gewaltenteilung sowie der Regeln der Konkurrenzdemokratie unterscheiden sich die (West-)Deutschen nicht mehr signifikant von den Bevölkerungen anderer westlicher Länder. Wie paßt das zusammen? Wie konnte sich innerhalb von nur zwei Jahrzehnten aus einer Mentalität, die noch deutlich von Motiven und Einstellungen der nationalsozialistischen Zeit geprägt war, eine demokratische Kultur entwickeln? Da sich demokratische Einstellungen nicht aus dem Nichts ergeben können, müssen doch schon in der hier untersuchten Frühgeschichte der Bonner Republik Bedingungen vorgelegen haben, die trotz jener mentalen Kontinuität die strukturellen Bedingungen für eine politisch-kulturelle Modernisierung bereitgestellt haben.

Im Vorgriff auf die folgenden Kapitel sei die entscheidende These bereits angedeutet. Es war nämlich paradoxerweise gerade die Kontinuität zwischen dem Dritten Reich und der Bonner Demokratie, die deren Eliten den Weg verbaute, die NS-Vergangenheit auf sich beruhen zu lassen und sich vergangenheitsvergessen der Zukunft zuzuwenden. Freilich war dies nicht die Kontinuität der politischen Mentalität, sondern die Kontinuität des staatsrechtlichen Selbstverständnisses der Bundesrepublik. Die anderen Nachfolgestaaten des NS-Staates, Österreich und die DDR, sowie die postfaschistische Republik Italien hatten sich dafür entschieden, das faschistische Erbe einfach aus dem eigenen politischen Verantwortungszusammenhang auszublenden und zur Kontrastfolie ihrer neuen postfaschistischen Legitimität zu machen. Diese politische Option stand der Bundesrepublik nicht zur Verfügung, weil sie in die »Rechtsnachfolgerschaft« zum Dritten Reich eingetreten war. Rainer Lepsius spricht in einer prägnanten Zuspitzung davon, daß eben die Kontinuität zwischen dem »Dritten Reich« und der durch die alliierten Besatzer geschaffenen Bundesrepublik deren politische Eliten, unabhängig von und, wie wir noch sehen werden, meist wider ihr eigenes Wollen dazu nötigte, die Epoche des Nationalsozialismus normativ zu »internalisieren«.[9] Ihnen war durch die völkerrechtliche Doktrin der Rechtsnachfolgerschaft strukturell der Weg verbaut, sich aus der Haftungskontinuität der deutschen Geschichte wegzustehlen, einer Kontinuität, deren Dimensionen erst dann deutlich werden, wenn man bedenkt, daß die nationalsozialistische Herrschaft formal legal aus der Weimarer Republik entstanden war und erst wieder durch militärische Fremdeinwirkung, ohne inneres Zutun der Deutschen (wie im Fall Italiens) beseitigt worden war. Der – nicht-intendierte, sondern sich als Nebenfolge staatsrechtlicher Handlungszwänge sich ergebende – Beitrag des westdeutschen Parlaments zur Entstehung und Festigung einer vergangenheitskritischen und demokratischen Öffentlichkeit, ist das eigentliche Thema dieser Studie.

77

2
Die 60er Jahre: Demokratie und Schuld

»Demokrat ist man dann, wenn man gerade dem,
der als ›anderer‹ empfunden wird, den Raum mitschaffen
will, in dem er sich nach seinen Vorstellungen von
sich selber frei entfalten kann.«

Carlo Schmid

In der Weihnachtsnacht 1959 wird die erst wenige Monate zuvor neu eingeweihte Kölner Synagoge mit Hakenkreuzen und Sprüchen wie »Juden raus« beschmiert. Obwohl die beiden Täter noch am folgenden Tag gefaßt werden und geständig sind, erregt die Tat nicht nur in der deutschen, sondern in der gesamten Weltöffentlichkeit eine Welle der Empörung. Zugleich wird sie zum Auslöser für eine ihrerseits weltweite Serie von Nachfolgetaten. In Westdeutschland werden laut einem Weißbuch der Bundesregierung allein in den folgenden vier Wochen 470 Fälle von Schändungen jüdischer Friedhöfe und antisemitischer Schmierereien gezählt. Werner Bergmann, der eine Fallstudie über diesen ersten großen antisemitischen Skandal in der Geschichte der Bundesrepublik geschrieben hat, macht deutlich, daß Aktionen dieser Art keineswegs selten waren. Er spricht – gestützt auf Daten der Polizei und des Verfassungsschutzes – von durchschnittlich einer Friedhofsschändung pro Monat in den 50er Jahren, die selten größeres Aufsehen erregten.[1] So war z.B. knapp ein Jahr zuvor die Düsseldorfer Synagoge mit antisemitischen Slogans beschmiert worden, ohne daß es zu spektakulären öffentlichen Reaktionen oder zu Nachfolgetaten gekommen wäre. Man kann also vermuten, daß sowohl die Wahl des Zeitpunktes wie die des Objektes der Aktion diese starke öffentliche Reaktion erklären können. Die kurz zuvor neu eröffnete Kölner Synagoge sollte nämlich Zeichen sein für die Wiedergründung einer kleinen jüdischen Gemeinde in der Stadt. Die Anwesenheit von Bundeskanzler Adenauer bei ihrer Einweihung symbolisierte zudem den staatsoffiziellen Anti-Antisemitismus der jungen Bundesrepublik. Außerdem hatte es einen hohen Symptomwert, daß das jüdische Kulthaus in der »Heiligen Nacht« der Christen geschändet worden war. Und schließlich sorgte allein schon die relative Nachrichtenarmut der Weihnachtstage dafür, daß der Tat eine ungewöhnliche mediale Aufmerksamkeit zuteil wurde.

Sieben Wochen nach dem Skandal, am 18. Februar, kommt es im Bundestag in Bonn zu einer Erklärung der Bundesregierung. Sie wird vorgetragen von Innenminister Schröder, der zugleich die Gelegenheit nutzt, das Weißbuch, in dem die antisemitischen Vorkommnisse der letzten Wochen dokumentiert sind, dem Parlament vorzulegen. Diese sieben Wochen zwischen der Weihnachtsnacht 1959 und dem Tag der Bundestagsdebatte waren gekennzeichnet von hektischen innenpolitischen Auseinandersetzungen, erregten öffentlichen Diskussionen sowie außenpolitischen Initiativen zur Schadensbegrenzung, die selbst in der UNO Resonanz fanden. Es gab zahlreiche Aktionen der Polizei und des Verfassungsschutzes gegen den organisierten Rechtsextremismus. Und es gab eine, in dieser Intensität und Breite neuartige Kritik an den NS-Belasteten, die in Politik und Verwaltung der jungen Demokratie hohe Positionen bekleideten. Es fehlte auch nicht an Versuchen, etwa von seiten von Franz Josef Strauß, diese spektakulären antisemitischen Vorkommnisse durch eine kommunistische »Drahtzieher«-Theorie zu erklären. Bei allen Konflikten in der Deutung der Hintergründe und des Stellenwerts der antisemitischen Welle, die Weihnachten 1959 begonnen hatte, waren zwei Einschätzungen jedoch unstrittig: Von der Linken bis weit in das liberale Lager hinein reichte die Ansicht, daß die Äußerungen des Judenhasses ein Anzeichen seien für die Schwäche des demokratischen Systems, das wenige Monate zuvor seinen 10. Geburtstag gefeiert hatte. Fast alle, die sich öffentlich zu den Vorfällen äußerten, betonten die Notwendigkeit von geistigen und pädagogischen Initiativen im Umgang mit der Erbschaft der Nazi-Zeit.

Innenminister Schröder kommt nach der Vorstellung der empirischen Befunde des »Weißbuchs der Bundesregierung« rasch zu einer Diagnose und auch zu den Ansätzen einer darauf aufbauenden Therapie. Unmittelbare politische Ursachen für die dramatische Zunahme antisemitischer Vorfälle glaubt er nicht erkennen zu können. Er sondiert diese Ursachen vielmehr zunächst im »Fehlen eines allgemeingültigen deutschen Geschichtsbildes«, sodann in dem Fehlen eines »allgemeinen verbindlichen pädagogischen Leitbilds«, einer »angesichts der scheinbaren ideologischen

Überlegenheit des Ostens ...« vielleicht nötigen »Gegenideologie« (1960/III/103/S. 5578) und schließlich in der mangelnden historischen Aufarbeitung des Dritten Reiches, die es noch nicht erlaube, »daß der Stoff in der Schulstunde stets in der gewünschten Klarheit vermittelt werden könnte ...« (a.a.O.)

Das von Schröder in allen Punkten angesprochene angebliche Desiderat einer verbindlichen, weltanschaulichen Halt gebenden »Gegenideologie« prägt auch seinen Therapievorschlag. Letztlich sieht er die Ursache für die antisemitischen Vorfälle nicht etwa in der Persistenz von Resten antisemitischer Ideologie, sondern in der historisch-moralischen »Unausgeglichenheit«, die als Folge des Holocaust im deutschen Bewußtsein entstanden ist:

»Vom 30. Januar 1933 trennen uns nunmehr 27 Jahre. Vom Zeitpunkt des Zusammenbruchs beinahe 15 Jahre. 15 Jahre, das sind bereits drei Jahre mehr, als das ganze sogenannte tausendjährige Reich gedauert hat. Es ist, wie mir scheint, an der Zeit, daß wir nun endlich ein ausgeglicheneres Verhältnis zu unserer Vergangenheit gewinnen.« (a.a.O.)

Das Ziel, um dessen Willen die Deutschen ihr Verhältnis zu ihrer nationalsozialistischen Erblast in eine »ausgeglichenere« Form bringen sollen, ist die Stabilität der neuen Demokratie. In einer Offenheit, die aus heutiger Perspektive schwer begreiflich ist, konstruiert der Innenminister im Februar des Jahres 1960 einen positiven Zusammenhang zwischen dem öffentlichen Beschweigen der Verantwortung der Deutschen für den Holocaust und der Stabilität ihrer neuen Demokratie. Darin ist die nicht ausgesprochene Behauptung eingeschlossen, daß es die westdeutsche Demokratie fördert, wenn sich die Bürger sowohl im öffentlichen Lob der Opfer und Gegner Nazi-Deutschlands wie auch in der öffentlichen Kritik der mit Schuld Belasteten zurückhalten. Als Hermann Lübbe 23 Jahre später, anläßlich einer historischen Konferenz über die 50. Wiederkehr von Hitlers Machtergreifung, das »kommunikative Beschweigen« der nationalsozialistischen Erbschaft nachträglich als das Erfolgsgeheimnis der westdeutschen Demokratie pries, war dies nur die modernisierte Fassung eines Arguments, dem wir in den parlamentarischen Auseinandersetzungen der westdeutschen Gründerjahre oft begegneten.[2] Wenn es in den kaum überschaubaren Protokollen derjenigen parlamentarischen Sitzungen, in denen die nationalsozialistische Vorgeschichte der Bundesrepublik zur Sprache kam, überhaupt einen roten Faden gibt – ein zentrales Streitthema –, dann war es eben der von Gerhard Schröder angesprochene Zusammenhang von Demokratie und Schuld. Gestritten wurde darüber, ob die öffentliche Vergegenwärtigung der politischen Verantwortung für diese deutsche Vergangenheit die Fundamente der von den Westalliierten eingerichteten formalen Demokratie untergrub – oder eben festigte.

Einer der wenigen, die so entschieden wie beredt die zweite Position vertraten, war der sozialdemokratische Abgeordnete Carlo Schmid. In seiner Gegenrede entwickelt er ein Argument, das der geschilderten konservativen Denkrichtung direkt entgegengesetzt ist. Er glaubt nicht, daß die westdeutsche Demokratie an Stabilität gewänne, wenn die öffentliche Diskussion über den Nationalsozialismus eingeschränkt würde. Er rechnet die im Parlament als solche unstrittige Labilität der westdeutschen Demokratie eben der unterbliebenen fundamentalen Auseinandersetzung mit dem Dritten Reich zu. Freilich wird in seiner Definition von Demokratie deutlich, daß er andere Maßstäbe für die Stabilität von »Demokratie« anlegt. Er bemißt sie eben nicht an dem konventionellen Standard einer »innerdeutschen Integration«, also einer im Grunde partikularen Identität der Deutschen mit sich selbst, sondern an dem Grundsatz der Universalität der Gewährung von Grundrechten für *alle* Bürger – ein Grundsatz, den er gerade durch die antisemitischen Vorkommnisse gefährdet sieht:

»Demokratie heißt ... jenseits aller Fragen nach der besten Technik der Willensbildung im Staate, davon überzeugt sein, daß jedem Bewohner unseres Landes das gleiche Recht auf Achtung und Würde zusteht wie jedem anderen, und daß diese Würde nur gewahrt ist, wenn ihm unverzichtbare Werte nicht nur formal zustehen, sondern auch in der gesellschaftlichen Umwelt, in der er lebt, zu Wirklichkeiten werden.« (a.a.O., S. 5582)

Und als Antwort auf offenbar zahlreiche Briefe deutscher Bürger, die sich zwar von der Vernichtung der Juden distanzieren, aber doch nicht umhin können, ihre »Andersheit« zu betonen, spitzt er diese Definition von Demokratie – unter allgemeinem Beifall des Parlaments – noch einmal zu:

»Demokrat ist man dann, wenn man gerade dem, der als ›anderer‹ empfunden wird, den Raum mitschaffen will, in dem er sich nach seinen Vorstellungen von sich selber frei entfalten kann ...« (a.a.O., S. 5583)

Das konservative Projekt einer »innerdeutschen Integration« des Vorrangs der Versöhnung der Deutschen mit sich selber vor der Aussöhnung mit ihren Opfern und deren Hinterbliebenen wird von Schmid nicht unmittelbar kritisiert. Die von kommunistischen Abgeordneten in der ersten Legislaturperiode häufig vorgetragene Forderung einer radikalen Entnazifizierung, der Entfernung aller NS-Belasteter aus öffentlichen Ämtern und die Übertragung des Wiederaufbaus der Republik an Widerstandskämpfer, wird von ihm nicht aufgegriffen. Schmid will die ehemaligen Parteigänger des Dritten Reiches von der Zugehörigkeit zur neuen Demokratie nicht eo ipso ausschließen. Nur soll diese Integration der totalitären Vergangenheit in die demokratische Gegenwart nicht in der – den Konservativen vorschwebenden – Gestalt einer gnädigen Diskretion der Demokraten gegenüber den ehemaligen Nazis vollzogen werden, sondern dadurch,

»daß einer öffentlich zum Ausdruck bringt: er ist sich bewußt, daß er durch sein Denken, sein Tun und Reden objektiv die Drachensaat mitgesät hat; und er muß durch die Tat beweisen – das Bekennen ist auch eine Tat –, daß er heute als ein Gewandelter mithilft, in diesem Staat und durch diesen Staat zu verwirklichen, was die Würde des Menschen ausmacht ...« (a.a.O., S. 5586)

Doch mit der öffentlichen Sühne der ehemaligen Parteigänger des Nationalsozialismus ist für Schmid das gestörte Verhältnis der westdeutschen Gesellschaft zur eigenen Vergangenheit noch nicht wieder in Ordnung gebracht. Hinzukommen müßte die kritische Selbstprüfung der gegenwärtigen Demokraten über ihre eigenen latenten autoritären und totalitären Neigungen. Die ihm vorschwebende Utopie einer tatsächlich »bewältigten« deutschen

Vergangenheit umreißt er mit einem bewegenden Zitat, das er Eva Reichmanns Buch »Die Flucht in den Haß« entnommen hat: »Wir waren bequem und gleichgültig. Der Wille zur Freiheit lebte nicht in uns, und wir wußten nicht mehr, was Recht ist. Wir fühlen, daß unser Leben verarmt ist, weil wir unsere jüdischen Mitbürger entbehren: wir vermissen sie als Anreger im Geistigen und Wirtschaftlichen, als Menschen, die schon dadurch, daß sie wie wir und doch andersartig waren, uns eine ständige Mahnung hätten bedeuten sollen zum Fortschritt in der Gestaltung menschlicher Beziehungen, zur Rechtlichkeit und Menschlichkeit. Wir haben die Mahnung damals nicht gehört zu unserer Schande und zu unserem Schaden. Daß wir sie nicht mehr in unserer Mitte hören dürfen, beklagen wir als schmerzlichen Verlust. Der Tag, an dem in solchen Aussagen die Gedanken der Mehrheit aller Deutschen zutreffend wiedergegeben werden, würde die Zuversicht begründen, daß sie von der Krankheit des Hasses genesen sind. (Lebhafter Beifall.)« (a.a.O.)

Diese utopische Imagination eines versöhnten Zustands im Verhältnis von Juden und Deutschen steht im auffälligen Kontrast zu den ideologischen Beschwörungen des »Endes der Nachkriegszeit«, zu der sich auch Adenauer schon 1953 berechtigt fühlte. Das eigentümliche Pathos von Eva Reichmanns Worten, die Carlo Schmid zitiert, vermittelt zugleich auch eine Ahnung von der die Lebensspanne einzelner Menschen weit übersteigenden Dauer, die für einen solchen Prozeß der Versöhnung zu veranschlagen wäre.

Antisemitismus und christliche Demokratie

In ihrem weiteren Verlauf konzentriert sich die Debatte auf die Frage des Verhältnisses von Christentum und Antisemitismus. Ins Spiel gebracht worden war diese Thematik durch den Versuch des christdemokratischen Abgeordneten Wilhelmi, mit dem Hinweis auf christliche Traditionen eine gemeinsame Gegnerschaft gegen den Nationalsozialismus (und seines aktuellen Ausdrucks in den

Hakenkreuzschmierereien) wie und gegen den Kommunismus zu konstruieren. Diese Äußerung fügt sich zugleich in die im letzten Kapitel beschriebene Tendenz, die große Mehrheit der (christlichen) Deutschen selbst zu den eigentlichen Opfern Hitlers zu ernennen:

»Wir wissen, daß sich der Antisemitismus nicht nur gegen uns als Demokraten, sondern zutiefst auch gegen uns als Christen richtet. Wir haben es alle in der Nazizeit erlebt, wie man zunächst den jüdischen Menschen verächtlich machte. Das war nur der erste Schritt. Dann kam der zweite Schritt, daß seine Religion als artfremde Religion bezeichnet wurde. Damit war man mitten im Angriff gegen das Christentum, gegen die Bibel...« (a.a.O., S. 5589)

Mit dieser eigentümlichen Argumentation bewegt sich der Abgeordnete auf ein geistespolitisches Minenfeld zu, dessen Sprengkraft in der westdeutschen Öffentlichkeit erst drei Jahre später offenbar werden sollte. 1963 veröffentlichte Rolf Hochhuth das Stück »Der Stellvertreter«. Dieses auf zahlreichen Bühnen aufgeführte Stück wies dem Vatikan eine Mitverantwortung zu an der Ermordung der europäischen Juden. Hochhuths seinerzeit außerordentlich provozierende These, daß der Vatikan unter Papst Pius XII. über die Vorgänge in den Vernichtungslagern schon frühzeitig unterrichtet war und gleichwohl weder diplomatisch noch öffentlich dagegen intervenierte, wird heute in der Geschichtswissenschaft kaum noch bestritten. Hochhuths These von der Komplizenschaft durch Schweigen gewann ihre suggestive Plausibilität natürlich vor dem Hintergrund eines in die gesamte Geschichte des Christentums eingeschriebene Tradition des Antijudaismus. Der in dieser Debatte nicht wirklich aufgebrochene Konflikt läßt sich anhand der folgenden geistespolitischen Frontstellung beschreiben. Entweder bildet das Christentum, gemäß den Prämissen der Totalitarismustheorie, das eigentliche Fundament einer Position, die den beiden Totalitarismen, welche das 20. Jahrhundert hervorgebracht hat, diametral entgegengesetzt ist. Diese Position bildete den ideologischen Kern eines christdemokratischen Konservatismus. Oder – und dies war die Position vieler Linker und mancher Liberaler – das Christentum war ein Teil des Problems, um das es in dieser Debatte ging: Totalitarismus kann aus dem Versuch entstehen, eine transzendente Sinngebung der Politik auch unter säkularen Bedingungen fortzuschreiben. Eine kontroverse Zuspitzung bekommt diese Debatte durch Äußerungen des damaligen sozialdemokratischen Abgeordneten Gustav Heinemann. Heinemann widerspricht jener Konstruktion zunächst durch den Verweis auf den traditionellen katholischen Antisemitismus. Daß dieser kein historisches Phänomen sei, beweist sich für ihn u. a. an den alljährlich wiederholten antisemitischen Textpassagen der Oberammergauer Passionsspiele. Aber wirklich provozierend und den Rest der Debatte bestimmend ist der oben formulierte Totalitarismusverdacht. An Formulierungen des Bundeskanzlers, die dieser im Vormonat aus Anlaß eines Besuchs beim Papst gemacht hat, versucht Heinemann zu demonstrieren, daß gerade das katholische Christentum mit seiner Gedankenfigur eines auch in die diesseitige Geschicke eingreifenden göttlichen Heilsplans nicht immun sei vor totalitärer Selbstanmaßung. Adenauer hatte in Rom gesagt: »Ich glaube, daß Gott dem deutschen Volk in den jetzigen stürmischen Zeitläuften eine besondere Aufgabe gegeben hat, Hüter zu sein für den Westen gegen jene mächtigen Einflüsse, die vom Osten her auf uns einwirken ...« (Zitiert nach a.a.O., S. 5598). Solche Äußerungen repräsentieren für Heinemann eine fast transzendente Selbsthypostasierung. Es ist diese transzendente Selbstauszeichnung, die dann wieder zur Grundlage innerstaatlicher Feinderklärungen und ethnischer Ausgrenzungen führen kann. Heinemann:

»Verehrte Damen und Herren, ich habe die herzliche Bitte, daß Sie diesen Vorgang mit dem Ernst einmal ansehen möchten, der ihm im Ausland zugemessen wird und der er meines Erachtens seiner Sache nach wahrhaftig hat. Selbstachtung unseres Volkes ja, aber daß wieder ein Sendungsbewußtsein aufklingt, das macht mich sehr unruhig, daß es aufklingt, geht uns alle an ... Ich will jetzt lediglich noch dieses sagen. Das verführerische Denken ist ein Boden für mancherlei Ungutes, wie wir in unserer Geschichte erlebt haben. Es führt nicht zur Diffamierung einer Opposition,

verehrte Damen und Herren, es kann auch Antisemitismus fördern (lebhafter Beifall bei der SPD – Zuruf von der CDU, Pfui!).«
(a.a.O., S. 5598)

Die Reaktion der CDU auf diesen massiven Angriff Heinemanns, der ja behauptet hatte, daß Äußerungen Adenauers über die besondere Rolle der Deutschen selbst zur Ursache antisemitischer Einstellungen werden könnten, ist eigentümlich defensiv. Der Abgeordnete Friedensburg (CDU) nimmt Adenauers doch im Wortlaut zitierte Äußerung gewissermaßen verfälschend zurück, wenn er suggeriert, daß sich nur der individuelle Politiker Adenauer selbst »als von Gott in diese Situation hineingestellt« fühle (a.a.O., S. 5602) und daß diese transzendente Selbstauszeichnung nichts mit einem völkischen Sendungsbewußtsein zu tun habe. Der Abgeordnete Gontrum (CDU) will Adenauers Äußerungen ihre potentiell nationalistische (und damit Antisemitismus generierende Spitze) dadurch nehmen, daß er sie in die Konstruktion einer radikalen Frontstellung von Totalitarismus vs. Christentum einträgt, in deren Rahmen der Kampf gegen den Antisemitismus und der Kampf gegen den Kommunismus identisch sind. In Anspielung auf den antikommunistischen Atheismus sagt er:

»Dieses Antichristentum ist heute in dieser Welt mit einer so ungeheuerlichen Totalität angetreten, daß die Christenheit vor eine Bewährungsprobe gestellt ist, vor der sie umfassender noch nie gestellt war. Wenn also irgendwo in dieser Welt, ob in Warschau oder London, das Wort des Bundeskanzlers mißverstanden wurde, dann nur deswegen, weil man anscheinend immer noch nicht weiß, aus welchen Gründen ein christlicher Mensch heute überhaupt reden muß, wenn er von einem Auftrag spricht . . .«
(S. 5606) Und unmittelbar darauf folgt die überraschende Wendung zum Antisemitismus, von dem der Abgeordnete Gontrum zuvor gar nicht gesprochen hatte: »Wir werden den Antisemitismus mit politischen oder mit humanitären Ideologien nicht niederringen, wenn wir ihn nicht mit dem Geist und der Wahrheit der christlichen Liebe niederringen . . .« (a.a.O.) Und dann wieder die Rückwendung zum Kommunismus: »Wir werden keinen ei-

sernen Vorhang beseitigen, wenn nicht durch die Kraft unter dem Kreuz ...« (a.a.O.)

Der Sprecher der sozialdemokratischen Partei, Jahn, geht auf die Frage des Verhältnisses von Christentum und Antisemitismus nicht mehr ein. Er fragt vielmehr wiederum unmittelbar nach der politischen Verantwortung der von Adenauer geführten Regierung für die antisemitischen Vorfälle. So bringt er noch einmal in Erinnerung, daß Adenauer in der ersten Regierungserklärung der neu gegründeten Bundesrepublik mit keinem Wort auf die Geschichte des NS-Staates eingegangen ist. Adenauer hatte weder die Opfer der Massenvernichtung angesprochen noch die Männer des 20. Juli 1944. Jahn betont in diesem Zusammenhang, daß Adenauer 10 Jahre gebraucht habe, bis er zum ersten Mal ein Konzentrationslager aufsuchte. Er erwähnt Adenauers Staatssekretär Globke, den Kommentator der Nürnberger Rassegesetze. Er zitiert öffentliche Äußerungen von Bundesjustizminister Schäffer gegen die Wiedergutmachungsleistungen im Winter 1957/1958, der z. B. wörtlich gesagt hatte: »Die Kaufkraft der Deutschen Mark sinkt auf Grund der Wiedergutmachungsleistungen, und es kann mir keine Rasse der Welt übelnehmen, wenn ich diesen Standpunkt vertrete.« Und in die vom Protokoll vermerkten »heftigen Zurufe von der CDU/CSU« hinein, kommt Jahn zu dem Schluß:

»Allein damit, daß Sie das hier als eine Diffamierung betrachten, und daß Sie sich lauthals dagegen wehren, werden diese Dinge nicht ausgeräumt. Wenn sie vom Tisch sollen, wird es notwendig sein, daß wir eine Wiederholung solcher Dinge nicht zulassen, daß Sie sich gemeinsam mit uns ... einen Beitrag dazu leisten, nicht nur das Problem des Antisemitismus, sondern das gesamte Problem der Bewältigung unserer Demokratie und das Problem ihrer Glaubwürdigkeit so zu lösen, daß das Parlament und diese Regierung die Rolle einnehmen und einhalten, die sie in der Demokratie haben, nämlich in der Gesamtheit des Volkes eine Führung zu übernehmen, eine Führung weg von der Vergangenheit und zu einer ernstgenommenen und geliebten Demokratie.« (a.a.O., S. 5610) Das Protokoll vermerkt an dieser Stelle: »Beifall bei der SPD. Abgeordneter Wacher aus Hof: Das ist mit Hetzreden, wie Sie sie halten, nicht zu erreichen. Weitere Zurufe.«

Der Chronist, der im Wissen um den weiteren Verlauf der Geschichte auf diese Antisemitismusdebatte am Ende der 50er Jahre zurückblickt, kann sich des Eindrucks nicht erwehren, daß die Redner im Parlament auf eine so eigentümliche wie notwendige Weise ihr Thema verfehlen. Der beschriebene Streit über Demokratie und Schuld und über eine christliche Sinngebung der Politik sowie auch die folgende Diskussion über das Konzept der »formierten Gesellschaft« sind nur scheiternde Versuche, für das Deutschland nach Hitler eine neue Form der kollektiven Selbstidentifikation zu finden.

Die formierte Gesellschaft

Im Herbst des Jahres 1963 trat Konrad Adenauer auf innerparteilichen Druck als Bundeskanzler zurück. Der bisherige Wirtschaftsminister Ludwig Erhard wurde als sein Nachfolger nominiert. Vorausgegangen waren innerparteiliche Konflikte über die Außenpolitik der Regierung und beständig sich verschlechternde Umfrageergebnisse über die Wahlchancen der von Adenauer geführten Partei. Als es dann bei den Landtagswahlen in Rheinland-Pfalz und Berlin tatsächlich zu massiven Stimmverlusten der CDU kam, wuchs der Druck auf Adenauer, seinen Platz für den innerparteilichen Konkurrenten Ludwig Erhard zu räumen. Diesen Sieg in den Gremien der Partei konnte Erhard dann bei den Bundestagswahlen 1965 bekräftigen, bei denen seine Partei die absolute Mehrheit nur knapp verfehlte.

Am Tage seines Amtsantritts am 18. Oktober 1963 gibt der neue Bundeskanzler Erhard eine Erklärung ab. Zu Beginn seiner Rede variiert er das schon das von seinem Vorgänger Adenauer bemühte Motiv des »Endes der Nachkriegszeit« – ein Motiv, das uns mit wenigen Ausnahmen im gesamten Berichtszeitraum begegnen wird, bis es dann im Jahre 1990 durch die Aufhebung der deutschen Teilung eine unstrittige Realität wird. Bis dahin und besonders in den Geburts- und Jugendjahren der Republik hat der Topos vom »Ende der Nachkriegszeit« den Charakter einer Ideologie, die um so heftiger beschworen wird, je offenkundiger die Verstrickung in die Nachgeschichte Hitlerdeutschlands ist. So folgt denn auch auf die Redepassage, die zum trotzigen Weggucken von der Vergangenheit auffordert (»Wir haben unseren Blick vorwärts zu richten. Nicht nur die Bundesrepublik, sondern die ganze Welt ist im Begriff, aus der Nachkriegszeit herauszutreten« (1963/IV/90/S. 4192), eine längere lamentierende Überlegung, warum gerade dies den Deutschen so schwerfällt. Erhard formuliert einen in der zeitgenössischen konservativen Kulturkritik verbreiteten Gedankengang. Dieser Gedankengang sollte dann später zum Anlaß werden, das geistespolitische Konzept der »formierten Gesellschaft« zu entwickeln. Der Kanzler beobachtet in seiner Zeit, besonders bei der Jugend, starke egoistische Motive:

»Eine oft ausschließlich materiell bestimmte Grundhaltung weiter Kreise der Bevölkerung charakterisiert die Lage – 18 Jahre nach Beendigung der größten Katastrophe deutscher Geschichte... Wie noch deutlich zu machen sein wird, müssen wir damit aufhören, unsere Kräfte und Mittel jeweils nur an speziellen und individuellen Forderungen auszurichten, sondern wir müssen das Ganze bedenken und alles Handeln an gemeinsamen Zielen messen.« (a.a.O., S. 4192)

Was will er mit dieser merkwürdigen Parenthese (»18 Jahre ...«) sagen? Soll damit impliziert sein, daß die eigentliche Ursache für das NS-System in der materialistischen, um Gemeinwohlzwecke unbekümmerten Mentalität der Deutschen zu suchen sei? Oder ist dieses Argument rein gegenwartsbezogen? Zu diesem Eindruck muß kommen, wer andere Stellen der Rede heranzieht. In einer späteren Passage meint er z. B.:

»Wir Deutschen bedürfen nach den Brüchen in unserer jüngeren Geschichte neuer Ausdrucksformen in allen Äußerungen unseres gemeinsamen Lebens.« (a.a.O.)

Damit ist wohl angesprochen, daß das Potential einer national bestimmten Gemeinschaftlichkeit innerhalb der Nachkriegsdeutschen knapp ist. So beschwört er wenige Zeilen später die Notwendigkeit »eines gesunden nationalen Selbstbewußtseins« (a.a.O.). Die Potentiale nationaler Identität und Solidarität seien erschöpft auf Grund ihrer exzessiven Inanspruchnahme durch den nationalsozialistischen Staat. So besteht auch für Erhard wie für viele seiner konservativen Weggefährten die Krise der zeitgenössischen Republik nicht etwa in der Fortdauer nationalsozialistischer Gesinnungen, sondern in den überkompensierenden Reaktionen, die sich bei den »neuen« Deutschen in bezug auf die nationalsozialistische Erbschaft gebildet haben. Gerade nationale Gemeinschaftsorientierungen aber sind nach Erhards Eindruck vonnöten angesichts der zentrifugalen Tendenzen einer Gesellschaft, in der die materiellen Interessen des individuellen Bürgers und die partikularen Kollektivinteressen der Verbände auch die öffentliche Politik bestimmen. Das Fortwirken der »Kriegszeit«, was im übrigen ein Verlegenheitsbegriff für die nationalsozialistische Epoche ist, die ja nicht erst 1939 begann, besteht also für Erhard eben in dem Problem, daß den Deutschen der Bundesrepublik der selbstverständliche Zugang zu einer nationalen Einhegung ihres wirtschaftsbürgerlichen Egoismus verbaut ist. Wenn man dies alles zusammensieht, ist die Rede vom »Ende der Nachkriegszeit« nicht eigentlich eine Feststellung, sondern eine Aufforderung, sich ihrer noch unübersehbaren Fesseln zu entledigen. Dies wird auch überdeutlich in den abschließenden Sätzen der Rede, die trotz eines Lippenbekenntnisses zur »Wiedergutmachung als eine(r) bindenden Verpflichtung« die Schuld für diese Selbstblockierung der Deutschen nicht diesen selbst zurechnen, sondern irgendwelchen nur anonym benannten Fremden. Wer ist eigentlich gemeint, die Kommunisten in der DDR, die Juden in Israel oder das noch nicht ganz befreundete westliche Ausland, wenn Erhard sagt:

»Wir wissen es zu würdigen, wenn Menschen aus ihrem eigenen Erleben heraus noch nicht bereit sind, sich mit Deutschland zu versöhnen. Aber wir haben keinen Sinn für jene Bestrebungen, die aus vergangener Barbarei für alle Zeiten eine deutsche Erbsünde herleiten und als politisches Mittel konservieren möchten.«

(a.a.O.) Das Protokoll vermerkt im übrigen »Beifall bei den Regierungsparteien und bei Abgeordneten der SPD« (a.a.O.).

In der Aussprache, die eine knappe Woche später auf die Erklärung der Bundesregierung unter Erhard folgt, nämlich am 24. Oktober 1963, widerspricht der Hauptredner der Opposition, der Abgeordnete Fritz Erler, dem Kanzler keineswegs. Die Ansicht, daß zwischen der selbstbewußten Vertretung deutscher Interessen durch die Regierung und das Parlament und dem Faktum der deutschen Schuld eine Spannung besteht, ist nicht auf die Christdemokraten beschränkt. Auch der sozialdemokratische Abgeordnete Erler greift in der Aussprache, die auf Erhards Erklärung folgt, dessen Formulierung auf ». . . von der Schuld, die in den Jahren der Gewaltherrschaft allen Deutschen aufgebürdet wurde«. Erler möchte die – das Regierungshandeln angeblich behindernde – Schuldzumutung auf die unmittelbare Tätergeneration beschränkt sehen. Gegenüber einer wiederum nicht näher bestimmten »Umwelt« will er es sich verbieten, daß auch noch die nachwachsenden Generationen mit der historischen deutschen Schuld in Verbindung gebracht werden. Er verstärkt diese Forderung noch durch den Verweis auf die Mitschuld, die die Siegermächte des Ersten Weltkrieges auf sich geladen hätten:

». . . Die Regierungserklärung spricht von der Schuld, die in den Jahren der Gewaltherrschaft allen Deutschen aufgebürdet wurde. Wir müssen der Umwelt sagen, daß die Anerkennung der Verantwortung unseres Volkes für das Geschehene, seine Haftung für die Taten seiner Oberen und seine Verpflichtung zur Wiedergutmachung nicht die Tatsache unterdrücken dürfen, daß eine junge Generation heranwächst, die in keiner Weise unmittelbar mit den schrecklichen Geschehnissen der Gewaltherrschaft verbunden ist. Die Weimarer Republik ist aus vielen Ursachen zugrunde gegangen. Beigetragen zu ihrem Untergang hat auch eine Politik der damaligen Siegermächte, welche dem demokratischen Deutschland jenes Entgegenkommen in nationalen Lebensfragen versagte, das man später überreich der erpresserischen Gewaltherrschaft erwies. (Beifall auf allen Seiten des Hauses.) Wir bitten daher die Umwelt um Verständnis dafür, daß es die Aufgabe einer demokratischen Regierung und eines demokratischen deutschen Parlaments ist, trotz aller Belastungen der Vergangenheit, die selbstverständlichen Lebensinteressen unseres Volkes und vor allem seiner heranwachsenden Jugend nach innen und nach außen zu wahren. (Beifall bei der SPD und Abgeordneten der Regierungsparteien.)« (a.a.O., S. 4272)

Diese Rehabilitierung nationaler Impulse in der westdeutschen Innen- und Außenpolitik von seiten eines führenden Sozialdemokraten fügt sich in eine Ortsbestimmung seiner Partei, in welcher die große Koalition späterer Jahre gedanklich vorweggenommen wird. Durch den Verweis auf die Tatsache, daß Sozialdemokraten auf allen Ebenen des Repräsentativsystems vertreten sind, daß ihre Überzeugungen Eingang gefunden haben in die Ausgestaltung des Systems sozialer Sicherheit, daß sie am Grundgesetz mitgewirkt haben, möchte er den Charakter einer »Partei«, zumal einer opponierenden, herunterspielen und ihre staatstragende Rolle herausstreichen:

»... eines wollen wir noch einmal festhalten, dieser Staat ist unser aller Staat. Wir tragen ihn gemeinsam. Wir Sozialdemokraten haben die Bundesrepublik und ihr Grundgesetz mitgeschaffen ... Dieser unser Staat, das ist nicht eine Koalition, das ist auch keine Partei, das sind wir alle. Deshalb möchte ich von mir aus mit dem Satz schließen: wir sind ein Volk, da trägt ein jeder auch des anderen Last.« (a.a.O., S. 4273)

Wenn man diesen so zitierten Satz in den Kontext der beiden Botschaften stellt, die Erlers Rede enthielt – Rehabilitierung einer national orientierten Politik einerseits und Selbsteinbindung der Sozialdemokratie in die staatliche Verantwortung –, dann ergibt sich die Frage, ob diese geforderte oder erklärte Selbsteinbindung der Sozialdemokratie in einen überparteilichen Konsens der Bundesrepublik auch die bewußte Verantwortungsübernahme für die in deutschem Namen verübten Menschheitsverbrechen einschließt. Was ist die »Last«, deren gemeinschaftliches Tragen eine Ansammlung von Individuen auf dem gleichen Territorium zu einem »Volk« macht? Ein knappes Jahrzehnt erregte der sozialdemokratische Bundeskanzler Willy Brandt weltweites Aufsehen, als er vor dem Denkmal des Warschauer Ghetto-Aufstands niederkniete. Obwohl Brandt Atheist war und ihm als Emigrant gewiß keine individuelle Schuld zuzurechnen war, wurde diese stumme Geste doch weithin als angemessen empfunden. Daß gerade diese stumme Verkörperung von Trauer und Scham als so authentisch empfunden wurde, verweist darauf, daß der »geteilten Schuld«, die Erler offenbar ansprechen wollte, noch keine öffentliche Sprache entsprach.

In der westdeutschen Nachkriegsgeschichte haben sich im Laufe der Jahrzehnte vor allem drei zentrale Gedenktage herausgebildet, die zum Anlaß der öffentlichen und staatsoffiziellen Erinnerung an die NS-Zeit wurden: der 20. Juli, der Tag des Attentatsversuchs auf Hitler, der 9. November, der Tag der sogenannten »Reichskristallnacht«, und der 8. Mai, der Tag der deutschen Kapitulation. Freilich hat es parlamentarische Veranstaltungen aus Anlaß dieser Gedenktage erst sehr spät gegeben. So hat z. B. erst Willy Brandt die 25. Wiederkehr des 8. Mai zum Anlaß einer parlamentarischen Erklärung genommen. Bis zur allmählichen Etablierung des parlamentarischen Gedenkens auch der düsteren Daten wie z. B. den oben genannten, zog es die politische Klasse in den 5oer und 6oer Jahren vor, die NS-Zeit nur mittelbar, nämlich durch den Filter positiver Gedenktage zu erinnern. Ein gutes Beispiel dafür ist die Erklärung, die Bundeskanzler Erhard am 7. September 1964, zum Anlaß des 15. Jahrestages der Eröffnung des Deutschen Bundestages abgibt:

»Die Deutschen haben zu einem gesunden Selbstbewußtsein zurückgefunden, das sich vornehmlich, aber doch nicht allein auf die große Aufbauleistung gründet, die nach dem Krieg vollbracht wurde. Die große Bürde, die uns die Vergangenheit auferlegte, ist nicht mehr gepaart mit der Verneinung des eigenen Vaterlandes. Das deutsche Volk findet zunehmend seine Reife im Bewußtsein echter nationaler Würde . . .« (1964/IV/90/S. 6779)

Diese Erklärung ist bemerkenswert, weil sie alle Motive seiner Erklärung, die er fast genau ein Jahr zuvor abgegeben hatte, wiederholt – aber mit umgekehrten Vorzeichen. Vielleicht, um dem feierlichen Anlaß der Erklärung zu entsprechen, werden jetzt alle seinerzeit dramatisch akzentuierten Desiderata – der Deutschen Mangel an Idealismus und nationaler Orientierung – als erfüllt dargestellt. Die Krisenliste von gestern gibt die Stichpunkte für die Laudatio von heute, so als ob die Bürger sich die Ermahnungen des Kanzlers zu Herzen genommen hätten.

Zu dieser Umwidmung einer Klage in ein Lob gehört auch, daß jetzt das Heraustreten aus dem Schatten des Dritten Reiches unmißverständlich als Faktum gefeiert und nicht als Forderung artikuliert wird. Die oben zitierte »große Bürde« wird jetzt entschieden im Präteritum eingeführt. Die moralische Verantwortung der Deutschen für die in ihrem Namen verübten Menschheitsverbrechen seien gesühnt durch die Aufbauleistung im Zuge des Wirtschaftswunders. So als ob Erhard selbst eine Ahnung gehabt hätte von der Fragwürdigkeit des von ihm unterstellten Kompensationsgeschäftes »kollektive wirtschaftliche Leistungsfähigkeit gegen historisch-moralisches Versagen«, stilisiert er jene Aufbauleistung selbst als sittliche Leistung. An die Adresse der deutschen Jugend gewendet, sagt er:

»Es ist das gute Recht der Jugend, sich mit der Generation ihrer Eltern auch kritisch auseinanderzusetzen. Damit ist aber auch die Pflicht der Jugend verbunden, das Blut, die Tränen und den Schweiß der Väter und Mütter nicht zu vergessen und sich durch eigene Leistung zu bewahren, was ihnen bis heute als Geschenk in den Schoß fiel ...« (a.a.O.)

Die Formel »Blut, Schweiß und Tränen« wurde bekanntlich 1941 von Winston Churchill geprägt, um das englische Volk in einer bedrückenden militärischen Situation zu äußersten Anstrengung im Krieg gegen die Deutschen aufzurufen. Daß Erhard sich dieser Formel bedient, die seinerzeit noch bekannter war als heute, hat wohl das Ziel, den Wiederaufbau als eine Art gerechten Krieg zu stilisieren – als einen Krieg mithin, dessen Gerechtigkeit die Ungerechtigkeit des vorangegangenen realen Krieges tilgen soll.

Das in den bisher dargestellten Reden erst angedeutete politische Alternativkonzept der »formierten Gesellschaft« wird von dem 1965 wiedergewählten Kanzler Ludwig Erhard erst in seiner

Regierungserklärung zum Anlaß der Eröffnung der 5. Legislatur-periode ausdrücklich erwähnt. Eingeführt wird dieses Zukunfts-konzept freilich durch einen Blick auf die Vergangenheit, der so schwer zu entkommen ist. Mit dem schlichten Argument der seit 1945 bzw. seit 1933 vergangenen Jahre, bzw. mit der zeitlich schwindenden, unmittelbar biographischen Verantwortung der nachgewachsenen Generationen für die in deutschem Namen ver-gangen Verbrechen, glaubt sich Erhard berechtigt, diese Vergan-genheit nicht mehr zum Bezugspunkt der westdeutschen Politik nehmen zu müssen:

»Der 5. Deutsche Bundestag wurde im 20. Jahr nach dem Ende des Zweiten Weltkriegs gewählt. 167 seiner 518 Abgeord-neten erreichten erst nach 1945 das Alter der Wählbarkeit. Zwei Drittel unseres Volkes waren im Jahr 1933 Kinder oder noch nicht geboren. Für nahezu die Hälfte der Menschen in unserem Land sind die Jahre 1933 bis 1945 geschichtliche Erinnerung ... Alle Generationen unseres Volkes tragen zwar an den Folgen einer im deutschen Namen von 1933 bis 1945 verfolgten Politik. Die Be-zugspunkte in der Arbeit des 5. Deutschen Bundestages und der Politik der Bundesregierung dürfen dennoch nicht mehr der Krieg und die Nachkriegszeit sein. Sie liegen nicht hinter uns, sondern vor uns. *Die Nachkriegszeit ist zu Ende!*« (Hervorhebung von mir, H.D.; 1965/V/4/S. 17)

Zu dieser Proklamierung des Endes der Nachkriegszeit glaubt sich Erhard in seinen weiteren Ausführungen auch durch das ge-wachsene ökonomische und politische Gewicht der Bundesrepu-blik berechtigt. Um dieses Gewicht und insbesondere die wirt-schaftliche Leistungsfähigkeit zu erhalten, genügt es seiner Ansicht aber nicht mehr, das bisher erfolgreiche Modell von Marktwirt-schaft und liberaler Demokratie einfach fortzuschreiben. Darum entwickelt er mit großem rhetorischen Aufwand die Idee der »for-mierten Gesellschaft«:

»Nach den geschichtlichen Erfahrungen unseres Volkes, die das Bewußtsein der Abhängigkeit aller von allen geweckt und be-stärkt haben, hat die deutsche Gesellschaft den Charakter einer Klassengesellschaft verloren. An ihre Stelle ist eine Leistungsgemeinschaft getreten. Trotzdem dürfen wir nicht verkennen, daß diese noch von innen bedroht ist, nämlich durch allzu viele Versuche, partiellen Interessen ein Übergewicht zu verschaffen. Wollen wir auf dem Weg des bisherigen Erfolges, des Fortschritts, des politischen und sozialen Friedens bleiben, so muß die deutsche Gesellschaft weitere Schritte in jene moderne Ordnung tun, die ich als *formierte Gesellschaft* charakterisiere.« (Hervorhebung im Protokoll; a.a.O., S. 19)

Seine Bestimmungen dieser Programmatik, die teils in die Zukunft interpoliert werden, teils bloß als Bekräftigung einer schon eingespielten politischen Praxis auftreten, bleiben schon allein deshalb undeutlich, weil sich in ihr urliberale mit antiliberalen, gemeinschaftsorientierte und technokratische, elitendemokratische und unverhüllt autoritäre Motive auf undeutliche Weise mischen. Und es ist wohl nicht nur das politische Scheitern Erhards als vielmehr die außerordentliche Vagheit des Konzepts, die dessen rasches Vergessen bewirkte.

Der Begriff »formiert« soll wohl auf die Gefahr aufmerksam machen, daß die zeitgenössische westdeutsche Gesellschaft angeblich Gefahr laufe, ihre politisch lenkbare Gestalt zu verlieren. Diese behauptete Gefahr von Individualisierungstendenzen ist, wie Erhard selbst betont, zwar eine Folge der liberalen Marktwirtschaft. Aber aus einem spezifischen Grund, den er in seiner Erklärung selbst nicht nennt, seien die partikularistischen Fliehkräfte in der politischen Kultur der Bundesrepublik besonders ausgeprägt. Das Plädoyer für die »Formierung« der Gruppeninteressen stützt sich dann freilich nicht auf eine nationale Gemeinschaftsverpflichtung, sondern auf ein technokratisches Fundament. Die Bürger sollen das auch wollen, was ihnen Wissenschaft und Technik als überdemokratische Notwendigkeiten vorschreiben. Und nachdem er vage angedeutet hat, daß das Konzept der »formierten Gesellschaft« sich aus der »sozialen Marktwirtschaft« sowohl organisch ergeben soll als auch zugleich ihr inneres Korrektiv ist, fährt er fort:

»Eine so formierte Gesellschaft setzte eine *informierte Gesellschaft* (Hervorhebung im Protokoll) voraus. Der Bürger kann sich nur richtig verhalten, wenn er Bescheid weiß. Über Handlungen und Absichten des Staates muß er rasch, korrekt und umfassend unterrichtet werden. Da die Informationsnotwendigkeit auch in umgekehrter Richtung für den Staat besteht, ist die Ausnutzung neuester technischer Möglichkeiten sowie die rasche Auswertung wissenschaftlicher Erkenntnisse erforderlich.« (a.a.O.)

Dieser heute eher befremdlich klingende Gedanke, daß das den Fliehkräften des Pluralismus Grenzen setzende gemeinschaftliche Prinzip wissenschaftlich ermittelt werden könnte, entsprach dem sozialwissenschaftlichen Zeitgeist der frühen 60er Jahre. Dieser Zeitgeist war stark bestimmt durch die Bücher der Soziologen Arnold Gehlen und Helmut Schelsky.[3] Gehlen hatte in seinem einflußreichen Buch »Urmensch und Spätkultur«, das übrigens den Berater von Erhard, den Publizisten Rüdiger Altmann, un- mittelbar beeinflußt hatte, die »Theorie der Kristallisation« ent- wickelt.[4] Ähnlich wie Schelsky in seiner einflußreichen Vision einer »technisch-wissenschaftlichen Zivilisation« hegten seiner- zeit manche konservative Intellektuelle die eigentümliche Hoff- nung, daß das Wachstum sozialwissenschaftlichen Herrschafts- wissens die Formen demokratischer Willensbildung langfristig überflüssig machen könnte. Anders als die intellektuelle Genera- tion der 68er, die gerade darin eine Gefahr für die Demokratie sahen, begrüßte der technokratische Konservatismus solche (die Sozialwissenschaften übrigens weit überschätzende) Entwicklun- gen als eine Chance der Rationalisierung von Politik. Die An- ziehungskraft der technokratischen Denkweise für die program- matische Standortbestimmung eines Kanzlers zu Beginn einer Legislaturperiode hatte wahrscheinlich mit der inneren Plausibi- lität dieses Gedankens weniger zu tun als mit der – nur zwanzig Jahre nach 1945 – immer noch diskreditierten Alternative, das dem Pluralismus Grenzen setzende Prinzip in der beschwörenden Anrufung der nationalen Gemeinschaft zu finden. In den liberal- demokratischen Marktgesellschaften ist dieser Griff politischer Eliten nach der nationalen Karte in realen oder vermeintlichen Krisenzeiten weit verbreitet. In den Geburtsjahren der Bundes- republik, als noch nicht einmal die Parlamentsmitglieder mit der

Praxis und Rhetorik demokratischer Legitimität hinreichend vertraut waren, und später wieder in den 8oer Jahren, und besonders seit der deutschen Vereinigung, gab es bei den Christdemokraten, aber auch bei vielen Sozialdemokraten wenig Skrupel, an nationale Gemeinschaftsgefühle zu appellieren.

Zugleich hängt die zeitdiagnostische Behauptung, der ökonomische und politische Erfolg der Bundesrepublik sei durch einen überzogenen Interessenpluralismus gefährdet, mit der Erfahrung der Zeit von 1933 bis 1945 mittelbar zusammen. Immer wieder wurde nämlich in früheren Debatten von Christdemokraten und Freidemokraten beklagt, daß die »Überstrapazierung« des Nationalismus durch den Nationalsozialismus jene Legitimitätsressource unbrauchbar gemacht hätte. Der vorgebliche Verbandsegoismus und verbreitete Privatismus der westdeutschen Gesellschaft seien eine späte Überreaktion auf die Nazizeit. In der Debatte, die sich an die Regierungserklärung des Kanzlers Erhard anschloß, ist dessen Programm der »formierten Gesellschaft« kein breit diskutiertes Thema mehr. Die Redner seiner eigenen Fraktion greifen es nicht auf. Der Redner der FDP, Freiherr von Kühlmann-Stumm, spricht es nicht an. Aus einem Debattenbeitrag des CDU-Abgeordneten Rainer Barzel kann man fast den Eindruck gewinnen, als bezöge er sich kritisch auf Erhards Konzept der »formierten Gesellschaft«. Es scheint so, daß er die christliche Grundierung dieses Konzepts vermißt. In der eigentümlichen Mischung von Utilitarismus und Korporatismus gibt es in der Tat keinen Einsatzpunkt für eine christlich inspirierte Sittlichkeit. An ihren Ort im ursprünglichen Verfassungsverständnis der Bundesrepublik will Barzel erinnern:

»Die Väter des Grundgesetzes haben in der Präambel das Bewußtsein der ›Verantwortung vor Gott und den Menschen‹ als erstes Motiv der verfassungsgebenden Arbeit bezeichnet ... So sind in unserer Verfassung die religiösen und sittlichen Überzeugungen eingegangen und haben den Wiederaufbau unseres Staates bestimmt. Gerade in der Zeit des Zusammenbruchs wie des Wiederaufbaus der staatlichen Ordnung sind Religion und Gewissen eine aktive Kraft in unserem Volke gewesen. Wer für die Zukunft unseres Volkes arbeitet, wird darauf achten, daß diese Kraft wirksam bleibt ...« (a.a.O., S. 91)

Der Sprecher der SPD, der Abgeordnete Fritz Erler, kritisiert die beiden in unserer Sicht wichtigsten Motive von Erhards Erklärung – das »Ende der Nachkriegszeit« und die »formierte Gesellschaft« – mit Entschiedenheit. Erler spricht kritisch von dem »seltsamen Satz vom Ende der Nachkriegszeit«. Einerseits spricht er – erinnernd an die damaligen Auschwitz-Prozesse – von der eher noch gesteigerten Offenkundigkeit der deutschen Schuld. Andererseits nennt er die Fortdauer der Teilung als Beweis für die Fortdauer einer historischen Konstellation, die in der Folge des Krieges entstanden ist:

»Aber die 17 Millionen unserer Landsleute als Geiseln in fremder Hand und das in den Gerichtssälen bloßgelegte Grauen einer schrecklichen Zeit mit allen Verstrickungen in Schuld und Verbrechen, der Sorgen der Opfer des Krieges und der Verfolgung zeugen davon, daß Gewaltherrschaft und zweiter Weltkrieg noch keine völlig abgeschlossenen Kapitel in unserer Geschichte sind. (Beifall bei der SPD).« (a.a.O., S. 95)

Erler kritisiert an dem Konzept der »formierten Gesellschaft« deren antipluralistische Implikationen, d. h. die Verkennung der Notwendigkeit intermediärer Organisationen zwischen Staat und Individuum:

»Unsere reichgegliederte Gesellschaft darf nicht atomisiert werden. Die Freiheit des Bürgers geht verloren, wenn er nur als Einzelwesen der staatlichen Macht gegenübersteht, deshalb müssen wir ja sagen ... zu dem Wirken der vielfältigen Organisationen, in denen sich unsere Bürger zu den mannigfaltigsten Zwecken zusammenschließen. Wer, wie das leider geschieht, das freiwillige Wirken in diesen Organisationen verketzert, indem er glaubt, gegen die Funktionäre – damit meint er dann immer die auf der anderen Seite – ohne nähere Bezeichnung wettern zu können, der zerstört ein wichtiges Stück freiwilliger demokratischer Mitwirkung in unserem Lande ...« (a.a.O., S. 95)

Einer scharfen Kritik unterzogen wird das Konzept gegen Ende der Debatte von Karl Schiller (SPD). Er kritisiert vor allem die antiliberalen und antidemokratischen Implikationen des Konzepts. Es ignoriere beharrlich, daß »wir und Sie alle in einer Welt von Konflikten leben« (a.a.O., S. 135). Er wirft dem Kanzler vor, daß er den Eigenwert einer pluralistischen Demokratie nicht wahrnehme, und demonstriert an Beispielen aktueller Tagespolitik, wie rasch sich eine Regierung in Widersprüche verwickelt, die vorgibt, im erhabenen Namen eines dem Streit der Interessen entzogenen Allgemeinen zu sprechen. Er kritisiert auch die Abkehr dieser Konzeption von der Idee des Liberalismus, nach dessen Ansicht sich das Allgemeine ja aus dem Streit der Meinungen und Interessen ergäbe. Und schließlich sei es nicht frei von autoritären Anklängen:

»Dabei ist das Bild der formierten Gesellschaft – ich verstehe das vollkommen – noch nicht einmal anziehend. Bei formierter Gesellschaft denkt man doch an Strammstehen, nicht wahr, an Strammstehen nicht auf Grund von Befehl und Gesetz (fortgesetze Zurufe von der Mitte), nein, Strammstehen auf Grund höherer Einsicht; das ist die formierte Gesellschaft (Beifall und Heiterkeit bei der SPD. – Zurufe von der Mitte.)« (a.a.O., S. 135)

Die Verjährungsdebatten der 60er Jahre

Am Ende des 1. Kapitels hatte ich die nur scheinbar paradoxe These entwickelt, daß gerade die staatsrechtliche Kontinuität von Weimarer Republik, Drittem Reich und Bundesrepublik eine wirksame politisch-moralische Auseinandersetzung mit dem NS-Unrecht ermöglichte. An keinem anderen Themenbereich ließe sich diese These besser demonstrieren als an den Debatten über die »Verjährbarkeit von Mord«.[5] Unter diesem im trockenen Juristendeutsch formulierten Etikett verbarg sich die aufwühlende Frage, ob die Exekutoren des in deutschem Namen verübten Völkermords in den Genuß des Rechtsinstituts der Verjährung kommen sollten. Nach dem seinerzeit geltenden deutschen Strafrecht war diese Frist mit 15 Jahren relativ knapp bemessen. Die bloße Möglichkeit, daß die Massenmörder sich schon in den frühen

6oer Jahren öffentlich zu ihren Verbrechen bekennen könnten, ohne für sie noch belangt werden zu können, war für das Rechtsempfinden vieler deutscher Parlamentarier, aber vor allem für die Bürger jener Länder, deren Bevölkerung viele Opfer zu beklagen hatten, schier unerträglich. Übrigens trat die Verjährung für alle minder schweren Delikte, wie etwa »Totschlag«, tatsächlich 1960 in Kraft. Was blieb, war die Frage der Verjährbarkeit von »Mord«. Und da es einzig der in den Lagern und im Zuge des Ostfeldzuges verübte Völkermord war, der zu dieser Strafrechtsänderung Anlaß gab, handelte es sich in der Regel um Massenmord. Der Verjährungszeitraum von 15 Jahren und die nur allmählich wachsende Bereitschaft einer relevanten parlamentarischen Mehrheit, diese Frist zu verlängern, gaben den Verjährungsdebatten ihre eigentümliche Dynamik. Die erste »große« Verjährungsdebatte fand 1960 statt. In ihr ging es vor allem um den Zeitpunkt, von dem aus die Verjährungsfrist berechnet werden sollte, ob vom Zusammenbruch des Dritten Reiches her oder vom Zeitpunkt der Gründung der Bundesrepublik. Die parlamentarische Auseinandersetzung, die in der Zeitgeschichte bis heute mit dem Begriff der eigentlichen »Verjährungsdebatte« assoziiert wird, fand 1965 statt. Dieser Debatte gilt auch unser größtes Interesse. In ihrer Folge konnten sich die Parlamentarier nur dazu durchringen, die Verjährungsfrist noch einmal um fünf Jahre zu verlängern, um den Strafverfolgungsbehörden und besonders der 1958 gegründeten »Zentralen Stelle der Landesjustizverwaltungen zur Aufklärung nationalsozialistischer Gewaltverbrechen« in Ludwigsburg Gelegenheit zu geben, die noch nicht angeklagten NS-Straftäter zu identifizieren. Diese kurze Fristverlängerung sorgte dafür, daß das Problem der Verjährung wenige Jahre später wieder auf der Tagesordnung des Bundestages auftauchte. Dieses Mal wurde die Frist noch einmal um zehn Jahre verlängert, um dann bei der letzten Debatte, im Jahre 1979, endgültig aufgehoben zu werden. Somit erstreckte sich die parlamentarische Debatte über die rechtspolitischen und moralischen Dimensionen des Umgangs der Deutschen mit ihrer NS-Vergangenheit über einen Zeitraum von fast zwei Jahrzehnten. In der ersten »großen« Debatte von 1960 war noch das geradezu zwanghafte Bemühen spürbar, die unerhörte politische und moralische Sprengkraft dieser Problematik in rechtstechnische Finessen einzukapseln. Der dramatische politisch-moralische Problemstau, den eine gerade justitiell wenig bewältigte Vergangenheit auch im Bewußtsein des allgemeinen politischen Publikums hinterlassen hatte, trat dann in den Debatten des Jahres 1965 unübersehbar zu Tage. Diese Debatten wurden von ihren Zuhörern und den Journalisten vor allem deshalb als »Sternstunden des Parlaments« empfunden, weil viele Parlamentarier sich ein Stück von ihrem juristischen Berufshintergrund distanzierten und die Frage der Verjährung mit Blick auf das moralische Selbstverständnis der neuen Demokratie grundsätzlich reflektierten. Ihre Auswirkung auf die politische Kultur der 60er Jahre können nur mit dem Effekt verglichen werden, den Weizsäckers Rede in den 80er Jahren hatte.

Der atmosphärische Unterschied zwischen den Debatten von 1960 und 1965 ist auffällig. Die im Beginn dieses Kapitels beschriebene Neigung, um des lieben inneren Friedens der Deutschen willen die Diskussion über ihre Vergangenheit zu beschränken, ist 1965 nicht mehr zu beobachten. 1960 hatte der FDP-Abgeordnete und spätere Justizminister Bucher noch mit einfühlendem Verständnis auf den Wunsch der meisten Deutschen hingewiesen, von der Vergangenheit »nichts hören, nichts sehen und nichts wissen zu wollen«. In die Debatten von 1965 fließt hingegen vielfach, ohne erkennbares Ressentiment, die externe Perspektive des sogenannten »Auslands« ein, in Gestalt der Zitierung israelischer, französischer, englischer und amerikanischer Zeitungen. Den Hintergrund für diese grundsätzliche gewandelte Diskussionsatmosphäre kann man in den spektakulären Prozessen vermuten, die in der Zwischenzeit stattgefunden hatten: vor allem der Eichmann-Prozeß in Jerusalem 1961 und der Auschwitz-Prozeß in Frankfurt 1963. Ein weiterer Grund liegt in generationsspezifischen Veränderungen, besonders innerhalb der Christdemokraten. So kam das rhetorisch stärkste Plädoyer für eine Aufhebung der Verjährungsfrist von dem jungen CDU-Abgeordneten Ernst Benda.

Ernst Benda vertritt mit einer kleinen interfraktionellen Gruppe den Antrag, der dem Vorhaben der Regierung Erhard, die Verjährung einfach wirksam werden zu lassen, am stärksten widerspricht. Das Parlament soll in einem normalen Gesetzesverfahren, ohne Verfassungsänderung, die völlige Aufhebung der Verjährungsfrist beschließen. Die Kontroverse, die Benda damit eröffnet, handelt über das Verständnis von Rechtsstaat, das der jeweiligen Position in der Verjährungsdebatte zugrunde liegt. In scharfer Form attackiert Benda den Versuch des Justizministers Bucher (welcher ja immerhin Minister einer von Bendas Fraktion getragenen Regierung war), für die Position der Verjährungsbefürworter einen Monopolanspruch in Sachen Rechtsstaatlichkeit zu reklamieren. Seine Behauptung, daß die Aufhebung der Verjährungsfrist keineswegs gegen rechtsstaatliche Prinzipien verstoße, stützt er mit einem Appell von 46 Professoren des Straf- und Verfassungsrechts, die gegen den Trend der veröffentlichten Meinung geltend machen, daß gegen eine Aufhebung der Verjährungsfrist für Mord keine substantiellen Bedenken geltend gemacht werden können. Immer wieder beschwört Benda, daß die Frontstellung von Verjährungsgegnern und Verjährungsbefürwortern nicht mit der von Freunden und Feinden des Rechtsstaates gleichgesetzt werden darf. Strittig sei vielmehr das Verständnis von Rechtsstaatlichkeit angesichts eines Völkermordes, der gerade im Namen der Instanz verübt worden sei, deren Aufgabe es nach einem konventionellen Verständnis von Rechtsstaatlichkeit gewesen wäre, Hüter des Rechts zu sein. Dieser formalistischen Konzeption wird der Boden entzogen, wenn der Staat selbst zum monströsen Verbrecher wird. Jetzt müsse der klassische Anspruch, daß es der Staat sei, der die Gerechtigkeit verwirkliche, ergänzt werden durch ein »materielles« Rechtsstaatsverständnis. Benda sagt:

»Im Kern des juristischen Streits ... steht die Frage nach dem Verständnis von Rechtsstaat heute. Ist das, was insbesondere Herr Minister Bucher, Herr Präsident Dehler, Herr Kollege Arndt und andere Herren sagen, Verständnis des Rechtsstaates? Ist das der Rechtsstaat, so wie wir ihn heute verstehen? Oder ist es ein anderer, ein gewandelter, wie ich meine ... ein materieller Rechtsstaatsbegriff, der etwas anderes beinhaltet? Der Rechtsstaat heute muß auch die Gerechtigkeit anstreben, wobei er natürlich das wichtige Rechtsgut der Rechtssicherheit weder vergessen noch auch nur vernachlässigen kann. Er muß ... diese nicht einfache Abwägung im Einzelfall vornehmen; er muß sich dabei entscheiden, die Gerechtigkeit zu verwirklichen. Damit sind wir ja auch aus der juristischen Diskussion raus. Was ist denn das, was wir in diesem Hause, was wir in der Politik tun?« (1965/IV/170/S. 8522)

Die metajuristische Begründung dieses materiellen Verständnisses von Rechtsstaat spricht Benda in einem späteren Teil seiner Rede an:

»Für die Antragsteller steht über allen Erwägungen juristischer Art ganz einfach die Erwägung, daß das Rechtsgefühl eines Volkes in unerträglicher Weise korrumpiert werden würde, wenn Morde ungesühnt bleiben müßten, obwohl sie gesühnt werden könnten ...« (a.a.O., S. 8524)

Das Vorhaben der Regierung, die Verjährungsfrist für Mord auch angesichts der noch ungesühnten Massenmorde der NS-Zeit tatsächlich eintreten zu lassen, wird von keinem Redner im Parlament so eloquent verteidigt wie von dem Freidemokraten Thomas Dehler. Er ist deshalb in der Verjährungsdebatte von 1965 der eigentliche Widerpart von Ernst Benda, weil er sich auf einem ähnlich anspruchsvollen Niveau um eine metajuristische, moralische Bestimmung des Rechtsstaates bemühte – und aus dieser heraus zu dem Entschluß kam, die Verjährungsfrist auch auf die NS-Massenmorde anzuwenden. Man kann Dehler auch nicht den Vorwurf machen, daß er die damit verknüpfte ungeheuerliche Herausforderung für den nachtotalitären Rechtsstaat übersehen hätte. Dieser Herausforderung war z. B. der CDU-Abgeordnete Rainer Barzel nicht gerecht geworden, als er in einem früheren Debattenbeitrag – mit Blick auf die NS-Verbrechen – die schlichte Unterscheidung von einem (nicht-justitiablen) Recht auf politischen Irrtum von krimineller Schuld machte. Diese übrigens schon 1947 von Eugen Kogon eingeführte Unterscheidung wird indes den Massenmorden in den Lagern und dem Vernichtungsfeldzug der deutschen Wehrmacht im Osten in keiner Weise gerecht.[6] Denn der Vollzug dieses Staatsverbrechens war nur möglich durch vielfältige Formen der Komplizenschaft, die von schlichter Ignoranz, passiver Duldung, bewußtem Weggucken, indirekter Mitwirkung bis hin zu mittelbarer und unmittelbarer Täterschaft reichten. Aus Dehlers Sicht gleichermaßen unzureichend ist die Neigung des SPD-Abgeordneten Jahn, der die rechtspolitische Debatte primär zum Anlaß für eine politisch-moralische Grundsatzreflexion nehmen möchte. Gerade angesichts der apokalyptischen Verwirrung aller politischen-moralischen Maßstäbe, welche sich in einem mit der Autorität des Staates verübten Völkermord zutage trat, sei die formale Rationalität des Rechts das letzte Mittel gegen die totalitäre Versuchung. Diese metajuristische Bestimmung des Rechtsstaates gibt für Dehler den aus ihr folgenden Prinzipien des Sonderrechts- und des Rückwirkungsverbots erst ihre bindende Kraft. Zunächst muß Dehler freilich dem Eindruck wehren, daß das Eintreten für die Verjährung nicht als heimliche Sympathie mit den NS-Verbrechen mißdeutet werden kann:

»... Müssen wir sagen, daß wir in der Abscheu vor dem Geschehen mit der Welt einig sind? Fast meine ich, unsere Empörung ist größer, tiefer, peinigender. Am Ende sind wir uns doch der Schuld bewußt, jeder von uns, der damals Verantwortung getragen hat. Wenn ich an die bisherigen Redner denke, dann stelle ich fest, daß sie das Glück hatten, nicht dazuzugehören. Das ist aber auch der Grund, daß sie diese bittere Erfahrung nicht gemacht haben, was es bedeutet, in einem Staat des Unrechts gelebt zu haben. Ich sage: Jeder von uns, der damals Verantwortung getragen hat, hat das Empfinden, daß er zuwenig für das Recht gekämpft hat, daß er zu wenig Mut zur Wahrheit gehabt hat, nicht stark genug war in der Abwehr des Bösen. So ist das Schlimme über uns gekommen und hat Menschen, hat unser Volk in Not gebracht. Fast möchte ich meinen, ist es insgeheim ein Vorwurf, daß unsereins noch da ist, daß ich mit Frau und Kind der Hölle des Unrechts entronnen bin, in der viele geliebte Menschen geblieben sind. Was können wir tun, um im Einklang mit der Stimmung, mit dem Willen der Welt zu sein? Sollen wir mit ihr hassen, verfluchen, Schuld und Sühne verewigen? Können wir dadurch Schaden von unserem Volk abwenden? Nein, wir können der Welt nur schlicht und fest unseren Willen zum Recht dartun. Ein Mehr gibt es nicht. Zum, zu unserem Recht gehört auch, daß jede Schuld verjährt ... (a.a.O., S. 8541) ... Diese Frage, ob es zulässig ist, nachträglich mit Rückwirkung die Verjährungsfristen zu ändern, zu verlängern ... ist eine Rechtsfrage und nur eine Rechtsfrage, das ist keine politische Frage. Herr Kollege Jahn hat heute vormittag gesagt: ›Soll das Fürchterliche nur nach dem Recht beurteilt werden, oder sollen wir eine politische, moralische, eine politisch-moralische Entscheidung treffen?‹ Ich glaube, diese Frage trifft in den Kern unserer Auseinandersetzung. ›Nur‹ das Recht? Ich sage: N u r das Recht. (Gesperrt im Original; a.a.O., S. 8542)

Einen weiteren Höhepunkt der parlamentarischen Debatte über die Verjährbarkeit von Mord bildete der Beitrag des sozialdemokratischen Abgeordneten Arndt. Arndt plädierte in der Zielrichtung ähnlich wie Benda. Ihm ging es darum, das Eintreten der Verjährungsfrist zu verhindern – freilich auf dem Wege einer Änderung der Verfassung. Darum war die rechtsphilosophische Begründungslast noch höher als die jener Gruppe um Benda, die die Aufhebung der Verjährung für Mord auf dem Wege einer einfachen Gesetzesänderung erreichen wollte. Gegen Dehler macht er geltend, daß die bloße formale Garantie von Rechtssicherheit noch keineswegs die Gerechtigkeit einer Entscheidung garantieren könne. Der von Dehler suggerierte unmittelbare Zusammenhang zwischen dem Rechtsstaatsprinzip und politischen Entscheidungen, die sich darauf beriefen, würde den großen materiellen Gestaltungsspielraum verkennen, den der Gesetzgeber in demokratischen Systemen hat. Das Rückwirkungsverbot und das Verbot von Sondergesetzen hätten für sich noch nicht die Dignität oberster Rechtsgüter. Sie bleiben immer nur die formale Voraussetzung für die Legitimität einer politischen Entscheidung. Arndt bringt den bisher unerwähnten Gesichtspunkt zur Sprache, daß in der Römischen Konvention zum Schutze der Menschenrechte von 1950 zwar das Rückwirkungsverbot genannt, aber dann unter den Vorbehalt gestellt wird, daß »durch diesen Artikel die Verurteilung einer Person nicht ausgeschlossen werden darf, die sich einer Handlung oder Unterlassung schuldig gemacht hat, welche im Zeitpunkt ihrer Begehung nach den allgemeinen von den zivilisierten Völkern anerkannten Rechtsgrundsätzen strafbar war«. (Zitiert nach BT-Protokoll, a.a.O., S. 8549.) Besonders beeindruckend war der Schluß seiner Rede. Provoziert von der fast reflexhaften Abwehr der Kollektivschuldthese, wie sie z. B. zuvor von dem Abgeordneten Barzel noch einmal vorexerziert worden war, erinnert Arndt daran, daß die Distinktion von krimineller Schuld und (nicht-justitiablem) politischen Irrtum das Phänomen der historischen und der moralischen Schuld vieler Deutscher ausblendet. Diese Schuld besteht schon in der schlichten Tatsache der Unterlassung von Widerstand und Kritik. Arndt:

»Deshalb komme ich jetzt zu meinem ganz persönlichen Bekenntnis, das ich Ihnen sage: Ich weiß mich mit in der Schuld. Denn sehen Sie, ich bin nicht auf die Straße gegangen und habe geschrien, als ich sah, daß die Juden aus unserer Mitte lastkraftwagenweise abtransportiert wurden. Ich habe mir nicht den gelben Stern umgemacht und gesagt: Ich auch! ... Ich weiß mich mit in der Schuld. Ich kann nicht sagen, daß ich genug getan hätte. Ich weiß nicht, wer das von sich sagen will. Aber das verpflichtet uns, das ist ein Erbe.« (a.a.O., S. 8552)

Arndt erinnert mit diesen Sätzen daran, daß mit der justitiellen Aufarbeitung des von Deutschen verübten Völkermords die spezifische Schuld, die Deutsche auf sich geladen haben, nicht erschöpft ist. Seine vage angedeutete Unterscheidung von krimineller und politisch-moralischer Schuld ist ein Nachhall jener berühmten Differenzierung, die Karl Jaspers schon 1946 in seiner eingangs erwähnten programmatischen Schrift »Die Schuldfrage« entwickelt hatte.

Die Große Koalition

Am 1. Dezember 1966 wurde der ehemalige baden-württembergische Ministerpräsident Kurt Georg Kiesinger von der CDU/CSU-Fraktion zum neuen Kanzler gewählt. Kiesinger repräsentierte zugleich eine neue Regierung, die aus einer neuen Machtkonstellation hervorgegangen war: die »Große Koalition« der CDU mit der SPD. Diese Konstellation stand am Ende eines rapiden Autoritätsverfalls von Kanzler Ludwig Erhard. Der unmittelbare Grund für den Bruch mit der FDP waren Zwistigkeiten um den Ausgleich des Haushaltsdefizits für das Jahr 1967. Nach dem Rückzug der FDP-Minister aus Erhards Kabinett und nach einer dramatischen Abstimmungsniederlage im Bundesrat über seinen Haushaltsentwurf war Ludwig Erhard am Ende seiner Kanzlerschaft angelangt. Er wird von seiner Partei selbst entmachtet. Am 10. November gewinnt Kiesinger gegen seine Mitbewerber Gerhard Schröder und Rainer Barzel im dritten Wahlgang die Wahl zum Kanzler. Im gleichen Zeitraum hatten führende CDU-Politiker schon mit den Verhandlungen für eine Große Koalition begonnen, die am 27. November erfolgreich abgeschlossen wurden. Die SPD-Führungsspitze hatte sich zu einer Großen Koalition entschlossen, weil sie in der Regierungsteilhabe eine strategische Möglichkeit sah, dem Odium der ewigen Oppositionspartei zu entkommen. Auch für die CDU-Spitze war die Koalition nur ein Bündnis auf Zeit. Beiden Parteiführungen ging es darum, die Zweidrittel-Mehrheit zur Bewältigung der Probleme zu nutzen, die sich unter Erhard angestaut hatten. Vordringlich waren die Verabschiedung der Haushaltsgesetze, eine neue, deutlich keynesianisch orientierte Wirtschaftspolitik sowie das innenpolitisch außerordentlich umstrittene Programm der Notstandsgesetze. Ein weiteres großes, dann nicht realisiertes Vorhaben war eine Wahlrechtsreform, die letztlich auf ein Zwei-Parteiensystem hinzielte.

Zum Beginn der Großen Koalition gibt Kanzler Kiesinger eine Erklärung der neuen Bundesregierung ab. In dieser Erklärung kommt er auf das Verhältnis der Deutschen zu ihrer Vergangenheit und besonders zu dem Problem der Vernichtung der europäischen Juden nur am Rande und eher geschäftsmäßig zu sprechen. »Geschäftsmäßig« in dem Sinne, daß die daraus erwachsene moralische Belastung des Nachfolgestaates des Großdeutschen Reiches nur als ein pragmatisches und im Prinzip schon gelöstes Problem seiner Außenpolitik und der Gestaltung des Verhältnisses zu Israel eingeführt wird:

»Unter Mißbrauch des Namens unseres Volkes sind gegen jüdische Menschen grauenhafte Verbrechen begangen worden. Diese gestalteten unser Verhältnis zu Israel problematisch und schwierig. Es wurde durch Aufnahme diplomatischer Beziehungen verbessert und gefördert. Die Bundesregierung wird auf diesem Wege fortschreiten ...« (1966/V/80/S. 2596)

Kiesinger fühlt sich auch veranlaßt, das besondere Zustandekommen einer neuen Regierung zu rechtfertigen, die ja nicht aus Wahlen hervorgegangen ist. Diese Rechtfertigung ist besonders interessant, weil sie eine Spannung anspricht zwischen einer – jetzt als notwendig behaupteten – Wahrnehmung »nationaler Interessen« in der Form einer bloßen Regierungsumbildung und einer wahrhaft demokratischen Form der Krisenbewältigung, sprich: Neuwahlen – wobei er der gewählten ersteren Form prinzipielle Überlegenheit zuspricht:

»Das ist die Erklärung einer Regierung, die nicht aus einem glänzenden Wahlsieg, sondern aus einer von unserem Volk mit tiefer Sorge verfolgten Krise hervorging. Aber gerade diese Tatsache verleiht ihr ihre Kraft: zu entscheiden, was entschieden werden muß, ohne Rücksicht auf ein anderes Interesse als das gemeinen Wohls oder, ich sage es, der Nation und des Vaterlandes. (Lebhafter Beifall bei den Regierungsparteien.)« (a.a.O.)

Diese symbolische Unterordnung der Demokratie unter die »Nation« oder gar das »Vaterland« durch einen Regierungschef wäre übrigens in keinem anderen westlichen Parlament möglich gewesen. Kiesinger scheint die Angreifbarkeit seiner Position zu ahnen und fügt denn auch hinzu, wie eine Antwort auf eine nicht gestellte Frage:

»Dies ist nicht die Geburtsstunde eines neuen Nationalismus in

Deutschland, nicht in dieser Regierung, nicht in diesem Hohen Hause, nicht in unserem Volk ...« (a.a.O.)

Kiesinger entwickelt eine Argumentation, deren Widersprüchlichkeit offen zutage liegt. Er lobt zunächst die Einrichtung der Großen Koalition mit der demokratiekritischen Figur eines Quasi-Komitees »zur nationalen Rettung«. Zugleich möchte er, daß seine pathetische und explizit »nationale« Rechtfertigung der neuen Regierung (die ja auch pragmatischer hätte gerechtfertigt werden können) nicht als Symptom eines neuen Nationalismus verstanden wird. Interessant ist die von ihm behauptete – und nur im Lichte der neueren deutschen Geschichte verständliche – Spannung zwischen Nationalismus und Demokratie. Um selbst nicht Opfer dieser Spannung zu werden, lenkt er von dem Vorgang ab, den er doch gerade rhetorisch inszeniert, und lenkt den Blick auf das demokratische Verhalten der Wahlbevölkerung, die doch diesmal gar nicht gefragt worden war:

»Auch bei den letzten Landtagswahlen hat sich die überwältigende Mehrheit der Wähler ... zu den demokratischen Parteien bekannt, die während der letzten beiden Jahrzehnte den Aufbau eines demokratischen Staates und die Eingliederung in die westliche Völkerfamilie vollzogen haben und deren politisches Ethos wir teilen. (Beifall bei den Regierungsparteien.)« (a.a.O.)

Und so kommt Kiesinger zu dem erstaunlichen Schluß, daß eine explizit »nationale« oder »vaterländische« Rechtfertigung der Großen Koalition ein Symptom für die sich festigende Demokratie in Westdeutschland ist.

Das hinter diesen widersprüchlichen Äußerungen des neuen Kanzlers liegende Problem der Suche nach einer »neuen« nationalen Identität Westdeutschlands, die vom alten, restlos kompromittierten deutschen »Nationalismus« abgrenzbar wäre, bestimmt auch die Ausführungen des Fraktionsvorsitzenden der CDU, Rainer Barzel. Diese Suche ist eingebettet in die Proklamierung einer Zäsur, die uns aus anderen Antrittsreden neuer Kanzler (und der auf sie folgenden Aussprachen) schon vertraut ist. Es ist diesmal bei Barzel freilich nicht das »Ende der Nachkriegszeit«, sondern sparsamer: das »Ende des Wiederaufbaus«, welches unter Bezugnahme auf rein ökonomische Maßstäbe behauptet wird:

»Die Phase des Wiederaufbaus ist zu Ende. An diesem Ende sind wir – ein schöner Erfolg – in der Produktion der dritte, im Handel der zweite und in Sozialleistungen der erste Staat der Welt. Wir brauchen also unseren Erfolg ebensowenig zu verstekken wie unsere Verpflichtung.« (1966/V/82/S. 3710)

Dieses ökonomisch definierte Ende der Nachkriegszeit wird nun für Barzel so etwas wie die Plattform eines diesmal legitimen Nationalstolzes, der mit dem schlechten alten des nationalsozialistischen Deutschland nichts mehr zu tun habe. Unmittelbar im Anschluß an die oben zitierte Passage meint Barzel:

»Zugleich geht, und davon wollen wir jetzt handeln, eine nationale Besinnung durch unser Land. Wer, wo immer in der Welt, glaubt, sich Sorgen machen zu müssen um das erneuerte Deutschland, kann dem am besten abhelfen, indem er gebührend würdigt, was ist. Wir wissen, daß Hitler war und wir haben nicht vergessen, was war. Wir wissen aber auch, was Deutschland heute ist: ein um Redlichkeit und Humanität bemühter freiheitlicher und sozialer Rechtsstaat. Dies anzuerkennen und vor allem unsere Jugend nicht heimlich mit neuen Stempeln wegen einer endgültig gewesenen Vergangenheit zu belasten, das ist unsere Bitte an die Welt (Beifall bei der CDU/CSU).« (a.a.O., S. 3710)

Und dieser neue positive, auf das »erneuerte Deutschland« bezogene Nationalstolz, sprich: »Patriotismus«, ist für Barzel denn auch das einzige Gegenmittel gegen den alten, für den Nationalsozialismus mitverantwortlichen aggressiven Nationalismus – so als ob es andere, der demokratischen Kultur eher entsprechende Formen der kollektiven Identitätsfindung gar nicht gäbe. Barzel:

»Wer dem entspricht, leistet einen wirksamen Dienst gegen die wenigen auch bei uns, welche aus Motiven wie immer, den Weg in die nationalistische Übertreibung suchen.« (a.a.O.)

Helmut Schmidt, damals der Vorsitzende der sozialdemokratischen Bundestagsfraktion, bezieht sich in seiner Rede auf Barzels Plädoyer für einen neuen deutschen Patriotismus noch einmal in einer Form, die Anknüpfung und vorsichtige Kritik zugleich ist.

So erinnert er daran, daß die einheitsstiftende Kraft der nationalistischen Ideologie in Deutschland sehr gering war und eigentlich
nur als Basis für die Ausgrenzung politisch mißliebiger Bürger
fungierte. Er warnt vor der isolierenden Wirkung, die ein solcher
Nationalismus für die Bundesrepublik haben könnte. Gleichwohl
billigt und stützt er Barzels Lob eines Patriotismus. Helmut
Schmidt spricht gar von einem »Bekenntnis zur Nation«:
»Dieses Hohe Haus bekennt sich in all seinen Gliedern zur Nation, aber es will keinen Nationalismus. (Beifall auf allen Seiten
des Hauses.)« (a.a.O., S. 3715)

Am Schluß seiner Rede reflektiert Schmidt die Bedeutung, die
das Eintreten einer klassischen Oppositionspartei wie der SPD in
die Regierungsverantwortung für die erreichte Festigkeit der
westdeutschen Demokratie hat. Und er stellt den Symptomwert
dieses Ereignisses in eine Reihe mit der – demoskopisch erwiese-
nen – Festigung demokratischer Orientierungen im Bewußtsein
der westdeutschen Bürger. Selbst die scharfe Kritik, die die Bundesrepublik von seiten der literarischen und wissenschaftlichen
Intelligenz erfährt und die dann – nach der Bildung der Großen
Koalition – beitrug zur Formierung der Außerparlamentarischen
Opposition, ist für Schmidt ein Indikator für die erreichte Stabilität der Demokratie in Westdeutschland:
»Meine Damen und Herren, ich darf eine Schlußbemerkung
machen. Wir glauben, daß die Demokratie heute im Bewußtsein
unseres Volkes stärker als jemals in früheren Generationen verankert ist. Diese Verankerung der Demokratie im Bewußtsein der
heute lebenden Deutschen steht und fällt ganz gewiß nicht mit
einer zeitbedingten Koalition in diesem Hause. Ganz gewiß nicht.
Auch einige, bisweilen nicht gerade schmeichelhafte Äußerungen
über diese neue Regierung und die neue Koalition aus den Reihen
der Jüngeren in Wissenschaft und Literatur sind überwiegend
doch Ausdruck des leidenschaftlichen Engagements dieser Menschen für die Demokratie!« (a.a.O., S. 3725)

Dieses Einvernehmen zwischen Christdemokraten und Sozialdemokraten über die Etablierung der Demokratie in Westdeutschland und die Legitimität eines darauf bezogenen Nationalstolzes

wird von den Verlierern der Großen Koalition, den Freien Demokraten, nachhaltig gestört. Besonders ihr Sprecher Thomas Dehler macht eine Gegenrechnung auf. Für ihn ist die Große Koalition nicht ein Zeichen für die Stärke, sondern für die Schwäche der neuen Demokratie. Interessant ist der Maßstab, den Dehler zur Messung dieser Schwäche/Stärke anlegt; dieser Maßstab ist unmittelbar bezogen auf die nationalsozialistische Vergangenheit. Die Festigkeit der deutschen Demokratie bemißt sich für Dehler – noch vor allen anderen handfesteren Indikatoren – an der Entfernung von dieser Vergangenheit. Unter dem programmatischen Stichwort »Krisis der Liberalität« zieht er eine historische Parallele zwischen der Konstellation, in der die Große Koalition entstand, und dem Ende der Weimarer Republik. Der Geist und die politische Trägerschicht der Weimarer Republik sei in ihrem stabilen Kern »liberal« gewesen. Dieser stabile politisch-kulturelle Kern der ersten deutschen Demokratie sei zerrieben worden in einem militanten Antiliberalismus, in dem die sich sonst scharf befehdenden Katholiken und Sozialisten einig gewesen seien. Der Weg zum Nationalsozialismus sei geebnet worden durch die gemeinsame Frontstellung des Zentrums und der KPD/SPD gegenüber dem »Geist der Liberalität«:

»... Ich habe das alles schon einmal erlebt und manchmal erscheint es einem gespenstisch. Immerhin habe ich fast fünfzig Jahre politischer Erfahrung und ich weiß, woran die Weimarer Republik zugrunde gegangen ist. Herr Barzel hat gesagt, wir wissen, was Hitler war. Viel wichtiger ist es zu fragen, wie es zu Hitler kam. Ein ganz kurzer Rückblick. Die Weimarer Zeit begann mit starken liberalen Impulsen, die Weimarer Verfassung war erfüllt von dem Geist ausgezeichneter liberaler Männer und Frauen. Und die Entwicklung war dann ein Rückgang dieser liberalen Haltung, des liberalen Bewußtseins, der liberalen Partei, auch als Folge eines bitterbösen Kampfes gegen die Liberalität von kirchlicher Seite, nicht zuletzt von katholischer Seite, die im Liberalen etwas Liberalistisch-Atheistisches sah, und von sozialistischer Seite, die im Liberalen das Liberalistisch-Mancherliche sah. So ist die politische Substanz unseres Volkes am Ende verkümmert, so wurde der Weg zum schauerlichen Abenteuer gebahnt mit schlimmen Folgen für unser Volk und die Welt.«(a.a.O., S. 3730) Gleichwohl beschränkt sich Dehler darauf, die Parallele vom Ende der Weimarer Republik zur Zeit der Großen Koalition nur anzudeuten. Er führt sein Argument nicht durch. Er will nicht so weit gehen, die Christdemokraten und die Sozialdemokraten als Wegbereiter eines neuen Totalitarismus zu denunzieren. Er beschränkt sich lediglich darauf, von einer – gerade vor dem Hintergrund der neueren deutschen Geschichte sichtbar werdenden – »Fehlentwicklung« zu sprechen:

»Es ist unsere Überzeugung, daß das, was wir vertreten, nach wie vor die bestimmende fruchtbare Leitvorstellung unserer Zeit ist, und daß das, was die beiden Parteien vertreten, die sich jetzt hier zusammengefunden haben, der Versuch der christlichen Demokratie, der Versuch der sozialistischen Demokratie, wenn ich es ein wenig leitbildmäßig ausdrücke, zwar in Deutschland entstanden ist, aber, wie ich meine, eine Fehlentwicklung war und ist. Und durch die Kumulation von Leitbildern, die ... nicht kongruent sind, entsteht gar nichts Positives, im Gegenteil, damit wird die Fehlentwicklung, das Fehlerhafte kumuliert.« (a.a.O., S. 3730) Er spricht sie zwar nicht explizit aus, aber die These steht im Raum: Christlicher und sozialistischer Antiliberalismus können im Kontext der neueren deutschen Geschichte totalitäre Konsequenzen haben. Diese nicht ausgesprochene, sondern nur angedeutete These wird dann zum Auslöser einer Debatte über das Verhältnis von Liberalismus und Nationalsozialismus.

Es sind vor allem Sozialdemokraten, die Dehlers implikationsreicher Stilisierung der politischen Ideengeschichte widersprechen. Sie widersprechen ihr freilich auf der Ebene, die Dehler nur angedeutet und nicht wirklich betreten hatte: die Ebene der politischen Realgeschichte. Ihre Fakten im Rücken, erinnert z. B. der sozialdemokratische Abgeordnete Möller schlicht daran, daß die sozialdemokratischen Abgeordneten des Reichstags am Ende der Weimarer Republik gegen das Ermächtigungsgesetz gestimmt haben, während die fünf Liberalen, die über eine Reichsliste der SPD ins Parlament gekommen waren, dafür stimmten:

».. . Meine Damen und Herren, dann gab es 12 bittere Jahre, das muß man einmal sagen, damit die Dinge hier beim richtigen Namen genannt werden.« (a.a.O., S. 3745)

Noch hartnäckiger als Möller widerspricht Dehler der sozialdemokratische Abgeordnete Volkmann-Schluck. Die demokratische Substanz der Weimarer Republik sei nicht zwischen Zentrum und Sozialisten zerrieben worden, sondern in den Auseinandersetzungen zwischen der liberalen Mitte und dem rechten Flügel der Deutschnationalen und Nationalsozialisten:

».. . Ihre Ausführungen über die Geschichte der Weimarer Republik sind sehr subjektiv gesehen. Hochverehrter Herr Kollege Dehler, die Demokratie ist in Weimar nicht an der Zangenbewegung von Zentrum und Sozialdemokraten zugrunde gegangen, sondern sie hat sich ... durch immerwährende Auseinandersetzungen zwischen der Mitte und Rechts die Basis für eine breite Wirksamkeit selbst genommen. Vor allem jener Teil des Liberalismus, der in der Deutschen Volkspartei organisiert war, hatte das rechte Verhältnis zur Republik doch schnell verloren. Auch die hervorragende Gestalt eines Gustav Stresemann konnte nicht verhindern, daß die Deutsche Volkspartei kein standfestes Bollwerk gegen den Radikalismus in der Weimarer Republik war ... So waren es die Liberalen selbst, die in der Weimarer Republik nicht standfest genug waren, bis auf ein Häuflein Getreuer, zu denen auch Sie, Herr Dr. Dehler, gehörten ...« (a.a.O., S. 3823)

Durch Dehlers Entgegnungen wird schließlich klar, daß es eigentlich nicht die Sozialdemokraten waren, die er mit seiner Gleichung »Katholizismus + Sozialismus = Faschismus« hatte angreifen wollen. Er lobt sogar ausdrücklich die deutschen Sozialdemokraten und Gewerkschafter als Bollwerk gegen den Nationalsozialismus. Klar wird auch die Ebene, auf der argumentiert. Es geht ihm nicht um realhistorische, sich in Parteiformierungen ausdrückende Kräftekonstellationen. Ihm geht es um »geistige« Wahlverwandtschaften zwischen politischen Traditionen. Seine eigentliche Kritik gilt dem Versuch, das Projekt der nachfaschistischen Demokratie christlich zu fundieren. Er zitiert eine Reihe von historischen und zeitgeschichtlichen Beispielen, die belegen sollen, daß gerade ein katholisch orientiertes Christentum zu autoritären politischen Positionen führt. An die Möglichkeit einer »christlichen Demokratie«, die politische Form also, an der sich die westdeutschen Christdemokraten orientieren, glaubt Dehler nicht:

»... Sagen Sie mir, antworten Sie mir, wo der Versuch der christlichen Demokratie Erfolg gehabt hat! (Zuruf von der CDU/CSU: Hier bei uns! Wo denn sonst! Zuruf von der Mitte: In Italien zum Beispiel!) Das ist noch die Frage. Wo denn sonst noch? Christliche Demokratie gefährdet die Demokratie. (Zuruf von der CDU/CSU: Das ist doch das letzte! Weitere Zurufe von der Mitte.) Die Demokratie des Herrn Franco in Spanien, die Demokratie des Herrn Salazar in Portugal (Pfui-Rufe von der CDU/CSU) sind zweifelhafte Demokratien (Beifall von der FDP. Lebhafte Zurufe von der CDU/CSU). Von dem Versuch, vom Christentum her Politik zu treiben, führt der Weg leicht zum autoritären System. Denken Sie an die Zwischenzeit, denken Sie an die Zeit, in der hier der Nationalsozialismus entstanden ist! Denken Sie daran, was in Österreich, was in Kroatien, was in der Slowakei entstanden ist! ... Es ist kein Zufall, daß überall dort, wo es autoritäre Systeme und auch faschistische Systeme in den zwanziger und dreißiger Jahren gegeben hat, der Versuch der christlichen Demokratie gemacht wurde ...« (a.a.O., S. 3833)

Zweieinhalb Jahre später gibt es einen gänzlich neuen Anlaß, über das unter der Großen Koalition gewandelte Selbstverständnis der Republik zu debattieren. Am 17. Juni 1969, dem »Tag der Deutschen Einheit«, berichtet Kanzler Kiesinger im Parlament über »die Lage der Nation im gespaltenen Deutschland«. Der äußere historische Anlaß wird freilich nicht durch den »Tag der Deutschen Einheit« gebildet, sondern zusätzlich durch den herannahenden 20. Geburtstag des Grundgesetzes. An den Bericht schließt sich eine ausführliche Aussprache an. Ein zentrales Thema des Berichts und der Aussprache ist die von der Außerparlamentarischen Opposition und von Studentenprotesten geprägte Situation an den westdeutschen Hochschulen. Kiesinger sieht zutreffend, daß sich diese Proteste nicht auf die Verhältnisse der

Hochschule beschränken, sondern eine allgemeinpolitische Stoß-
richtung haben. Der Kanzler sieht in dieser Protestbewegung eine
ernstzunehmende Bedrohung für den Bestand der politischen
Ordnung in der Bundesrepublik. Um diesen Ernst zu unterstreichen, erinnert er an das Ende der Weimarer Republik – bzw. an
das, was er für die Ursachen von deren Ende hält:
»Ich habe an den Untergang der Weimarer Republik erinnert;
nicht, weil ich der Überzeugung wäre, daß uns ähnliche Gefahren
drohen. Dieser Staat ist festgefügt und genießt die Zustimmung
der Bevölkerung. Wo aber immer Tendenzen erscheinen, die sich
grundsätzlich gegen unsere freiheitliche gesellschaftliche und staatliche Ordnung richten, müssen wir schon den Anfängen wehren.
Die Weimarer Republik ist nicht an der Not der Massenarbeitslosigkeit, sondern an der geistigen und politischen Zerrissenheit des
deutschen Volkes zugrunde gegangen ...« (1969/V/239/S. 13253)
Kiesingers Brückenschlag zum Ende der Weimarer Republik ist
keine simple konservative Variante von Bonn = Weimar. Es ist
vielmehr eine Bezugnahme auf Weimar, der wir in der ideenpoli-
tischen Auseinandersetzung von etablierten Politikern mit der
Studentenbewegung immer wieder begegnen werden. In all ihren
Varianten ist diese Argumentationsfigur der (popularisierten)
Theorie des Totalitarismus entlehnt. In ihr wird zunächst behauptet, daß der Übergang zum Nationalsozialismus nicht durch
ein Bündnis von Konservatismus und der radikalen Rechten zustande kam – sondern als Folge einer geheimen Koalition des
rechten und des linken Lagers. Wenn man diese Lesart des Endes
von Weimar zugrunde legt, ist die aus der Asche des Nationalsozialismus entstandene zweite deutsche Demokratie keineswegs
allein von ihrer rechten Flanke gefährdet. Auch die Linke könnte
zum Totengräber der Bundesrepublik werden, wenn sie jene Konstellation schafft, an der die Weimarer Republik angeblich zugrunde gegangen ist:
»... so besteht die Gefahr, daß die Gewalttaten der linksextre-
men Gruppen überhandnehmen und zugleich einen von diesen
Gewalttätigkeiten aufgeschreckten Teil unserer Bevölkerung in
den Rechtsextremismus treiben ...« (a.a.O., S. 13253).

Diese totalitarismustheoretische Figur hat die bemerkenswerte Kraft, die deutsche Schuld so in die Abstraktion zu führen und auf andere Schultern zu laden, daß sich selbst diejenigen Angehörigen der politischen Klasse, die aktive Nazis waren, von ihrer politischen Verantwortung entbunden fühlen können und sich frei fühlen können für eine ganz neue Rechnung. Der zugespitzten Variante dieser Umdeutung sollen wir erst Jahre später, in der Auseinandersetzung über den Terrorismus, begegnen. Mit der zwar auf den engen Kreis der RAF gemünzten, aber oft auf die ganze Außerparlamentarische Opposition ausgedehnten Motto von »Hitler's Children« werden die Studenten von 1968 zu den Nazis der Gegenwart.

Die Debatte, die sich an Kiesingers »Bericht zur Lage der Nation im geteilten Deutschland« anschließt, bezieht sich stark auf den zusätzlichen Anlaß der Bundestagssitzung, nämlich den 20. Geburtstag des Grundgesetzes. Dieses Jubiläum und die – besonders von Kiesinger apostrophierte – Herausforderung der Bundesrepublik durch die Außerparlamentarische Opposition bilden für die Redner den Anlaß, öffentlich über die Situation der westdeutschen Demokratie nachzudenken. Das programmatische Motto, in dessen Licht diese Situation diskutiert wird, ist das der »streitbaren Demokratie« – eine Definition des damaligen CDU-Innenministers Ernst Benda, die er in den Kontext der Diskussion über die Notstandsgesetze eingebracht hatte. Nun ist interessant zu sehen, wie in den verschiedenen Debattenbeiträgen dieses Motto jeweils verschieden ausgelegt wird. Seine liberale Auslegung, zu deren Wortführer sich Walter Scheel macht, folgt einem inklusiven Demokratieverständnis. Scheel zufolge bemißt sich die Qualität einer Demokratie gerade daran, wie sehr es ihr gelingt, auch noch den Protest gegen ihre Mängel in ihren Diskurs zu integrieren. Darum ist für ihn auch das pure Phänomen einer in der Bundesrepublik herangewachsenen Protestkultur nicht eo ipso ein Krisensymptom der Demokratie, sondern unter Umständen sogar ein Zeichen ihrer gewonnenen Stabilität. Und in dieses Deutungsmuster paßt auch das Bewußtsein, daß gewalttätige Formen des Protests als Folge der Diskursverweigerung von seiten der etablierten Politik gedeutet werden können. Walter Scheel:

»Wir leben in einer streitbaren Demokratie und deswegen müssen wir uns über die Fragen, die wir unterschiedlich beurteilen, auseinandersetzen. Diese Auseinandersetzung dient nämlich dem inneren Frieden. Viel weniger dient dem inneren Frieden das Ausklammern von Problemen und das Hinausschieben von Entscheidungen. Damit wird ein innenpolitisches Klima gefördert, das am Ende den inneren Frieden stören könnte ... (a.a.O., S. 13260) ... Wir betonen um eine Nuance mehr und wir betonen um einige Zeit früher die Notwendigkeit der Unterhaltung gerade mit den Angehörigen der jungen Generation, die Reformen wollen, die für Reformen Vorschläge gemacht haben und die sich um Reformen bemühen. Sie haben zu lange auf die ernsthafte Diskussion warten müssen. Wir haben mit schuld daran, daß sich diese vernünftigen jungen Menschen, auch Studenten, mit ihren radikaleren studentischen Kommilitonen solidarisiert haben.« (a.a.O., S. 13262)

Der CDU-Abgeordnete Barzel, der zwar nicht den Begriff der »streitbaren«, sondern den der »kämpferischen Demokratie« aufgreift, interpretiert diesen Begriff in einem Sinne, der dem von Walter Scheel diametral entgegengesetzt ist. Er folgt einem eher exklusiven Verständnis von Demokratie. Die westdeutsche Demokratie kann sich nach seiner Auffassung nur stabilisieren durch eine »kämpferische« Abgrenzung von ihren radikalen Kritikern. Diese radikale Kritik in der studentischen Protestkultur ist für ihn keineswegs ein Zeichen für die Robustheit der Demokratie, sondern ausschließlich für ihre Gefährdung. Für die linksintellektuelle Kritik und für den Protest von seiten der APO hat er nur pathologisierende Charakterisierungen übrig:

»Die Fakten beweisen, daß einmal die Demokratie festverwurzelt ist, daß aber zum anderen – wie übrigens in anderen Ländern auch – an den Rändern unserer Gesellschaft das Unkraut von Gewalt und Intoleranz und Rücksichtslosigkeit wächst ... Dabei beweisen die Fakten, daß unser Volk die längste Friedensepoche seiner jüngeren Geschichte erlebt, daß – leider nur im freien Teil

Deutschlands – das bisher größte Ausmaß an sozialer Sicherheit und Wohlfahrt herrscht, daß aber zugleich immer wieder Miesmacher am Werke sind, die diesen gesellschaftlichen Erfolg herabsetzen. Die Fakten zeigen, daß die ganz überwiegende Mehrheit unseres Volkes nach zwei Kriegen und zwei Inflationen endlich in Ruhe und Ordnung ihrer Arbeit nachgehen will, daß aber zugleich andere da sind, lautstarke wenige, aber wir müssen sie auch beachten, die Unruhe, Umsturz und Krawall betreiben ... Deshalb, meine ich, sollten wir uns der Gesinnung unserer Verfassungsväter erinnern. Die haben ja das Modell einer kämpferischen Demokratie in der Verfassung festgelegt und die erfordert kämpferische Demokraten, die auch die Courage haben, die im Rechtsstaat gesicherte Freiheit zu verteidigen ...« (a.a.O., S. 13278)

Barzel hat gewiß damit recht, daß die exklusive Auslegung des Konzepts der »streitbaren Demokratie« dem Geist der »Verfassungsväter« entspricht. Diese hatten in einer konservativ bestimmten Deutung des Endes der Weimarer Republik die Verfassung eher als Bollwerk gegen den politischen Radikalismus denn als Forum für den auch konflikthaften demokratischen Diskurs konzipiert. Wie restriktiv oder wie weitgefaßt man in der Bundesrepublik »Demokratie« konzipiert, hängt also innerlich mit einer bestimmten Deutung der Entwicklung der nationalsozialistischen Herrschaft zusammen. Und diese Lesart des Gangs von Weimar zu Hitler ist wiederum verknüpft mit bestimmten aktuellen Krisendeutungen. Wer meint, daß die Weimarer Republik im Zangengriff der Extreme der Rechten und Linken zugrunde gegangen ist, muß jede Form der politischen Polarisierung, die über das parteipolitisch institutionalisierte Gegenspiel von Regierung und Opposition hinausgeht, als Bedrohung für den Bestand der bundesrepublikanischen Demokratie wahrnehmen. Wer hingegen meint, daß es der Weimarer Demokratie an einer selbstbewußten republikanischen Streitkultur, am kulturellen Potential einer zivilen Konfliktaustragung gemangelt hat, wird in bestimmten Formen des öffentlichen Streits in der Bundesrepublik eher ein Zeichen ihrer demokratischen Stabilisierung sehen.

So zum Beispiel der Sprecher der SPD, der damalige Außenminister Willy Brandt. Für ihn ist das erreichte Stabilitätsniveau der bundesdeutschen Demokratie Anlaß zur Forderung, sich nicht mit der erreichten formalen Demokratisierung des Staates zu bescheiden. Schon vor seiner als erstem sozialdemokratischem Bundeskanzler im Oktober 1969 artikulierten Forderung, »mehr Demokratie zu wagen«, regt er am 17. Juni an, daß die Prinzipien der Selbstbestimmung nicht auf den politischen Bereich beschränkt werden, sondern auf die Gesellschaft insgesamt ausgedehnt werden sollten. »Demokratie« ist für Brandt nicht eine ein für allemal institutionalisierte Regierungsform, sondern eine regulative Idee, an der sich die institutionelle Reform von Staat und Gesellschaft ständig zu orientieren hätte:

»... deshalb mag der Hinweis nützlich sein, daß aus der Sicht mancher von uns in diesem Hause und in dieser Koalition die Überzeugung maßgebend ist, daß die Demokratie nicht auf einen noch so wichtigen Bereich wie den staatlichen beschränkt bleiben, daß sie nicht auf Ration gesetzt werden kann, sondern daß sie, wenn auch mit unterschiedlichen Methoden, das gesamte gesellschaftliche Leben erfassen muß. Aus dieser Sicht, und das ist ein Teil des Prozesses der Meinungsbildung in unserem Staate und in unserer Gesellschaft in den Jahren, die vor uns liegen, ist Demokratie ein fortwährender Prozeß, eine Aufgabe, an deren Verwirklichung unablässig zu arbeiten ist. Dabei mag es einem dann gehen wie dem Seereisenden, der den Horizont zunächst für eine feste Grenze hielt und erst später merkte, daß sich immer neue Horizonte öffnen.« (a.a.O., S. 13288)

Zwischenbilanz

In der eingangs geschilderten Schwierigkeit des Parlaments, sich über den politischen Stellenwert des Antisemitismus zu verständigen, zeigt sich eine Problematik, über die sich die Zeitgenossen der frühen 60er Jahre noch nicht hinreichend klar sein konnten. Sowohl die Erscheinungsform des antisemitischen Skandals, der die Debatte ausgelöst hatte – Hakenkreuzschmierereien und der

Slogan »Juden raus« –, als auch die konventionellen Formen seiner Ursachenerforschung legten es nahe, das aus der vornationalsozialistischen Zeit vertraute Bild des Antisemitismus auch auf die neuen Phänomene anzuwenden. Das Problem war indes, daß sich die Form der Äußerung des Antisemitismus eben durch das ungeheuerliche Ereignis der Vernichtung der europäischen Juden selbst fundamental verändert hatte. Darüber gibt es in der deutschen Antisemitismus-Forschung einen breiten Konsens. Dieser Konsens deutet sich an in Bestimmungen wie »Nachkriegsantisemitismus«, »sekundärer Antisemitismus«, »nach-faschistischer Antisemitismus« oder auch »schuldreflexiver Antisemitismus«, welche allesamt auf die Zäsur von 1945 verweisen.[7] Am besten wird der Sachverhalt noch getroffen durch den psychoanalytischen Begriff des »schuldreflexiven« Antisemitismus. Die These ist hier, daß das Verhältnis der Nachkriegsdeutschen zu Juden im besonderen und zu Fremden im allgemeinen geprägt ist von der Erbschaft der Schuld, die das Dritte Reich auch im Bewußtsein der nachfolgenden Generationen hinterlassen hat. Entgegen der weitverbreiteten These, daß dem Antisemitismus der Deutschen mit der Etablierung einer nachfaschistischen Demokratie auf wundersame Weise der Boden entzogen wurde, kann man jener Literatur entnehmen, daß sich der Antisemitismus in einer semantisch veränderten Form untergründig fortsetzt. Als Folge der Vernichtung der europäischen Juden in den Lagern ist das Verhältnis der Deutschen zu Juden jetzt beherrscht von einer »Befangenheit«, deren Äußerungsform von einer schwer überschaubaren Vielfältigkeit ist. So kann es bei ein und derselben Person zu einem schwer verständlichen Vexierspiel von forciertem Philosemitismus und der trotzigen Versicherung kommen, man sei »stolz, ein Deutscher zu sein«. In seinem Kern ist das Bewußtsein der Deutschen also von Schuldgefühlen bestimmt, die wegen ihrer Intensität abgewehrt werden müssen. Die Abwehr dieser Schuldgefühle belastet das Verhältnis der Deutschen zu den Juden vielleicht noch stärker, als es vor Hitler belastet war. Freilich tritt der »schuldreflexive Antisemitismus« in so vielfältig maskierten Formen auf – in der Verleugnung, der Relativierung, der Aufrechnung politischer Schuld oder auch in Gestalt symptomatischer Fehlhandlungen –, daß er als solcher oft nur durch komplizierte Interpretationsverfahren zu dechiffrieren wäre, über die die gegenwärtige Forschung offenbar noch nicht verfügt. Die Figur der Schuldabwehr stellt deswegen ein interessantes Deutungsmodell dar, weil sie die Veränderungen der Äußerungsformen des Antisemitismus in der Nachkriegszeit und die ihre zugrunde liegende Dynamik erschließen könnte. Dieses Deutungsmodell geht davon aus, daß der Antisemitismus nach 1945 einer so starken innerpsychischen und öffentlichen Tabuisierung unterliegt, das er nur im Zustand der sozialen oder psychischen Latenz zu greifen ist. Vor dem Dritten Reich war Antisemitismus nichts Außergewöhnliches oder Anrüchiges. Man war »Antisemit, wie man Vegetarier, Gesangsbruder oder Schrebergärtner war«.[8]

Zugleich erinnert das Phänomen des schuldreflexiven Antisemitismus an die beschädigte Identität der Deutschen. Die Vielfältigkeit seiner Äußerungsformen verweist darauf, daß die unbewußten Schuldgefühle der Deutschen über den Holocaust es verhindern, daß die Deutschen nach Hitler eine positive Form kollektiver Selbstidentifikation ausbilden konnten. Um diesen Gedanken zu verdeutlichen, soll noch einmal auf den Begriff der »Schuld« genauer eingegangen werden. Karl Jaspers unterschied in seiner eingangs erwähnten Schrift über »Die Schuldfrage« die kriminelle, die politische, die moralische und die metaphysische Schuld.[9] Wenn wir uns diese analytische Differenzierung vor Augen halten, wird deutlich, daß in der (berechtigten) Ablehnung der kriminellen Schuldzumutung und der unverbindlichen Anerkennung einer abstrakten metaphysischen Schuld eben die spezifische moralische Schuld zahlloser einzelner Deutscher und vor allem die politische Haftung der Deutschen als Kollektiv abgewehrt wurde. Diese Abwehr verhinderte aber sowohl auf der individuellen wie auf der kollektiven Ebene die Ausbildung einer intakten Identität. Dieses kritisch-diagnostische Argument läßt sich auch ins Positive wenden. Einzig in Praktiken und Institutionen, die dazu ermutigen, die moralische Schuld einzelner Deutscher und die politische Schuld der Deutschen insgesamt zu reflektieren, wäre ihr Verhältnis zu sich selbst und zu anderen wieder in Ordnung zu bringen (gewesen). Es ist schwer zu entscheiden, ob die dramatischen Versäumnisse der unmittelbaren Nachkriegszeit es möglich machen, daß der von Eva Reichmann visionär antizipierte Punkt einer Versöhnung je eintritt.

Viele Politiker der Nachkriegszeit empfanden diese Abwesenheit eines positiven kollektiven Selbstkonzepts der Deutschen als politisches Schlüsselproblem. Große Teile unseres Berichts handeln von Versuchen, diese als schmerzlich empfundene Lücke durch Akte bewußter Sinnstiftung zu schließen. Die »formierte Gesellschaft« Erhards repräsentiert einen solchen Versuch, ebenso wie die dargestellte Programmatik einer christlichen Demokratie und auch die hilflosen Versuche, aus dem wirtschaftlichen Erfolg der Bundesrepublik nationales Identitätskapital zu schlagen. Im folgenden Kapitel über die 70er Jahre wird es vor allem die auf innenpolitische Verhältnisse umgerüstete Totalitarismustheorie sein, die in diese Funktion einrückt.

3
Die 70er Jahre: Kinder Hitlers oder Kinder der Demokratie

»Die Weimarer Republik ist an den Marxisten
und Nazisten zugrunde gegangen.«

Manfred Wörner, 1974 in einem Zwischenruf

Am 21. Oktober 1969 wird Willy Brandt mit einer knappen Mehrheit zum Kanzler einer Koalition aus SPD und FDP gewählt. Zwei Jahre später wird Willy Brandt für seine Ostpolitik den Friedensnobelpreis bekommen. In jenen letzten Tagen der 60er Jahre war der ehemalige Emigrant noch eine umstrittene Figur in der westdeutschen Öffentlichkeit. Auf einem ungültigen Stimmzettel bei seiner Kanzlerwahl stand »Frahm nein!«. »Frahm« war der eigentliche Familienname von Brandt, der seinen »nom de guerre« nach der Rückkehr aus der Emigration behielt.

Am Dienstag, dem 28. Oktober 1969, gibt Willy Brandt eine Regierungserklärung ab. Der Umstand, daß 20 Jahre nach Gründung der Bundesrepublik ein Macht- und Richtungswechsel in der Regierung stattgefunden hat, wertet Brandt natürlich als Indikator für die Stabilität des demokratischen Systems in der Bundesrepublik. Aber anders als bei der Erklärung, die Adenauer 1953 aus Anlaß der zweiten Bundestagswahl abgegeben hatte, ist für Brandt die durch den demokratischen Wandel bewiesene Festigkeit des demokratischen Systems nicht Anlaß von Zufriedenheit mit der etablierten Staatsform, sondern Grundlage der Forderung ihrer weiteren Entwicklung:

»Wir wollen mehr Demokratie wagen. Wir werden unsere Arbeitsweise öffnen und dem kritischen Bedürfnis nach Information Genüge tun. Wir werden darauf hinwirken, daß nicht nur durch Anhörungen im Bundestag, sondern auch durch ständige Fühlungnahme mit den repräsentativen Gruppen unseres Volkes und durch eine umfassende Unterrichtung über die Regierungspolitik jeder Bürger die Möglichkeit erhält, an der Reform von Staat und Gesellschaft mitzuwirken ...« (1969/VI/5/S. 21)

Dieses Verständnis von Demokratie, das die engen Grenzen des politischen Systems selbst sprengen und sich hin zur Gesellschaft öffnen will, richtet sich an einen spezifischen Adressatenkreis:

»Wir wenden uns an die im Frieden nachgewachsenen Generationen, die nicht mit den Hypotheken der Älteren belastet sind und belastet werden dürfen; jene jungen Menschen, die uns beim Wort nehmen wollen und sollen ...« (a.a.O.)

Diese Adressierung eines erweiterten Verständnisses von Demokratie an diejenigen Generationen, deren Leben nach der Zeit des Nationalsozialismus begonnen hat, besitzt interessante unausgesprochene Implikationen: einerseits die negative Implikation, daß die in der 20jährigen Geschichte der Bundesrepublik praktizierte Form einer formal restringierten und auf das politische System beschränkten Demokratie zugeschnitten war auf das unterentwickelte politische Bewußtsein der Kriegsgeneration. Positiv impliziert ist in dieser generationenspezifischen Widmung des Programms demokratischer Öffnung, daß das erreichte Stabilitätsniveau zur Plattform einer solchen Öffnung werden könnte. Und überdies darf man vermuten, daß Brandt in der zeitgenössischen Unruhe der Intelligenz, die sich in der Studentenbewegung manifestierte, die eigentlichen Trägerschichten seines Programms sah. Ihre Aktivitäten hatte Brandt eben nicht als Zeichen der Schwäche der zweiten deutschen Demokratie interpretiert. Er beschließt seine Regierungserklärung mit den provokativen Sätzen:

»Meine Damen und Herren, in den letzten Jahren haben manche in diesem Lande befürchtet, die zweite deutsche Demokratie werde den Weg der ersten gehen. Ich habe dies nie geglaubt, ich glaube dies heute weniger denn je. Nein: wir stehen nicht am Ende unserer Demokratie, wir fangen erst richtig an. (Abgeordneter Barzel: Aber Herr Brandt! Weitere Zurufe von der CDU/ CSU.)« (a.a.O., S. 34)

Wir werden im weiteren sehen, daß die parlamentarischen Auseinandersetzungen über die Vergangenheit der Diktatur und die Zukunft der Demokratie in Deutschland in den 70er Jahren nur der Reflex eines politischen Generationenkonflikts waren, welcher sich weitgehend in der vorparlamentarischen Öffentlichkeit abspielte.

Der 8. Mai 1970

Ein Vierteljahrhundert nach Kriegsende findet zum ersten Mal im Deutschen Bundestag eine offizielle Gedenkveranstaltung aus Anlaß des Kriegsendes statt. Das bei späteren politischen Gedenkveranstaltungen zum 8. Mai immer wieder umstrittene Problem, welcher Toten, der deutschen oder der Opfer der Deutschen, und mit welchem Akzent zu gedenken sei, wird von Brandt zwar gesehen, aber rhetorisch gelöst:

»Der von Hitler begonnene Krieg forderte das Opfer von Millionen Menschen, von Kindern, Frauen und Männern, von Gefangenen und von Soldaten vieler Nationen. Wir gedenken ihrer aller in Ehrfurcht.« (1970/VI/51/S. 2566)

Der Kanzler erklärt nicht, warum der Bundestag erst 25 Jahre nach Kriegsende eine solche offizielle Gedenkstunde veranstaltet. Vielmehr wird eigens begründet, warum dieser neben den einschlägigen Gedenkformen der Kirchen und anderer gesellschaftlicher Gruppen erstmals überhaupt eine eigene Veranstaltung durchführt. Zunächst kommt der Gedanke zur Sprache, daß ein politisch geeintes Kollektiv seiner Gegenwart wie seiner Zukunft nur dann mächtig ist, wenn es sich »nüchtern« seiner Geschichte vergewissert. Zu einem besonderen Gedanken wird dieses Argument freilich durch seine Adressierung an die jüngeren Generationen, also an diejenigen Deutschen, denen keine unmittelbare Verantwortung für die in deutschem Namen begangenen Verbrechen zugeschrieben werden kann:

»Ein Volk muß bereit sein, nüchtern auf seine Geschichte zu blicken; denn nur, wer sich daran erinnert, was gewesen ist, erkennt auch, was heute ist, und vermag zu überschauen, was morgen sein kann. Das gilt besonders für die jüngere Generation. Sie war nicht beteiligt an dem, was damals zu Ende ging. Die heute 20jährigen waren noch nicht geboren. Die 30jährigen waren noch Kinder und selbst die 40jährigen hatten keinen Anteil an dem, was 1933 über uns kam. Dennoch ist niemand frei von der Geschichte, die er geerbt hat.« (a.a.O., S. 2566)

Auf die besonders geartete Verantwortung, die auch diese Ge-

133

nerationen gegenüber der deutschen Geschichte haben, scheint Brandt gegen Ende seiner Rede anzuspielen. Wohl mit Blick auf die politischen Unruhen im Zuge der Studentenbewegung bemerkt er:

»Alle Jungen sind zwar frei von den schrecklichen Erlebnissen ihrer Eltern, aber auch ohne die ... verpflichtenden Erfahrungen, die wir daraus ableiten konnten. Es wäre gefährlich für die Demokratie in Deutschland, wenn eine größere Zahl jüngerer Menschen die schmerzlichen Erfahrungen der Geschichte in den Wind schlagen und ihr Heil im Radikalismus suchen würde ...« (a.a.O.)

Noch vor einem halben Jahr hatte Brandt in seiner Antrittsrede als neuer Kanzler die Unruhe in der studentischen Jugend vollkommen anders gewertet. Seinerzeit bot sie ihm noch Anlaß und Rechtfertigung, ein über das politische System hin erweitertes Verständnis von Demokratie einzufordern. Jetzt scheint er das totalitarismustheoretische Motiv der Konservativen übernommen zu haben, die jede – und eben auch die linke – radikalisierende Abweichung vom Status quo der liberalen Demokratie in Beziehung zum Untergang der Weimarer Republik setzen.

Noch einmal 25 Jahre später, nämlich im Mai 1995, sollte es eine öffentliche Debatte darüber geben, ob der 8. Mai 1945 für die Deutschen eher als Tag der Befreiung oder als Tag der Niederlage gedeutet werden könnte. Im Westdeutschland der 70er Jahre war die Ambivalenz dieses Datums, genauer: die Möglichkeit, darin primär das Befreiende zu sehen, noch nicht öffentlich artikulierbar. Allein, daß der Bundestag sich bis zu diesem Zeitpunkt noch nicht zu einer offiziellen Gedenkstunde hatte entschließen können, legt ein implizites Einverständnis nahe, daß man des Tages der Niederlage am besten schweigend gedenkt. Brandt wagt es immerhin, die Ambivalenz dieses Datums für die Deutschen indirekt anzusprechen:

»Was in jenen Tagen vor 25 Jahren von unzähligen Deutschen neben der persönlichen als nationale Not empfunden wurde, war für andere Völker die Befreiung von Fremdherrschaft, von Terror und Angst. Auch für die Mehrheit des deutschen Volkes erwuchs die Chance zum Neubeginn, zur Schaffung rechtsstaatlicher und demokratischer Verhältnisse ...« (a.a.O.)

Der erste mit Willy Brandt verbundene Wechsel von Regierung und Opposition in der Geschichte der Bundesrepublik erlaubt es vielleicht, bereits von ersten Spuren einer etablierten Tradition der Demokratie auszugehen. Zur Andeutung einer positiven Bewertung des 8. Mai 1945 gelangt er aber primär durch eine Einfühlung in die nicht-deutschen Opfer des Nationalsozialismus. Wie kein anderer Kanzler vor ihm verkörperte der deutsche Emigrant Willy Brandt den Zusammenhang zwischen dem positiven Stellenwert des 8. Mai 1945 für die Kriegsgegner der Deutschen und den historischen Chancen, die sich auch für die Unterlegenen langfristig aus diesem Datum ergaben.

Die zweite Rede hält der christdemokratische Abgeordnete Richard von Weizsäcker. Weizsäckers Reaktion auf Brandts Erklärung ist allein schon deshalb interessant, weil sie einige Motive jener berühmt gewordenen Rede vorwegnimmt, die er 15 Jahre später im Bundestag halten sollte. Die Zwiespältigkeit des 8. Mai 1945 für das öffentliche und das private Bewußtsein der Deutschen spricht Weizsäcker frontal an. Einem möglichen Streit über den politischen Stellenwert dieses Datums nimmt er zunächst die Spitze, in dem er die Erfahrung des Kriegsendes individualisiert: »Unsere Erfahrungen mit dem 8. Mai entsprechen einander nicht. Jeder hat ihn auf eigene Weise erlebt. Der eine kehrte heim, der andere wurde heimatlos. Dieser wurde befreit, für jene begann die Gefangenschaft. Verbittert standen manche vor zerrissenen Illusionen, dankbar andere vor dem geschenkten Neuanfang. Vielen von uns hat der 8. Mai wie kein zweites Datum das Bewußtsein geprägt. Andere haben überhaupt kein Interesse an diesem Tag. Keiner möge seine persönlichen Erlebnisse zum Maßstab für alle machen.« (1970/VI/51/S. 2567)

Anders als Willy Brandt macht Weizsäcker nicht den Versuch, das Kriegsende aus der Perspektive der Opfer der Deutschen zu bewerten. Die in deutschem Namen geschehenen Verbrechen werden zwar angesprochen, aber dadurch, daß sie nur dem »Nationalsozialismus« und nicht den Deutschen schuldhaft zugerechnet und überdies rasch gleichgestellt werden mit den Verbrechen des Stalinismus, erscheint ihr nachwirkendes Gewicht doch historisch relativ. Weizsäcker sagt: »Zwiespältig waren die Ereignisse des Jahres 1945, und sie wirken in unserer Gegenwart fort. Der 8. Mai beendete das sinnlose Sterben und die Zerstörung eines Krieges, der fast 50 Millionen Menschen das Leben gekostet hatte. Zugleich aber begannen neue schwere Leiden für viele unschuldige Menschen. Die Verirrungen und ruchlosen Verbrechen der Nationalsozialisten, mit denen wir selbst nicht fertig geworden sind, gingen zu Ende, aber eine neue Zwangsherrschaft fand ihren Eingang auf deutschem Boden. Stalin drang mit seinem System in das Herz des europäischen Trümmerlandes vor, das Hitler hinterlassen hatte ...« (a.a.O.)

Im weiteren Verlauf seiner Rede kommt freilich ein gänzlich neuer Akzent hinzu, den man im übrigen bei zeitgenössischen Repräsentanten seiner Partei niemals finden würde. Weizsäcker versucht, eine Brücke zu schlagen zwischen dem 8. Mai 1945 und und der Gegenwart. Er nimmt zunächst positiv Bezug auf die Art von technokratiekritischer Zeitdiagnose, die unter den aufbegehrenden Studenten der frühen 70er Jahre weit verbreitet war: »... Der ganze Ablauf der Existenz droht uns Menschen undurchsichtig zu werden. Der Mensch will sich aus der befürchteten Ohnmacht gegenüber Technik, Verwaltung und Werbung befreien. Er will nicht bloß Nummer und Konsument sein, sondern als Mensch im ganzen genommen und beansprucht werden. Aktive Kräfte der jungen Generation ziehen daraus deutliche Schlüsse. Sie wollen nicht technischen Fortschritt und privaten Wohlstand als Maßstab für Sinn und Ziel einer Gesellschaft anerkennen. Manche von ihnen mißtrauen wertfreier Toleranz in einer pluralistischen Demokratie, denn sie meinen, sie würden dadurch gleichgültig gegenüber Humanität und Wahrheit, kurz: Sie suchen wie andere Generationen vor ihnen nach neuen Formen und Inhalten für das Zusammenleben der Menschen ...« (a.a.O., S. 2569)

Weizsäcker nennt vier große Wertkomplexe, welche das Leben

der Gesellschaft regulieren: »Frieden, Freiheit, Gerechtigkeit und Solidarität«. Diese Wertkomplexe müßten, meint Weizsäcker, von jeder neuen Generation neu entdeckt und mit spezifischen Inhalten gefüllt werden. Diese historische Offenheit des normativen Lernprozesses jeder neuen Generation wird von ihm freilich auf zwei Weisen begrenzt. Und diese Begrenzungen ergeben sich für ihn aus der Erfahrung der neueren deutschen Geschichte. Eine überhistorische Erwartung an jede Moral, die das öffentliche Leben regulieren soll, besteht für ihn in dem Respekt vor der unaufhebbaren Differenz von Norm und Realität. Deshalb wehrt er sich – wohl mit Blick auf die Studentenbewegung – gegen die »Gewaltherrschaft unduldsamer Weltbeglücker und Ideologen« (a.a.O., S. 2569). Außerdem legt die deutsche Erfahrung der nationalsozialistischen Epoche für Weizsäcker einen der genannten vier Werte besonders nahe:

»Der 8. Mai lehrt uns, den Frieden zu suchen mit dem Respekt vor dem unverbrüchlichen Wert der Freiheit. Wir kennen die Unfreiheit und werden uns ihrer erwehren ... Wir wollen sie nutzen zur Versöhnung mit allen Gegnern des letzten Krieges, mit ihr wollen wir allen Deutschen dazu verhelfen, ihre Lebensbedingungen und ihre Beziehungen zueinander frei zu gestalten. Sie ist es, die uns mit Zuversicht erfüllt, daß der 8. Mai nicht das letzte Datum unserer Geschichte bleibt, das für alle Deutschen verbindlich war.« (a.a.O., S. 2569)

Der Sozialdemokrat Volker Hauff, der nach Weizsäcker redet, hat keine Hemmungen, die öffentliche Erinnerung des 8. Mai 1945 zur Rechtfertigung der Brandtschen Ostpolitik zu nutzen. Diesen Zusammenhang stellt er her, indem er die Annäherung an die osteuropäischen Staaten in einen Zusammenhang rückt mit der 20 Jahre zuvor von Adenauer ins Werk gesetzten Aussöhnung mit den westeuropäischen Nachbarn. Wenn die Politik der Westintegration und die Ostpolitik der sozialliberalen Koalition gleichermaßen als lernende Reaktion auf die belastende Erbschaft des Nationalsozialismus gedeutet werden, vollziehe Brandt nur, was Adenauer begonnen hat. An die Adresse der Gegner der Ostpolitik sagt Hauff:

»Einige werden unterwegs die Nerven verlieren und umkehren. Ihnen sei bereits heute gesagt: Die Flucht zurück in den kurzsichtigen Nationalismus bringt keine Lösungen, sondern nur neue, größere Schwierigkeiten. Das ist für mich die gesicherte Erkenntnis aus dem 8. Mai 1945... Das Gespräch mit den Staaten Osteuropas wird nur dann zum Erfolg führen, wenn wir diese Herausforderung unserer eigenen Geschichte annehmen...« (a.a.O., S. 2570)

Die Sprecherin der Freien Demokraten, Lieselotte Funke, setzt ihre Überlegungen grundsätzlicher an. Öffentliche Erinnerung des 8. Mai 1945 sollte sich ihrer Auffassung nach nicht erschöpfen in einer bloßen Rekapitulation der Ereignisse des Kriegsendes oder gar in einer kurzschlüssigen Bezugnahme auf Ereignisse der Gegenwart. Die Verpflichtung, die sich für die Abgeordnete Funke aus der Erbschaft des Nationalsozialismus ergibt, ist die Realisierung einer – wie wir heute sagen würden – gesellschaftlichen Demokratie, einer demokratischen Lebensform. In ihrer Rede klagt sie zugleich das »Wagnis zu mehr Demokratie« ein, auch wenn dieses zu den doch erwartbaren scharfen gesellschaftlichen Auseinandersetzungen führen würde (die sich dann ja auch tatsächlich einstellten):

»Wenn wir den Sinn dieses Tages richtig und tiefer begreifen als im äußeren Geschehen vor 25 Jahren, dann müssen wir uns fragen, was geschehen ist und was noch geschehen muß, um die Spannungen aus uns selbst im Kleinen wie im Großen überwindbar zu machen. Das ist die Erziehung zum Konflikt an unseren Schulen und Bildungsstätten, das ist das Begreifen, daß Unterschiedlichkeiten im Sein und im Denken nicht Last, sondern Reichtum ist, das ist die Freiheit von Ideologien, das ist die Anerkenntnis, daß sich politische Vorstellungen nicht nur in zwei Denkmodelle begrenzen lassen, wie Wahlrechtsstrategen meinen, das ist die Toleranz, das ist das Verständnis, daß die immer schnelleren Bewegungen dieser Welt sich nicht im Technischen erschöpfen, sondern daß sie ein Mit- und Umdenken im Geistigen verlangen und den Wandel von Formen und Ordnungsvorstellungen...« (a.a.O., S. 2572)

Mit ihrer Überlegung, daß dieses erste öffentliche Gedenken

des 8. Mai 1945 im Deutschen Bundestag die innere Demokratisierung der Bundesrepublik fördern könne und solle, schlägt Lieselotte Funke zugleich den Bogen zu dem Motto, unter dem die sozialliberale Koalition angetreten war. Die Abgeordnete muß nicht betonen, daß das von Willy Brandt artikulierte »Wagnis der Demokratie« besonders an jene – nach 1945 geborene – Generation adressiert war, die am Ende der 60er Jahre fundamentale Reformen der Gesellschaft anmahnte.

Studentenprotest und Verfassungsordnung

Um die neuen Orientierungsversuche dieser Generation ging es auch in der im folgenden untersuchten Debatte. Die anhaltende Unruhe an den Universitäten sowie die Hochschulreformpolitik mancher Bundesländer nimmt der damalige Fraktionschef der CDU, Alfred Dregger, zum Anlaß einer Diskussion über die angeblich notwendige »Wahrung der verfassungsmäßigen Ordnung der Bundesrepublik Deutschland«. Diese Debatte wird am 14. Februar 1974 eröffnet und am nächsten Tag fortgesetzt. Alfred Dregger gibt sich keine erkennbare Mühe, den vergangenheitspolitischen Hintergrund seiner Initiative zu verbergen. Seine These über die tiefere Ursache der von ihm behaupteten Schwäche der westdeutschen Verfassungsordnung ist historisch angelegt. Er suggeriert, daß diese Krisensymptome der zeitgenössischen bundesdeutschen Verfassungsordnung aus einer einseitigen, weil allein auf den Nationalsozialismus konzentrierten Deutung der deutschen Geschichte resultieren:

»Zu dieser weithin vergessenen Wahrheit gehört die Tatsache, daß die erste deutsche Republik zwischen beiden Radikalismen zerrieben worden ist, zwischen NSDAP und KPD. (Beifall bei der CDU/CSU. Zurufe von der SPD.) Zweifeln Sie etwa daran, meine Damen und Herren? (Zurufe von der SPD: Und die Deutschnationalen und die Konservativen?) Meine Damen und Herren, ich wäre in der Lage, aus allen Parlamentsprotokollen der dreißiger Jahre zu zitieren. (Abgeordnete Rabe: Tun Sie es doch!)

Ich will einmal ein Zitat bringen, von wem es stammt, ist in diesem Zusammenhang vollkommen gleichgültig. Dort wurde den Nationalsozialisten von den Kommunisten nicht etwa Verfassungsfeindlichkeit attestiert, sondern das Gegenteil. Es heißt dort: ›Die Nationalsozialisten bieten sich öffentlich feil als Büttel dieser bürgerlichen Republik.‹ Als ich das gelesen hatte, meine Damen und Herren, ist mir wieder einmal die tragische Lage der Deutschen am Ende der dreißiger Jahre bewußt geworden, in der die Linken und die Rechten sich gegenseitig die Wähler zutrieben und eine Mitte, die Zeichen von Schwäche, wie wir sie auch heute wieder sehen, einen Zustand darbot, der dann zum Abmarsch nach rechts und nach links führte. Es liegt an uns, ob sich das noch einmal in unserem Lande wiederholt. Deshalb sind wir verpflichtet, die Wahrheit, die ganze Wahrheit zu sagen.« (1974/VII/ 79/S. 5007)

Der sozialdemokratischen Hochschul- und Schulreformpolitik der 70er Jahre wird immer wieder massiv vorgeworfen, daß sie nur ein selektiv verzerrtes Bild der deutschen Geschichte in den von ihr sanktionierten Lehrplänen und Curricula zeichne. Die »ganze Wahrheit«, die Dregger anmahnt, ist eine seit den frühen 50er Jahren immer wieder bemühte Lesart des Endes von Weimar, deren Ziel, die Entlastung der Konservativen, allzu durchsichtig ist. Wir hatten schon bei früheren Debattentexten Gelegenheit, darauf hinzuweisen, daß die totalitarismustheoretische Denkfigur die Ereignisse der späten Weimarer Republik nur entsprechend den Selbstrechtfertigungsbedürfnissen der bundesdeutschen Konservativen zurechtlegt, so als hätte Nazi-Deutschland in seinem Kampf gegen die kommunistische Sowjetunion schon auf der richtigen Seite gestanden. Zum Schluß seiner Erklärung spitzt Dregger seine Gleichung »linke Studenten = totalitärer Kommunismus = Nationalsozialismus« noch einmal zu durch die Suggestion einer »Parallele« zwischen dem Zustand der Universitäten vor 1933 und ihrer Verfassung in der Mitte der 70er Jahre:

»... Die Parallelen zu den Jahren vor 1933 sind unverkennbar. Diehl-Thiele hat in der FAZ vom 3.6.1972 einen Vergleich angestellt zwischen dem Vokabular des NS-Studentenbundes und dem, was heute von linker Seite als progressive Kost serviert wird. Die Übereinstimmung ist frappierend ...« (a.a.O., S. 5010) (Das Protokoll notiert nach diesen Bemerkungen Tumulte und eine Kette von Zwischenrufen, weil die Parlamentspräsidentin Dregger auffordert, seine Zitate abzubrechen oder abzukürzen.)

Wir hatten schon früher Gelegenheit, die ideologisch motivierte Verzeichnung dieser historischen Konstruktion zu kritisieren. Es muß nicht noch einmal betont werden, daß – bei allem kritikwürdigen Fehlverhalten der Linken – die Nationalsozialisten durch ein Bündnis mit den Konservativen an die Macht kamen. Von einem gewissen Symptomwert ist freilich, daß Dregger diese in den frühen 5oer Jahren verbreitete Gedankenfigur mit derartiger Vehemenz in einer Debatte über das Verfassungsverständnis der zweiten deutschen Demokratie wieder artikuliert.

Der eigentliche Streit in der von Dregger angezettelten Verfassungsdiskussion geht nicht um die Bewertung einzelner Aktionen von studentischen Gruppierungen, sondern um das jeweilige Verständnis einer demokratischen Verfassungsordnung. In allen Debattenbeiträgen von Mitgliedern der sozialliberalen Koalition wird das von Carlo Schmid schon früh angemahnte »inklusive« Verfassungsverständnis dem »Verfassungsschutzgedanken« Dreggers entgegengesetzt. So zum Beispiel von dem Sprecher der sozialdemokratischen Fraktion, Schäfer:

»... Meine Damen und Herren, dies ist die erste Generation, die in einer Demokratie geboren wird und aufwächst. Noch keine deutsche Generation hat es gegeben, die in einer Demokratie aufgewachsen ist und die in einer Demokratie zur Wirksamkeit kommt. Dies ist unser aller Aufgabe, aber dann bitte nicht mit den Fingern aufeinander zeigen ... Meine Damen und Herren, dies ist die entscheidende Frage für diesen Staat: ob es uns gelingt, die nächste Generation in die Verantwortung, in den Staat des Grundgesetzes hineinzuleiten, mit ihr hineinzufinden, indem man sich der Diskussion stellt ...« (a.a.O., S. 5024)

Ähnlich argumentiert der freidemokratische Abgeordnete Burkhard Hirsch:

»... Niemand in diesem Lande bestreitet, daß es nicht nur glühende Verteidiger, sondern auch Feinde unserer Verfassung gibt, die bereit sind, sie bei passender Gelegenheit zu beseitigen. Aber die lebendige Kraft unserer Verfassung beruht nicht auf der Schlagkraft der Polizei, sondern auf dem Respekt, der ihr entgegengebracht wird und darauf, daß der Inhalt einer Verfassung der sozialen Wirklichkeit und den Idealen der Bürger entspricht, die in dieser Verfassung leben. Ein Staat, der sich vor der Herausforderung von Verfassungsfeinden fürchtet, der nicht die politische Auseinandersetzung sucht, sondern vorschnell mit Verboten, mit der Beschwörung der Ordnung hantiert, gerät in Gefahr, die alten Mächte aus dem Kyffhäuser herauszuzaubern ...« (a.a.O., S. 5028)

Das Dregger immer wieder entgegengehaltene Argument, nach dem eine demokratische Verfassung nicht nur durch die Aktivitäten ihrer erklärten Gegner, sondern gleichermaßen durch die rein »polizeiförmige« Defensivorientierung ihrer Freunde zerstört werden kann, führt zurück auf die grundsätzliche Frage, welchen rechtspolitischen Status das Grundgesetz in der westdeutschen Demokratie überhaupt einnehmen soll. Die Reaktionen freidemokratischer und sozialdemokratischer Abgeordneter auf Alfred Dregger zeigen deutlich, daß der Dissens in der sogenannten »Verfassungsdebatte« sich nicht nur in einer unterschiedlichen Bewertung der Anlässe dieser Debatte erschöpft. Grundsätzlich strittig ist eben auch die Funktion, die eine Verfassung in einer demokratischen Gesellschaft überhaupt haben soll. Für die Konservativen unter den Christdemokraten ist das Grundgesetz eine konventionellen Gehorsam heischende Rechtsordnung, welche die fundamentalen Strukturprinzipien der Gesellschaft der demokratischen Disposition entzieht. Dieser »geschlossenen« Perspektive steht auf seiten der Sprecher der SPD und der FDP eine »offene« Wahrnehmung der Rolle des Grundgesetzes gegenüber. Die Verfassung soll der Gesellschaft den rechtlichen Rahmen liefern, innerhalb dessen die nach Meinungen und Interessen getrennten Gruppen von Bürgern sich über die Gestaltung des politischen Gemeinwesens streiten können. Die Option für ein solches »offenes« Verfassungsverständnis ist nicht nur eine spezifische (und in diesem Sinne auch bestreitbare!) rekonstruktive Interpretation der Intentionen der Mütter und Väter der Verfassung. Im Debattenbeitrag des freidemokratischen Abgeordneten Werner Maihofer wird mit Nachdruck die These vertreten, daß eine solche »dynamische« Deutung des Grundgesetzes auch der tatsächlichen politisch-kulturellen Entwicklung der sich modernisierenden Bundesrepublik entspricht. Maihofer bringt die Unruhe an den Universitäten in Zusammenhang mit dem dramatischen kulturellen Modernisierungsschub, der in der Generation von 1968 seinen sozialen Träger hat. Und die politische Substanz der Forderungen dieser Generation, welche auf eine Ausdehnung der Demokratie auf »vorpolitischen« Lebenswelten wie Schule, Familie, Betrieb und Universität zielt, wird von Maihofer grundsätzlich begrüßt:

»Es geht hier um eine epochale Krise ... in der wir um die Mitte dieses Jahrhunderts stehen, mitten in einem Umbruch der Werte, wie er sich nur in Jahrhunderten ereignet, in einer Zeit, in der fast über Nacht weltanschaulich begründete Strafnormen gegenstandslos werden, die fast 2000 Jahre gegolten hatten ... Wir stehen mitten in einem Wandel des Bewußtseins, nicht zuletzt in den nachwachsenden Generationen, wie es sich in der soviel verlästerten Revolte der Jugend in Ost und West – in einem seismischen Beben gleichsam – anzeigt. In der eben mehr steckt als nur der übliche Konflikt der Generationen, die übliche Revolte gegen die Etablierten; in der uralte Sehnsuchten nach menschlicheren Gesellschaften aufbrechen. In der plötzlich weltweit von Demokratie nicht mehr nur im Staat, sondern ebenso auch in der Gesellschaft, ja selbst in der Wirtschaft die Rede ist, von demokratischer Teilhabe und Mitbestimmung nicht mehr nur – wie bisher – an der verfassungsmäßigen Organisation des Staates, sondern auch in der arbeitsteiligen Organisation der Gesellschaft, in Schule und Hochschule, in Betrieb und Unternehmen. Was Wunder, daß sich diese Jugend wieder grundsätzlichere Fragen stellt, worauf es denn überhaupt in Staat und Recht und Wirtschaft hinaus soll? Geht es da überall so weiter wie bisher, in Ehe und Familie, in Beruf und Arbeit, in unseren wachsenden Städten, in unserem sich entvölkernden Land ...« (a.a.O., S. 5159)

Daß die jeweiligen Optionen im Streit um eine »offene« versus einer »geschlossenen« Deutung der Verfassung und die politische Bewertung der Unruhe unter der jugendlichen Intelligenz vor allem aber mit strittigen Interpretationen der neueren deutschen Geschichte zusammenhängen, wird noch einmal deutlich an dem Debattenbeitrag des sozialdemokratischen Abgeordneten Friedrich:

»Womit diese Union nicht fertig wird, das ist das Verhältnis zur jungen Generation. Als einer, der am Ende des Zweiten Weltkriegs 18 Jahre alt war, erlaube ich mir die Frage: Haben wir als die Generation einer verpfuschten Jugend und eines total mißbrauchten Idealismus hier Zugang im Denken zu unseren Söhnen und unseren Enkeln? Wir sollten uns – und manchmal klang dies an – nicht verspätet dafür rächen, an einer andersdenkenden Generation, daß wir im Kadavergehorsam erzogen worden sind. Mit dieser Feststellung ist es mir sehr ernst. Ich bin so ehrlich: Haben nicht die meisten der HJ-Generation – es darf ja nicht mehr darüber gesprochen werden – dieses Scheusal Hitler verehrt? Und sind nicht die meisten daran zerbrochen? ... Herr Wörner, sich selbst hier zu belügen, vor seinem guten Gewissen strammzustehen ... hilft uns nicht weiter. Diese junge Generation hat sich doch auch einmal gefragt: Was war eigentlich mit unseren Eltern los? Wo ein Jude verhaftet wurde, wo rassisch gereinigt wurde, wo ein Führer gefeiert wurde, wo ein kleines Nachbarland überfallen wurde, überall hatte diese HJ-Generation dabeizustehen, heil zu schreien und jawohl zu sagen. Soll in einer Verfassungsdebatte die deutsche Vergangenheit ausgeschlossen werden ...?« (a.a.O., S. 5178)

Nach dieser zugespitzten Frage gibt es eine große Unruhe im Saal. Der Abgeordnete Friedrich wird durch Serien von Zwischenrufen von seiten der CDU unterbrochen, auf die wiederum SPD-Abgeordnete mit Zurufen reagieren. Der Abgeordnete Wörner (CDU) ruft laut in das Gewirr der Stimmen:

»Die Weimarer Republik ist an den Marxisten und den Nazisten zugrunde gegangen.« (a.a.O., S. 5178)

Interessant ist hier nicht nur die Reihenfolge der unterstellten Urheberschaft, sondern auch der Umstand, daß die »Nazisten« sprachlich an die Marxisten so assimiliert werden, daß die »Nazis« dahinter eigentlich verschwinden. Aber der Abgeordnete Friedrich beharrt auf der durch die historische Realität gestützten These, daß die Weimarer Republik am Bündnis von Rechtskonservativen und Nationalsozialisten zugrunde gegangen ist. Von der öffentlichen Artikulation dieser Wahrheit müssen sich natürlich diejenigen Mitglieder des Bundestages besonders getroffen fühlen, die sich bewußt oder latent an der Kontinuität deutschnationaler Traditionen orientieren:

»Herr Wörner, niemand nimmt Ihnen das Recht, und dafür muß man nicht Bundestagsabgeordneter werden, mit einer Lebenslüge, die man jung empfangen hat, auch alt zu werden und damit zu sterben. Das nehmen wir Ihnen nicht ab. Dann kam das Jahr 1968. Ich gebe Ihnen eine Antwort ... (Zwischenruf Wörner: Welche Rolle hat der Marxismus in der Weimarer Republik gespielt?) Wer hier Herrn Dregger gehört hat, Sie stehen in der Tradition des deutschen Konservatismus – und hier können Sie nicht davonlaufen ... (Zwischenruf Wörner: Das ist Ihr Klischee, Ihre Schablone, werden Sie glücklich damit ... Gegenrufe von der SPD) ... Herr Wörner, diese Debatte und Sie machen so deutlich, so wie Sie hier das Wort Jungsozialisten aussprechen, warum die Deutschnationalen 1933 lieber mit Hitler paktierten als im März 1933 zusammen mit Sozialdemokraten diese Republik zu verteidigen ...« (a.a.O., S. 5178)

Der Deutsche Herbst

Die sozialliberale Koalition war mit dem Anspruch angetreten, »mehr Demokratie zu wagen«. Aber ganz entgegen diesen erklärten Absichten und den damit geweckten Erwartungen wurden die 70er Jahre vor allem durch die terroristischen Anschläge der RAF zu einer solchen Herausforderung für den Rechtsstaat und die Demokratie, wie es sie in dieser Weise in der Geschichte der

Bundesrepublik noch nicht gegeben hatte. Am Ende dieses Jahrzehnts, genauer nach dem sogenannten Deutschen Herbst von 1977, hatten viele Zeitgenossen den Eindruck, daß die Demokratie zerbrechlicher war als an dessen Beginn.

Daß es der RAF im Laufe der 70er Jahre tatsächlich gelang, bei der politischen Klasse und weiten Teilen der westdeutschen Öffentlichkeit eine bürgerkriegsähnliche Stimmung zu erzeugen, wurde seinerzeit der brutalen Strategie der Terroristen zugerechnet, mehrere politische und ökonomische Führungsfiguren zu ermorden. In anderen demokratischen Gesellschaften, die in Art und Ausmaß ähnliche Wellen terroristischer Morde erleiden mußten, hat es eine derartig ausgeprägte bürgerkriegsförmige Situation nicht gegeben. In Italien etwa ist es der staatlichen Exekutive und der gesellschaftlichen Öffentlichkeit mehr als in Westdeutschland gelungen, die terroristische Morde auf ihre kriminelle Substanz zu reduzieren und ihre Verfolgung und strafrechtliche Ahnung als gleichsam technisches Problem von Polizei und Justiz zu betrachten.[1] Es bedurfte eines historisch so abgeklärten wie existentiell betroffenen Beobachters wie Norbert Elias, um zu erkennen, warum bei den Deutschen jene Tugend demokratischer Gelassenheit so unterentwickelt war. Im Jahre 1977, nach »Mogadischu und Stammheim«, stellt er in einem aktuellen Postskriptum zu seiner großen zivilisationstheoretischen Studie über »Die Deutschen« einen Zusammenhang her zwischen deren Unfähigkeit zu ziviler Konfliktbewältigung und der beschwiegenen Nazi-Vergangenheit:

»In Deutschland hatte man zuwenig Zeit und Gelegenheit, um diejenige Art der Selbstkontrolle, diejenige Form des Gewissens zu entwickeln, die es möglich macht, die Feindseligkeit gegen andere Gruppen und Schichten der eigenen Gesellschaft individuell, aus eigener Kraft im Zaume zu halten – selbst wenn Einsicht die Notwendigkeit erkennen läßt. Man hat nur gelernt, sie im Zaume zu halten durch Kontrolle von außen, durch Befehl von oben.«[2]

Die These, daß letztlich das unterirdische Magnetfeld der NS-Vergangenheit den gesellschaftlichen Auseinandersetzungen der 70er Jahre ihre eigentümliche Unversöhnlichkeit und Unerbittlichkeit verlieh, bezieht sich auf beide Lager des Konflikts, also sowohl auf die Politiker, die nicht davor zurückschreckten, die Demokratie notfalls mit undemokratischen Mitteln zu verteidigen, als auch auf die Terroristen und ihre Sympathisanten, die zwischen einem faschistischen System und einer leidlich funktionierenden Konkurrenzdemokratie keinen Unterschied sahen. Zwar war der Kreis unmittelbarer Sympathisanten außerordentlich klein. Die große Mehrheit jener studentischen Intelligenz, die in der Zeit der Außerparlamentarischen Opposition politisch sozialisiert worden war, lehnte die Strategie des bewaffneten Kampfes zwar ab. Aber gleichwohl teilten sie in Grundzügen das vom Antifaschismus geprägte Weltbild der Terroristen. Dieser generationenspezifische militante Antifaschismus bildete den Hintergrund dessen, was seit dem sogenannten »Mescalero«-Brief im April 1977 in reflektierter Selbstironie als »klammheimliche« Sympathie mit der RAF bezeichnet wurde. Die »klammheimliche Freude«, die dann übrigens zum Unwort des Jahres 1977 wurde, war in einem anonymen öffentlichen Brief eines Göttinger Studenten aus Anlaß der Ermordung von Generalbundesanwalt Buback geäußert worden. In diesem antifaschistischen Weltbild war das System der liberalen Demokratie Westdeutschlands nur eine Fassade, hinter der sich die Kontinuität eines nach wie vor faschistischen Systems verbarg. Das hohe identitätsstiftende Potential dieses Weltbildes ergab sich aus dem Anspruch, dem Bann der NS-Vergangenheit endlich entronnen zu sein. Im antifaschistischen Kampf holte man jenen Widerstand nach, den die Väter aus Feigheit oder purer Komplizenschaft unterlassen hatten.

Den Anspruch, dem Magnetfeld jener Vergangenheit endgültig entronnen zu sein, hatten aber auch jene konservativ-liberalen Politiker, die sich an dem Weltbild des Anti-Totalitarismus orientierten. Und die Vermutung drängt sich auf, daß die Unversöhnlichkeit der innenpolitischen Auseinandersetzungen in den 70er Jahren sich letztlich aus der Konkurrenz dieser Ansprüche ergab. Es war ein symbolischer Bürgerkrieg, in dem unerbittlich über die politischen Konsequenzen gestritten wurde, die sich aus der Erbschaft des Nationalsozialismus für die Gegenwart der Bun-

desrepublik ergaben. Antifaschismus und Antitotalitarismus waren Geschichtsbilder, die letztlich einander ausschlossen. Ähnlich wie für die Antifaschisten die politischen und ökonomischen Funktionseliten der Bundesrepublik in der Kontinuität der NS-Vergangenheit standen, waren im Rahmen des antitotalitären Weltbildes die Terroristen der RAF die »Kinder Hitlers«, d. h. die zeitgenössischen Repräsentanten der NS-Geschichte. Dieser unversöhnliche Streit wurde auf vielen gesellschaftlichen Feldern ausgefochten. Dieser symbolische Kampf hatte auch schon lange vor den siebziger Jahren begonnen. Aber im Deutschen Herbst erreichte er seine Klimax und zugleich sein Ende. In den späten 70er Jahren boten im besonderen die Terror- und Mordanschläge der RAF die Anlässe, um im Bundestag über das Verhältnis von politischem Protest, Demokratie und NS-Vergangenheit zu streiten. Der Terror der RAF brachte diejenigen Sozialdemokraten und Freidemokraten in eine Art Argumentationsnotstand, die angesichts der schwer bestreitbaren Herkunft der Terroristen aus dem studentischen Protestmilieu Skrupel empfinden mußten, ihre These der demokratisierenden Effekte der 68er Generation weiter öffentlich zu vertreten. Diese Skrupel werden deutlich in einer Erklärung der Bundesregierung nach dem Mord an Generalbundesanwalt Buback. Bundeskanzler Helmut Schmidt mahnt dort:
»... jene Universitätslehrer, Wissenschaftler, Philosophen, Schriftsteller, auf deren Stimmen die junge Generation damals, in der zweiten Hälfte der 60er Jahre in der APO-Zeit so sehr gehört hat. Jene bedeutenden und einflußreichen Intellektuellen, die am Anfang viele junge Menschen mit ihren Vorstellungen beeindruckt haben, und die sich dabei doch keinen Augenblick lang die Möglichkeit solcher schrecklicher Verbrechen vorgestellt haben, sollten ihre besondere Verpflichtung und Chance erkennen.« (1977/VIII/22/S. 1450)
Nicht mehr von den Verdiensten der Protestgeneration um die innere Demokratisierung der Bundesrepublik ist jetzt die Rede. Als ginge es darum, den Geist der Rebellion wieder in die Flasche, den Zauberlehrling wieder unter das Kuratel des Meisters zu bannen, wird an die intellektuellen »Ziehväter« der Protestbewegung

appelliert. Das ist natürlich eine defensive Reaktion auf die Kritik der Konservativen. Anders als für die meisten Liberalen und Linken unter den Abgeordneten, die sich doch genötigt sahen, ihr bisheriges Deutungsmuster des Protests nur noch mit Zurückhaltung zu vertreten, schienen die traumatischen Ereignisse der Terrormorde die mitgebrachten Deutungsmuster der Konservativen massiv zu stützen: Die antiautoritäre Politisierung der jungen Intelligenz führte hiernach nicht zur Kräftigung, sondern zur Zerstörung der Demokratie. Bonn war fast Weimar oder drohte doch dazu zu werden. So wie die »Marxisten und Nazisten« (Wörner) die Totengräber der Weimarer Republik waren, schickte sich die Generation von 1968 – nach konservativer Ansicht – an, der Bonner Republik das Grab zu schaufeln. Waren in diesem Sinne nicht – so insinuierte seinerzeit ein in England verfaßter, in Westdeutschland vielzitierter Buchtitel – die RAF-Terroristen eigentlich »Hitler's Children«, standen sie nicht in einem unmittelbaren Erbschaftsverhältnis zu Hitlerdeutschland?[3]

Aber auch die Sozialdemokraten und Liberalen, die oben zu Wort gekommen waren, konnten sich in einigen ihrer grundsätzlichen Wahrnehmungen und Befürchtungen bestätigt fühlen. So schien der Verlauf der öffentlichen Diskussion über den angemessenen rechtspolitischen und polizeitaktischen Umgang mit dem Terror der RAF jene Abgeordnete in ihrer Vermutung zu bestätigen, daß Rechtsstaat und Demokratie in der Bundesrepublik durch den »verfassungspolizeilichen« Eifer ihrer Beschützer mehr bedroht waren als durch die Bomben der Terroristen. Und bestätigt fühlen konnten sie sich in der Annahme, daß auch die aus dem antiautoritären Protest hervorgegangene Unterstützerszene der RAF letztlich nur ein Folgeproblem der unzureichenden Auseinandersetzung der Westdeutschen mit ihrer nationalsozialistischen Vorgeschichte war. Auch für sie waren die RAF-Terroristen irgendwie »Hitler's Children« – zwar überhaupt nicht im Sinne einer ideologischen Kontinuität, wie es die Argumentation der Konservativen unterstellte, sondern im Sinne einer überkompensierenden Reaktionsbildung auf die unterbliebene Auseinandersetzung der Gründergeneration der Bundesrepublik mit dem Nationalsozialismus.

In einem in mehrfacher Hinsicht interessanten Debattenbeitrag versuchte der Vorsitzende der Christdemokraten, Helmut Kohl, der unerhörten Spannung, die sich zwischen diesen beiden scharf polarisierten Deutungsmustern aufgebaut hatte, die Spitze zu nehmen. Interessant an seiner Rede ist zunächst die diskrete Distanzierung von der radikal konservativen Position von Dregger und Wörner, die gerade in dem RAF-Terror den Beweis für ihre Gleichung linksradikal = faschistisch sahen, indem sie etwa die zeitgenössische Lage an den deutschen Hochschulen mit der vor 1933 verglichen. Kohl waren solche Konstruktionen historischer Kontinuität unangenehm, auch wenn er öffentlich nur deren linke Varianten kritisierte. Das ihn antreibende Motiv, das sich dann erst in den achtziger Jahren mit dem Sieg der von ihm geführten Koalition voll durchzusetzen vermochte, ist das der Historisierung der NS-Vergangenheit. Diese Strategie implizierte zugleich eine Normalisierung der politischen Selbstwahrnehmung der Bundesrepublik, sprich: die Vermeidung jeglicher Dramatisierung zeitgenössischer Konflikte durch Konstruktion historischer Kontinuitäten mit der NS-Zeit.

In einer am 6. Oktober 1977 gehaltenen Rede, die wiederum im Zusammenhang mit dem Terror der RAF stand, reagierte Helmut Kohl auf einen im Wortlaut zitierten Aufruf des ehemaligen Bundeskanzlers Willy Brandt an die Unterstützerszene der RAF. Die Nerven der Parlamentarier lagen bloß. Arbeitgeber-Präsident Hanns-Martin Schleyer war Anfang September entführt worden. Zur Zeit der Debatte lief die Fahndung nach den Terroristen auf Hochtouren. Knapp zwei Wochen später, nach der Erstürmung des von Terroristen gekaperten Lufthansa-Flugzeugs»Landshut« in Mogadischu und dem Kollektivselbstmord der inhaftierten Kerngruppe der RAF in der Haftanstalt Stammheim, sollte der Arbeitgeber-Präsident im Elsaß ermordet aufgefunden werden.

Das in der Sicht Kohls unerhört Provozierende an Brandts Aufruf war zunächst, daß Willy Brandt sich als Linker an Linke wandte, als einer, der sozusagen den Verirrten seines eigenen politischen Lagers eine verantwortungsethische Reflexion der Folgen ihres Tuns empfiehlt. Brandt hatte – zitiert nach Kohl – in diesem Aufruf geschrieben:

»Wissen Sie nicht, daß Sie, die Sie politisch zu denken vorgeben, statt mehr Freiheit und Gerechtigkeit für die breiten Schichten in diesem Lande zu schaffen, die Geschäfte der Reaktion, ja der Neonazis betreiben? Daß Sie das Bewußtsein der Bevölkerung über den Rand hinausbomben, hinter dem es nur noch den Abgrund von Chaos, Polizeistaat oder Diktatur gibt? Oder wollen Sie genau das?« (1977/VIII/47/S. 3614)

Der Kontext, in den Kohl diesen Aufruf von Willy Brandt rückt, ist der einer Serie von öffentlichen Stellungnahmen, auch von Sozialdemokraten, die im Zusammenhang des öffentlichen Umgangs mit dem RAF-Terrorismus eine Wiederkehr nationalsozialistischer Stimmungen und Strömungen zu sehen glaubten. So hatte etwa der SPD-Abgeordnete Ehmke in einer Rede im Bundestag, die er am Tage vor Helmut Kohls Rede hielt, die starke Resonanz auf den Hitler-Film von Joachim Fest in der deutschen Bevölkerung als Symptom einer »Hitler-Nostalgie-Welle in der Bundesrepublik« gedeutet. An Ehmke und Willy Brandt gewandt, sagt Kohl:

»... Wenn Sie und Willy Brandt, ich nenne Sie hier beide ..., solche Äußerungen machen, als sei nun quasi die Gefahr eines Neofaschismus im Anmarsch, dann kann ich nur fragen, von welcher Republik reden Sie? Doch nicht von der Bundesrepublik! Die Gefahr existiert doch überhaupt nicht!« (a.a.O., S. 3614)

Diese Aufforderung zur Entdramatisierung der bundesdeutschen Selbstwahrnehmung stützt sich zunächst auf das schon in den 50er und 60er Jahren verwendete stereotype Argument, das aus dem bloßen Quantum der seit 1945 abgelaufenen Zeit eine Unschuldsvermutung für die Gegenwart herleitet. Aber in der Wiederaufnahme des Arguments durch Kohl ist eine neue Tonlage hörbar:

»Aber Herr Ehmke, von einem Mann Ihrer intellektuellen Herkunft muß ich doch erwarten, daß er hier, wenn er in Richtung Ausland spricht, sagt, es ist doch ganz natürlich, daß jetzt, wo eine völlig neue Generation herangewachsen ist, die Generation der Schulkinder von heute, nachdem alle demokratischen Gruppen, aus welchen Gründen auch immer, die Bewältigung der NS-Vergangenheit lange genug vor sich hergeschoben haben, die Frage stellt: warum war mein Großvater, oder sogar noch mein eigener Vater für Hitler? Wir müssen doch einmal aufhören, 30 Jahre danach, die Geschichte so zu betrachten, daß sie entweder nicht wahr ist, beschönigt wird, oder überhaupt nur in abstrusen Formen gezeigt wird. Was die Tatsache angeht, daß mehr als 10 Millionen Deutsche damals Mitglieder einer Partei wurden, so hüte ich mich davor, was immer man dazu sagen mag, im Guten wie im Schlechten, leichtfertig Vorwürfe zu machen. Ich war damals 15 Jahre alt. Ich war nicht in Gefahr, in Versuchung zu geraten. Wenn dies so war, dann muß das doch einen Grund haben. Ich habe nichts dagegen, wenn verantwortliche Bürger sich dieses Themas annehmen, schon gar nicht dann, meine Damen und Herren – und das ist doch ein wichtiger Punkt –, wenn sich dreißig Jahre nach einem Ereignis die Archive öffnen, die Sperren wegfallen und man über diese Dinge offener reden kann. Aber das hat doch nichts damit zu tun, daß wir deswegen einen Beitrag zum ›häßlichen Deutschen‹ zu leisten haben. Ich bin der letzte – ich habe das oft gesagt –, der die Last der deutschen Geschichte leugnet. Wir haben mit Auschwitz, Majdanek und Treblinka zu leben. Das ist nicht zu vergessen. Aber wir alle, auch die Jungen, die nachgewachsen sind, mehr als 50 Prozent der Deutschen sind nach Hitler geboren, haben das Recht, aufrecht durch die Geschichte in die Zukunft zu gehen ... (lebhafter Beifall bei der CDU/CSU).« (a.a.O., S. 3614)

Neu an dieser Tonlage ist zunächst, daß die Anrufung der NS-Vergangenheit nicht sogleich verknüpft wird mit dem antitotalitaristischen Totschlag-Argument, nach dem Nationalsozialismus und Kommunismus letztlich identische historische Größen sind und die Deutschen durch die aktuelle Auseinandersetzung mit dem Kommunismus ihre eigene »totalitäre Verstrickung« wiedergutmachen. Diese Deutungsfigur wird uns hin und wieder auch noch nach Kohls Rede begegnen. Aber im Verlauf der 80er Jahre wird sie immer seltener gebraucht, bis ihr dann nach 1989 – durch das Ende der Welt von Jalta – endgültig der Boden entzogen wird. Kohls Argumentation klagt die Möglichkeit ein, bzw. behauptet sie als längst überfällig, das Dritte Reich kraft der seit 1945 verstrichenen Zeit als ein historisch auf Distanz gebrachtes Phänomen zu betrachten. Leugnung der Vergangenheit, z. B. von rechtsextremer Seite, oder ihre Beschönigung von seiten rechtskonservativer Kreise sowie ihre dramatisierende Vergegenwärtigung von der antifaschistischen Linken sind für ihn gleichermaßen Symptome einer mißlungenen historischen Neutralisierung. Die politische Notwendigkeit dieser politisch-moralischen Neutralisierung der deutschen Vergangenheit ergibt sich aus einem irgendwie deduzierten »Recht« der nachfaschistischen Generationen auf Selbstachtung. Diese eigentümlich moralisierende Argumentation sollte später dann noch verstärkt werden durch den politischen Imperativ einer notwendigen Berechenbarkeit der Deutschen. Deren politische Berechenbarkeit – so etwa Michael Stürmer, der Berater Helmut Kohls – sei permanent gefährdet durch den unkontrollierten Einbruch der Vergangenheit in die Gegenwart. »Normale«, d. h. von kollektiver Schuld unbelastete Gesellschaften gewinnen ihre Selbstachtung durch die in Festakten und staatlichen Symbolen rituell vergegenwärtigte Geschichte. Weil ein solcher legitimierender und Selbstachtung verleihender Zugriff auf die deutsche Geschichte durch die 12 Jahre des Dritten Reiches erschwert wird, müssen jene Jahre moralisch neutralisiert, »entsorgt«, d. h. durch Musealisierung in ihrer Wirkung beschränkt werden. Kohl bleibt hier freilich unklar. Er verwickelt sich in einen eigentümlichen Selbstwiderspruch. Er tarnt einen offenkundigen Appell als Tatsachenbeschreibung. Wenn nämlich die Vergangenheit schon von sich aus Geschichte wäre, also schon von sich aus durch die verstreichende Zeit und die nachwachsenden Generationen moralisch neutralisiert wäre, dann würde das Problem, über das der Bundestag debattiert, gar nicht existieren. Es sei denn, man ginge so weit, die immer wieder aufflammende Gegenwärtigkeit dieser Vergangenheit einzig und allein einer antifaschistischen Demagogie linker Intellektueller zuzurechnen.

Kohls Argument, daß den nachfaschistischen Generationen zu

ihrem Recht auf Selbstachtung verholfen werden müsse, ist bedenkenswert. Aber warum soll diese Selbstachtung gerade dadurch zustande kommen, daß die die Selbstachtung bedrohende Vergangenheit durch forcierte Musealisierung neutralisiert wird? Wäre nicht die Selbstachtung der Deutschen vielleicht gerade dadurch wiederzugewinnen, daß die Traumata, Krisen und Konflikte, die mit dieser Vergangenheit immer noch verknüpft sind, ohne Rücksicht auf die Stabilitätsbedürfnisse der Gegenwart zur Geltung kommen können?

Dieses Thema kommt in den folgenden Monaten nicht zur Ruhe. Am 28. Oktober 1977, wenige Tage nach den dramatischen Ereignissen in Mogadischu und Stammheim, kommt es zu einer erneuten Debatte über das Legitimitätsverständnis der postfaschistischen Demokratie. Der Sprecher der Sozialdemokraten, Hans-Jochen Vogel, gibt den dramatischen Ton vor, der die gesamte Debatte charakterisiert. Er beschwört die Gemeinsamkeit, die sich nach seiner Ansicht in der Folge der durchgestandenen und erfolgreich abgewehrten terroristischen Bedrohung gebildet habe:

»... Meine Damen und Herren, es ist etwas in Gang gekommen: ein neues Verständnis unseres Staates. Die Menschen haben in diesen Tagen und Wochen gespürt, daß der Staat mehr sein muß als eine Schönwetter-Vereinigung zur Wohlstandsvermehrung ... Jener so oft geschmähte, verächtlich als System abgetane, als Repressionsagentur verlästerte, aber auch wegen seiner angeblichen Schwäche und Orientierungslosigkeit belächelte und verhöhnte Staat. Diesem unserem Staat, für den wir in unserem Haus als Verfassungsorgan ein besonderes Maß an Verantwortung tragen, diesem freiheitlich-demokratischen Rechtsstaat unseres Grundgesetzes, ist in den letzten Wochen ein Mehr an Autorität und Sympathie zugewachsen, auch deshalb, weil alle Verantwortlichen in der Not gemeinsam handelten. Was dem Staat so durch gemeinsame Anstrengungen und glückliche Umstände zugewachsen ist, das sollten wir nicht aufs Spiel setzen, weder bei der heutigen Debatte noch bei der weiteren Beratung der vorliegenden Entwürfe ...« (1977/VIII/53/S. 4096)

Der Verlauf der Debatte, insbesondere die Kontroverse zwischen Alfred Dregger und Willy Brandt, zeigt freilich deutlich, daß Vogels Hoffnung auf ein gemeinsames normatives Fundament in der Deutung und demokratischen Bekämpfung des Terrorismus trügerisch ist.

Dregger möchte die Politik der Terrorismusabwehr nämlich im Namen vorpolitischer, zivilreligiöser Wertorientierungen betrieben sehen. Er beschwört die Verantwortung der Politiker »vor Gott und den Menschen«. Die Anrufung Gottes in der Präambel des Grundgesetzes zeigt noch Reste der Neigung mancher Mitglieder des Parlamentarischen Rates, die Geltungsgrundlagen der westdeutschen Verfassung sakral zu untermauern. Diese nur zum Teil realisierten Ansätze einer metapolitischen Fundierung des Grundgesetzes entsprangen seinerzeit dem Mißtrauen gegenüber der demokratischen Standfestigkeit eines Volkes, dem in der Folge einer militärischen Niederlage eine Demokratie oktroyiert worden war. Dregger:

»Jetzt gilt es, etwas von der sittlichen Kraft wirksam werden zu lassen, die in den Anfangsworten unserer Verfassung ihren Ausdruck gefunden hat, wo es heißt: Im Bewußtsein seiner Verantwortung vor Gott und den Menschen hat das deutsche Volk dieses Grundgesetz der Bundesrepublik Deutschland beschlossen … Meine Damen und Herren, auf dem Bewußtsein der Verantwortung vor Gott und den Menschen beruht das Glück, und auf dem Frevel seiner Mißachtung beruht das Elend der Völker. (Beifall bei der CDU.) Hätten die heutigen Terroristen etwas weniger von Emanzipation, Konfliktpädagogik und antiautoritärer Erziehung und etwas mehr von ihrer ganz persönlichen Verantwortung vor Gott und den Menschen erfahren, dann wäre ihnen und uns vieles von dem erspart geblieben, was wir heute beklagen.« (a.a.O., S. 4097)

Diese durch die antiautoritäre Erziehung angeblich bewirkte Indifferenz der jungen Intelligenz gegenüber der metapolitischen und auch vordemokratischen Wertbasis des Grundgesetzes ist für Dregger wiederum die Konsequenz einer »falschen Vergangenheitsbewältigung«:

».. . Sosehr wir uns davor hüten müssen, liberale Errungenschaften für alle aufzugeben, weil wenige eine besondere Gefahr für alle darstellen, sosehr müssen wir uns darum bemühen, dem Angriff der wenigen auf alle eine der Größe der Gefahr entsprechende Abwehr entgegenzustellen. Was uns daran hindern kann, ist vor allem das, was ich als eine falsche Vergangenheitsbewältigung bezeichnen möchte. Wir, die wir für die Gegenwart und die Zukunft der Bundesrepublik Deutschland verantwortlich sind, müssen uns vom Schatten Hitlers lösen. Weder die Kopie Hitlers – die niemand, der in Deutschland bei Sinnen ist, wiederholen möchte – noch das Gegenbild Hitlers können Maßstab unseres Handelns sein. Wir müssen uns an Erfahrungen orientieren, die über Hitler hinausweisen und an Grundwerten, die Hitler zwar mißbrauchen, aber nicht außer Kraft setzen konnte ...« (a.a.O., S. 4098)

Diese letzte Formulierung legt freilich die Vermutung nahe, daß Dregger schlicht nationale Wertorientierungen im Sinne hatte. Die oben zitierten »Erfahrungen ... und Grundwerte, die Hitler zwar mißbrauchen, aber nicht außer Kraft setzen konnte«, können sich nur auf das Phänomen eines von Dregger als an sich legitim betrachteten, aber durch Hitler übersteigerten Nationalismus beziehen. Noch größer wird die Verwirrung, wenn man eine spätere Passage seiner Rede hinzuzieht. Darin geht Dregger von der zutreffenden Beobachtung aus, daß es einen gewalttätigen Terrorismus vornehmlich in den postfaschistischen bzw. ehemals autoritären Staaten Deutschland, Italien und Japan gegeben hat. Aber nicht nur den extremistisch übersteigerten nachträglichen Protest gegen den totalitären Abschnitt der deutschen, japanischen und italienischen Geschichte, sondern den Totalitarismus selbst versucht Dregger einer einheitlichen Ursache zuzuschreiben – nämlich einer normativen Desorientierung, sprich: einer »geistigen Heimatlosigkeit«:

»Woran liegt es, daß es Terrorismus der Art, wie wir ihn zur Zeit in Deutschland erleben, unter vergleichbaren Ländern nur noch in Italien und Japan gibt? Es sind die Länder, die nicht nur den Krieg, sondern schon vorher ihr inneres Gleichgewicht verloren und es noch nicht in vollem Ausmaß wiedergefunden haben. Von Verelendung der Massen kann in keinem dieser drei Länder die Rede sein ... Nährboden ist, und das ist jetzt der entscheidende Punkt, die geistige Heimatlosigkeit und die sich darauf gründende Fehlleitung der idealistischen Energien eines Teils der deutschen Jugend ...« (a.a.O., S. 4102)

Die eigentümliche Vorstellungswelt, die sich in dieser Passage offenbart, sei nur kurz angesprochen. Das eigentliche Problem der neueren deutschen Geschichte scheint für Dregger die Niederlage im Zweiten Weltkrieg, nicht aber die Verantwortung der Deutschen für dessen Ausbruch zu sein. Aus dieser historischen Wahrnehmung bleibt nicht nur die Massenvernichtung in den Lagern ausgeschlossen. Es kann auch der Eindruck entstehen, die von Dregger angesprochene »geistige Heimatlosigkeit« der Deutschen sei eine Ursache für ihre militärische Niederlage und nicht für die moralische Katastrophe der nationalsozialistischen Epoche überhaupt.

Es sind mithin drei vage benannte politisch-kulturelle Entwicklungen, die Dregger zu einer einheitlichen Ursache sowohl des aktuellen Terrorismus als auch des Nationalsozialismus zusammenfügt: erstens eine Art Wertvergessenheit, zweitens eine Auszehrung nationaler Traditionen und drittens eine durch die Aufklärung und ihre politischen Folgen selbst bewirkte »geistige Heimatlosigkeit«. Ihre Einheit haben diese drei Erklärungsmotive in einem generellen konservativen Unbehagen an der Moderne. Dieses Unbehagen entzündet sich nun gerade an den Momenten unserer Kultur, die zugleich für das Selbstverständnis moderner Demokratien konstitutiv sind, nämlich die Säkularisierung ihrer Legitimitätsgrundlagen, die Ablehnung eines ethnobiologischen Nationalismus und die Abhängigkeit der politischen Ordnung von der Zustimmungsbereitschaft ihrer Bürger.

Dieses offenkundige Unbehagen Dreggers, zwar nicht gegenüber den Institutionen, aber gegenüber den politisch-kulturellen Voraussetzungen der Demokratie, provoziert den Widerspruch des sozialdemokratischen Parteivorsitzenden Willy Brandt. Getreu dem Motto, unter dem dieser einst als Kanzler der sozialliberalen Koalition angetreten war, daß es gelte,»mehr Demokratie zu wagen«, vertritt er die Auffassung, daß die Fortsetzung einer demokratischen Reformpolitik die angemessene Strategie gegen den Terrorismus sei. Brandt hatte zuvor einige christdemokratische Abgeordnete mit der Bemerkung provoziert, daß der Terror der RAF»faschistisch« sei. Jene Abgeordneten sahen darin einen Selbstentlastungsversuch der Linken. Brandt beharrt auf seiner Deutung:

»Mich hat gewundert, daß sich Konservative oder christliche Demokraten getroffen fühlten, als ich Terroristen als ›faschistisch‹ einordnete ... Allein bin ich mit meiner Interpretation dann doch nicht geblieben. Der Pariser ›Figaro‹, ein konservatives Blatt, wie jeder weiß, hat von einem neuen Faschismus gesprochen, und die Londoner ›Financial Times‹, auch kein linkssozialistisches Organ, schrieb vor wenigen Tagen, die deutschen Terroristen würden oft fälschlich als Linksterroristen bezeichnet ... Wenn ich glaubte, mich rechtfertigen zu müssen, würde ich folgenden Auszug aus einem extremistischen Untergrundpamphlet andienen – ich zitiere: ›Wenn ich den Faschismus heute mit einem Wort definieren müßte, würde ich das Wort Reform wählen.‹ Derjenige, der mir dieses Pamphlet zugänglich machte, hat treffend hinzugefügt, dies klinge frappierend, erweise sich aber bei näherem Hinsehen als folgerichtig. Wer die Demokratie zerstören will, muß sie zunächst einmal zur gepanzerten Unbeweglichkeit verführen (Beifall bei der SPD und der FDP) ...« (a.a.O., S. 4111)

Und nachdem er in dieser Weise die Argumentation vorbereitet hat, daß im Unterschied zur konservativen Strategie einer verfassungspolizeilichen Abriegelung der Demokratie einzig demokratische Reformen dem Terrorismus den Boden entziehen könnten, kommt er direkt auf Dregger zu sprechen:

»Einige haben sich zu der Behauptung verstiegen, Neigung zur Gewalt habe ihre Wurzeln in der Demokratie selbst – leider klang auch in der Rede von Herrn Dregger wieder etwas davon an –, jedenfalls ein Verständnis von Demokratie, das Probleme und Konflikte in unserer Gesellschaft nicht verschweigt, sondern ans Tageslicht bringt. Mehr Demokratie wagen, so will man behaupten, leiste der Gefahr des Terrorismus Vorschub. Ich halte dies für grotesk. Ich sage mit Professor Christian Graf Krockow – ich zitiere: ›Wer das Bemühen um progressiven Wandel, wer das Reformgerede verketzert, wer gar die angebliche Reformeuphorie für alle Übel verantwortlich macht . . ., letztlich sogar für die Terroristen, der besorgt deren Geschäft, gleich, ob er es nun wahrhaben will oder nicht.‹« (a.a.O., S. 4111)

Brandt betrachtet seinen Konflikt mit Dregger trotz der zitierten Zuspitzung noch als einen, der im Rahmen der »Gemeinsamkeit der Demokraten« verbleibt. Er ist für ihn der Ausdruck eines »notwendigen demokratischen Streites« im Gegensatz zur »falschen Harmonie, die eher der Sehnsucht als der Wirklichkeit entstammt« (a.a.O., S. 4112). Dieser Hinweis ist kein bloßes Lippenbekenntnis gegenüber der von Vogel am Beginn der Debatte angemahnten Gemeinsamkeit. Er ergibt sich vielmehr aus Brandts Verständnis von Demokratie, die mehr mit einem auszutragenen Konflikt von Meinungen und Interessen zu tun hat als mit der – Dregger offenbar vorschwebenden – autoritären Verpflichtung der Bürger auf unverfügbare christliche und nationale Werte. Gleichwohl ist auch für Brandt der Raum des politischen Streits in der Demokratie und der Bestreitung ihrer normativen Grundlagen nicht grenzenlos. Am Ende seiner Rede umschreibt er die sozialdemokratische Lesart jenes demokratischen Minimums, das er den Bürgern der Bundesrepublik abverlangen möchte. Und bei der Umschreibung dieses Minimums kommt er wieder auf die historische Schlüsselerfahrung der westdeutschen Politikergeneration zu sprechen, nämlich auf den Niedergang der Weimarer Republik. Aber er verhehlt nicht, daß sich seine Deutung von »Weimar« und die sich aus dieser spezifischen Deutung ergebende Botschaft für die Gegenwart von der Dreggers grundsätzlich unterscheidet:

»... Ich will zusammenfassen, wofür wir Sozialdemokraten in dieser Lage stehen ... Wenn es darum geht, die demokratische Ordnung vor ihren Feinden zu stützen, wenn es darum geht, die Verhältnisse zu verändern, damit mehr Gerechtigkeit um sich greifen kann, wenn es darum geht, der geistigen Freiheit Raum zu erhalten, dann soll man uns als demokratische Freiheitspartei erneut in der vordersten Linie finden. Das ist auch die Erfahrung von Weimar. Die deutsche Demokratie wird uns nicht noch einmal ohnmächtig antreffen. Meine Partei hat für die Freiheit gegen den Obrigkeitsstaat gekämpft. Sie hat für die Freiheit unter den Nazis gelitten. Sie hat für die Freiheit gegen die Kommunisten gestritten. Viele unserer Freunde haben die Freiheit mit dem Leben verteidigt. Dies war uns gegenwärtig, als wir mit dabei waren, die Fundamente für ein neues Deutschland zu legen ...« (a.a.O., S. 4113)

Die abschließende Debatte über die Verjährbarkeit von Völkermord

Am Ende der 70er Jahre wird die Geschichte der NS-Zeit noch einmal in unmittelbarem Sinne zum Streitthema des Bundestages. Das geschieht in Gestalt der letzten großen Debatte über die justitielle Behandlung nationalsozialistischer Menschheitsverbrechen. Diese Debatten über die (Un-)Verjährbarkeit von Mord und Völkermord finden im Frühjahr und Sommer 1979 statt. In der Folge dieser Debatten wurde dann bekanntlich die Verjährungsfrist für die genannten Verbrechen endgültig aufgehoben. Wir hatten uns im vorhergehenden Kapitel schon mit den großen Debatten von 1965 und 1969 beschäftigt. Die Abgeordneten hatten sich damals noch für einen Kompromiß entschieden: Die Frist der Strafbarkeit von Mord und Völkermord war lediglich verlängert worden. Eine weitere bloße Verlängerung der Verjährungsfrist wäre jetzt – 30 Jahre nach Gründung der Bundesrepublik – nur schwer zu begründen gewesen. Jetzt konnte es nur noch um eine allgemeine Aufhebung der Verjährungsfrist gehen.

An der Debatte ist zunächst das Bemühen fast aller Redner auffällig, polemische Zuspitzungen zu vermeiden. Mit Ausnahme des Beitrags von Karl-Heinz Hansen (SPD) gibt es kaum eine Rede, die dem Gegner in der Sache die Ehrenhaftigkeit der Motive absprechen würde. Das erstaunliche Maß an wechselseitiger

Respektierung bei einem so konfliktträchtigen Thema hat sicher damit zu tun, daß die Front der Befürworter und Gegner des diskutierten Antrags diesmal nicht entlang der Parteigrenzen läuft. In der CDU gibt es Abgeordnete, die den Antrag – im Gegensatz zur Mehrheit ihrer Fraktion – öffentlich unterstützen, und ebenso gibt es Freidemokraten im Parlament, die ihn ablehnen.

Die Konfliktachse, um die herum die Argumente und Gegenargumente für und gegen eine Aufhebung der Verjährungsfrist angelegt sind, hat eine einfache Struktur. Die Befürworter sehen in der – durch einen positiven Beschluß ermöglichten – Fortsetzung der justitiellen Bearbeitung der NS-Verbrechen eine Chance, die Erbschaft des Nationalsozialismus auch weiterhin politisch und moralisch zum öffentlichen Thema zu machen. Kurzum, sie befürchten, daß ein Abschneiden der Verfolgungsmöglichkeit einen allgemeinen politischen Schlußstrich unter die Vergangenheit ziehen würde. Diejenigen Abgeordneten, die sich dem Vorschlag der Unverjährbarkeit widersetzen wollen, möchten das Problem auf seine rechtstechnische Dimension beschränkt sehen. Sie möchten individuelle Strafverfahren nicht befrachtet sehen mit Problemen allgemein politischer und moralischer Selbstverständigungsdebatten der Deutschen, auch wenn sie deren Notwendigkeit generell anerkennen. In normativer Hinsicht argumentieren sie mit dem Eigenwert rechtsstaatlicher Prinzipien, die sie durch eine Aufhebung der Frist gefährdet sähen.

Die Debatte wird von dem christdemokratischen Abgeordneten Gradl, einem entschiedenen Befürworter der Gesetzesinitiative, eröffnet. Es ist ganz offenkundig, daß sich seine beschwörenden Worte an die widerstrebenden Mitglieder seiner eigenen Fraktion richten. Dem pragmatischen Gegenargument, daß die Gesetzesinitiative ins Leere laufe, weil es 34 Jahre nach Ende des Krieges kaum noch zu einer nennenswerten Zahl von Anklageerhebungen komme, setzt er folgende Überlegung entgegen:

»Entscheidend ist heute nicht die niedrige Zahl der den Gerichten möglichen Verurteilungen im Verhältnis zu der Zahl der anstehenden oder noch einzuleitenden Verfahren. Entscheidend ist denen, die den Opfern nahestehen ... heute nicht so sehr die prozessuale Ergiebigkeit dieser Verfahren. Entscheidend ist vielmehr ... das Geschehene im einzelnen zu ermitteln, klarzulegen und auszusprechen, so lange das noch möglich ist. Entscheidend ist, lassen Sie mich es so sagen, daß Leid und Opfer der Toten, sofern immer möglich, nicht der Anonymität des Massensterbens überlassen bleiben und nicht in den Millionenzahlen untergehen dürfen ...« (1979/VIII/145/S. 11564)

Ähnlich beredt und pointiert setzt sich der CDU-Abgeordnete Gradl auch mit einem gängigen Einwand derer auseinander, denen die gesamte öffentliche Diskussion des in deutschem Namen begangenen Unrechts unangenehm ist. Viele Gegner der Gesetzesvorlage innerhalb und außerhalb des Parlaments waren geneigt, die Schuld der Deutschen zu relativieren, sei es durch den Verweis auf Verbrechen, die den Deutschen in der Folge des Krieges angetan wurden, sei es durch den Verweis auf andere politische Massenverbrechen überhaupt, die sich an anderen Schauplätzen auf der Welt zugetragen hatten. An die Adresse dieser Relativierer, denen offenbar die rechtliche Verjährung des NS-Unrechts als Chance zu einem politischen Schlußstrich willkommen gewesen wäre, sagt Gradl abschließend:

»Aus unserer Bevölkerung wird auch gefragt, warum nur von dem gesprochen wird, was wir Deutsche angerichtet haben, nicht aber von dem, was andere uns Deutschen angetan haben. Die Frage kann nicht damit erledigt sein, daß Deutschland den Krieg begonnen hat und daß deutsche Truppen zuerst einmarschiert sind, so wahr das ist. Man kann nicht Verbrechen gegen Verbrechen aufrechnen wie Aktiva und Passiva einer Bilanz. Jede Seite muß das, was sie gefehlt und verbrochen hat, für sich bewältigen. Wir Deutsche beweisen vor uns selbst und kommenden Generationen mit dem Nein zur Verjährung der NS-Verbrechen unseren Willen, die zwölf schlimmen Jahre unserer Geschichte bis in die äußersten Winkel hinein aufzuhellen ... Gerade, indem wir selber mit uns unnachsichtig ins Gericht gehen, legitimieren wir uns aber auch zu dem Verlangen, daß auch das Unrecht, das uns von anderen angetan worden ist, respektiert wird ...« (a.a.O., S. 11565)

Der SPD-Abgeordnete Emmerlich, der wie sein Vorredner die

Gesetzesinitiative unterstützt, möchte von vornherein das Konfliktpotential neutralisieren, das in den strittigen Positionen angelegt ist. Er beschwört den Konsens des Parlaments in der Verurteilung des Nationalsozialismus. Unter dem Beifall des ganzen Hauses versichert er, daß eine Ablehnung des Änderungsantrags nicht als Ausdruck einer unkritischen Einstellung gegenüber der NS-Vergangenheit gewertet werden würde: »Sosehr ich um Unterstützung unserer Gesetzesinitiative werbe, und sosehr ich für sie eine breite Mehrheit im Deutschen Bundestag erhoffe, sosehr liegt mir daran, schon heute zu erklären, daß jede vom Gewissen getragene Entscheidung zu respektieren ist. Um etwaigen Mißverständnissen deutlich entgegenzutreten, erkläre ich auch und wiederholend: Bei unserer Entscheidung geht es nicht um ein Ja oder Nein zum Nationalsozialismus, geht es nicht darum, ob seine Verbrechen zu verurteilen sind oder nicht. In der unzweideutigen Ablehnung des Nationalsozialismus und im Abscheu vor seinen Verbrechen stimmte der Bundestag stets überein. Darin ist er sich auch heute einig (Beifall bei allen Fraktionen).« (a.a.O., S. 11569)

Zwar hat es im Bundestag mit der Ausnahme der DRP in der Frühzeit der BRD niemals offen auftretende Apologeten der NS-Verbrechen gegeben. Aber natürlich gab es im Verlauf seiner bis dahin dreißigjährigen Existenz bei dessen Mitgliedern deutliche Unterschiede in der Art und Intensität der Verurteilung des Nationalsozialismus. Auch die laufende Debatte liefert dafür Belege. Solche metapolitischen Konsensformeln, wie sie der Abgeordnete Emmerlich artikuliert, sind immer rhetorische Konstruktionen zur Abwehr eines befürchteten fundamentalen Dissens. Die tatsächliche konsensstiftende Kraft einer solchen Konstruktion bemißt sich an dem Grad, in dem sie das Resultat einer kollektiven Erfahrung gemeinsamer Konfliktlösungen ist.[4] In den Passagen, die den zuvor zitierten vorausgingen, hatte der Abgeordnete Emmerlich viel rhetorische Energie darauf verwandt, die Spezifik dieses in einschlägigen Konflikten geronnenen Konsensus zu beschreiben. Die Elemente dieser Konstruktion sind folgende: die Einsicht der besonderen Verantwortung der Deutschen für die in ihrem Namen und von ihnen begangenen Verbrechen, die Übernahme der rechtlichen Verpflichtungen, die sich aus der historischen Erbschaft des Nationalsozialismus ergaben, und schließlich die Abkehr vom Nationalsozialismus als politische und moralische Voraussetzung einer substantiellen Demokratisierung der Bundesrepublik.

Interessant ist besonders der Zusammenhang, den Emmerlich zwischen den Chancen der Demokratie im nachfaschistischen Deutschland und der Übernahme der besonderen Verantwortung der Deutschen konstruiert:

»Das Bekenntnis zu dieser unserer besonderen Abwehr, das keineswegs eine Bejahung der These von der Kollektivschuld war, sondern wesentliche Voraussetzung dafür, daß sie abgewehrt und widerlegt werden konnte, und die Übernahme der sich aus dieser besonderen Verantwortung ergebenden Verpflichtungen, das war es, was nach dem Ende des Nationalsozialismus Politik für Deutschland durch Deutsche wieder ermöglicht hat. Das Ja zu unserer Verantwortung war und ist die moralische und politische Voraussetzung für deutsche Politik ...« (a.a.O., S. 11566) »... das heißt, wir müssen eine Politik fortsetzen, deren Fundamente die Wiedergutmachung, die Begründung einer freiheitlich demokratischen Ordnung und der Respekt vor den unveräußerlichen Menschenrechten und vor der Unverbrüchlichkeit des Rechts gewesen sind und bleiben müssen ...« (a.a.O., S. 11567)

Der Abgeordnete und frühere Kanzler der CDU, Ludwig Erhard, ist der erste Redner in der Debatte, der seine Ablehnung der beantragten Aufhebung der Verjährung für Mord und Völkermord zu begründen versucht. Seine Argumentation beruht auf einer Mischung aus pragmatischen und prinzipiellen Bedenken. Nachdem er zunächst daran erinnert hat, daß ein großer Teil der NS-Verbrecher bereits durch alliierte Gerichte abgeurteilt sei, weist er darauf hin, daß die Gerichtsverfahren, die durch die Aufhebung der Verjährungsklausel noch ermöglicht würden, ohnehin wegen der inzwischen verstrichenen drei Jahrzehnte in Beweisnot kämen. Die dann nicht auszuschließenden, vielleicht sogar wahrscheinlichen Freisprüche würden dem Gerechtigkeitsempfinden und dem Rechtsfrieden mehr schaden als das Auslaufen von Verfahren gegen NS-Straftäter überhaupt. Außerdem bezweifelt er, daß die Justiz viel dazu beitragen könnte, die allgemeine moralische und politische Dimension jener Menschheitsverbrechen zu erhellen. Ihre Aufgabe sei die zweifelsfreie Feststellung individueller Schuld. Diese Aufgabe dürfe nicht verquickt werden mit Problemen der allgemeinen Aufarbeitung der Vergangenheit. Dafür seien die Politiker selbst, die Medien und Bildungseinrichtungen da. Nach diesem klaren Votum schließt er freilich mit einem eigentümlich emphatischen Bekenntnis zu »Klarheit, Durchsichtigkeit, Offenheit und Bekenntnis gegebenfalls der eigenen Irrtümer...« und »für einen toleranten, rechtlich klar geordneten, vom Gesetzgebungszickzack freien menschlichen Staat« (a.a.O., S. 11575), das laut Protokoll »mit anhaltendem Beifall bei der CDU/CSU« bedacht wird. Dieses Plädoyer für »Klarheit, Durchsichtigkeit, Offenheit...« ist verwirrend. Es wird nämlich damit nicht zugestanden, daß es zwischen dem legitimen Verlangen auf rechtsstaatliche Verfahrenskorrektheit und dem ebenso legitimen Wunsch der Opfer und ihrer Nachfahren auf Restitution und individualisierte Nachprüfung ein vielleicht unauflösliches, tragisches Dilemma gibt, das durch kein Bekenntnis zu notwendiger Klarheit aufgelöst werden kann. In diesem Sinne spricht z. B. der CDU-Abgeordnete Mertes in einer späteren Debatte über die Verjährungsproblematik von »einem Konflikt zwischen gleichrangigen moralischen Werten und Zielen, nämlich zwischen der vergeltenden Gerechtigkeit und dem notwendigen Rechtsfrieden« (1979/VIII/145/S. 13234).

Irritierend auch Erhards Verwendung der Kategorie »tolerant«. Denn die Begünstigten dieser eingeforderten »Toleranz« könnten doch nur die NS-Straftäter selber sein. Warum sollten gerade sie in den Genuß der Toleranz des Rechtsstaates kommen? »Toleranz« oder gar Vergebung kann im übrigen nicht von einem politischen Repräsentanten des Tätervolkes, sondern nur von den Opfern selbst gefordert werden. Der Abgeordnete Blumenfeld, ein Parteifreund von Ludwig Erhard und entschiedener Fürsprecher des Gesetzesantrags, scheint sich in seinem Redebeitrag, in dem er über das Verhältnis von »Recht« und »Gnade« reflektiert, auf Erhards eigentümliche Verwendung der Kategorie »Toleranz« zu beziehen, ohne daß er dessen Namen nennt. Der Einwurf Blumenfelds hat besonderes Gewicht, weil er als einer der ganz wenigen Abgeordneten des Bundestages befugt ist, im Namen der Opfer zu sprechen. Blumenfeld war Häftling in Auschwitz, in Buchenwald und in verschiedenen Gestapo-Gefängnissen. Er sagt:

»Erlauben Sie mir in diesem Zusammenhang bitte einige wenige Anmerkungen zu dem Spannungsverhältnis von Recht und Gnade. Ich erlaube mir dies als jemand zu sagen, der zu der Kategorie der Menschen gehört, die so etwas unwidersprochen aussprechen dürfen, weil sie zu den Opfern gehören. Diejenigen unter uns, die Opfer zu beklagen haben, wissen, was ich damit sagen will. Ebensowenig wie schlechthin Gnade vor Recht gehen kann, weil damit unser gesamtes Rechtssystem entscheidend beeinträchtigt würde, kann und darf gelten, daß Lebensläufe im Verhältnis des Bürgers zu seinem Staat ausschließlich nach streng rechtlichen Maßstäben zu richten haben. Dies wäre zu schroff, zu kalt, zu schematisch. Gerade um unsere Rechtsordnung voll zur Wirkung kommen zu lassen und dafür zu sorgen und von staatlicher Seite mit dazu beizutragen, daß die Bürger die Rechtsordnung als ihre eigene anerkennen, müssen sich die Kanten und Ecken des Rechts durch Gnade, allerdings zur rechten Zeit und am rechten Ort abschleifen lassen. Recht ohne Gnade wäre kein menschenwürdiges Recht, auf das letztlich alle Rechtsordnung in den meisten europäischen Ländern aufgebaut ist. Aber die Mörder, die unter uns sind, dürfen niemals, solange sie noch unter uns sind, in diesem Sinne hoffen. Sie müssen der Gemeinschaft gegenüber für schwerstes kriminelles Unrecht verantwortlich bleiben. Darum geht es.« (a.a.O., S. 11632)

Der Abgeordnete Graf Stauffenberg von der CDU schlägt in seinem Plädoyer gegen den Gesetzesantrag zur Aufhebung der Verjährungsfrist einen schärferen Ton an. Er sammelt zunächst noch einmal die schon erwähnten Gegenargumente: die erwartbare Ergebnislosigkeit weiterer Verfahren, die Bedenken gegenüber der Außerkraftsetzung eines rechtsstaatlichen Instituts, die mangelnde Eignung justitieller Verfahren zu einem öffentlichen Diskurs über die spezifische Verantwortung der Deutschen. Schärfe kommt in seine Argumentation, als er sich in der im Bundestag strittigen Sache Einmischung von außen verbittet:

»... Wir haben aber, und das kann man auch nicht einfach übergehen, leider auch andere Stimmen gehört, die mit gutem Rat gar nichts zu tun haben. Ich meine die unerträglich heuchlerischen Belehrungen von Vertretern totalitärer Regime, die sich als Hüter des ›Antifaschismus‹ aufspielen und nichts weiter sind als Funktionäre ähnlich administrierter Unmenschlichkeit. In ihrem System dokumentieren sie – das ist in der Tat bitter –, wie wenig sich die Lehre aus den dunklen Zeiten unserer Geschichte in der Welt von heute insgesamt hat durchsetzen können. Aber diese Stimmen erinnern uns an etwas, wenn und weil die Erinnerung an Auschwitz, Buchenwald, Treblinka unser Herz erfüllt, vollmacht, gerade deshalb müssen wir doch in diesem Herzen für die ungesühnten Opfer der Ljubljanka, des Archipel Gulag und des Mordstreifens an der Zonengrenze Platz finden ... (Beifall bei der CDU/CSU) ...« (a.a.O., S. 11584)

Hier schnappt wieder jener, uns jetzt schon seit dreißig Jahren vertraute bedingte Reflex ein, daß immer, wenn ein konservativer Abgeordneter überhaupt einmal auf »Auschwitz, Buchenwald, Treblinka« zu sprechen kommt, kraft einer erklärungsbedürftigen Automatik auch von den Verbrechen gesprochen wird, die im Namen des Kommunismus an Deutschen verübt wurden und werden. In diesen bedingten Reflex geht vieles ein: zunächst, ob gewollt oder ungewollt, eine Relativierung der deutschen Menschheitsverbrechen. Dadurch, daß sie in eine Kette anderer, im Namen anderer Völker und Ideologien verübter Verbrechen eingereiht werden, werden sie entkoppelt von dem spezifischen moralischen Verantwortungsdruck, den sie – kraft ihrer historischen Einmaligkeit – aus der Sicht eines öffentlich sprechenden Deutschen eigentlich haben müßten. Zweitens eine Art Aufrechnung. Aufrechnend ist hier z. B. die Erwähnung der an der Berliner Mauer Umgebrachten, die ja Deutsche sind. Graf Stauffenberg hätte noch die Leiden der deutschen Vertriebenen erwähnen müssen. Die unmittelbare rhetorische Verquickung des den Juden angetanen Unrechts mit den Toten an der Mauer macht doch nur dann Sinn, wenn diese irgendwie als Sühne für jene betrachtet würden. Und drittens eine Art moralischer Verschiebung. So wirft er »der Welt von heute« vor, daß »sie sich die Lehre aus den dunklen Zeiten unserer Geschichte« nicht zu Herzen genommen hat. Diese Aussage ist bemerkenswert. Wie kann ein Deutscher »von der Welt« verlangen, daß »sie« die Lehre aus der deutschen Geschichte zieht? Zugleich wird damit suggeriert, daß die Bundesdeutschen diese Lehre so exemplarisch gezogen haben, daß sich ein Graf Stauffenberg schon »über die Welt« wundern muß, die nicht einfach dem (west-)deutschen Beispiel folgt.

Nun könnte man sagen, daß der Kontext, in den diese Floskel eingebettet ist, eindeutig auf die kommunistische »Welt« verweist. Wenn wir freilich die Rede Stauffenbergs weiterverfolgen, wird deutlich, daß er der sogenannten »Welt« überhaupt eine Lektion in der deutschen Bewältigung der deutschen Geschichte erteilen zu müssen glaubt:

»... Meine Damen und Herren, ich bitte, mich jetzt recht zu verstehen und mir hier nicht eine falsche Motivation zu unterschieben, weil das wirklich etwas ist, wovor ich Sorge habe: für das Ansehen unseres Rechtsstaates, für das Vertrauen, das er beanspruchen muß, wäre es verhängnisvoll, wenn der Eindruck entstünde, der Rechtsstaat regele seine Strafverfahren nicht nach den Erfordernissen sinnvoller und gerechter Strafverfolgung. Um der Integrität unseres Rechts willen darf und kann uns niemand dazu bewegen, daß wir unser Strafrecht geschichtlicher Befangenheit oder gar außenpolitischen Erwägungen zur Disposition stellen. Wir würden damit nicht nur unserem Land, sondern auch den Verbrechensopfern und den Hinterbliebenen einen schlechten Dienst erweisen. Meine Damen und Herren, wir können nicht einfach darüber hinwegsehen: es besteht weithin der Eindruck, als ob die Welt ausgerechnet an der Verjährungsfrage beurteilen wolle, ob sich unser Volk tatsächlich, aufrichtig, dauerhaft, bedingungslos vom Nationalsozialismus abgewandt habe. Ich muß sagen, ausgerechnet an der Verjährungsfrage, die für diese Fragestellung nichts hergibt. Dieser Eindruck ist beklemmend. Hier begegnen wir dem weltweiten Engagement, die drückende Last nationalsozialistischer Vergangenheit aufzuarbeiten, für uns alle und auch für unsere Zukunft und für die, die nach uns kommen. Das ist notwendig. Aber dieses weltweite Engagement geschieht eben manchmal auch mit untauglichen Mitteln, mit tauglichen und mit untauglichen Mitteln. Dazu steht in krassem Gegensatz die verbreitete Langmut, die Schicksalsergebenheit wie auch die Gleichgültigkeit, mit denen die heutige Menschheit heutigen Massenverbrechen gegenübertritt. Es ist eine verhängnisvolle Illusion zu glauben, das weltpolitisch Böse sei ein für allemal im Nationalsozialismus und Faschismus dingfest gemacht worden.« (a.a.O., S. 11585)

Nur selten gewinnt die geschilderte Abfolge kontroverser Reden wirklichen Debattencharakter. Die Redner beschränken sich mit wenigen Ausnahmen – unter Zusicherung wechselseitigen Respekts – auf die Verlautbarung ihrer bekannten Positionen – auf die Wiederholung von Argumenten und Topoi, die uns zumeist schon seit 1965 und 1969 bekannt sind. Eine Ausnahme ist der sozialdemokratische Abgeordnete Hans-Jochen Vogel. Er setzt sich mit dem stärksten Argument der Gegner der Gesetzesvorlage auseinander – dem Bedenken, ein rechtsstaatlich geordnetes Verfahren könnte mit der »rechtsfremden« Aufgabe der »Vergangenheitsbewältigung« überfrachtet werden. Er kritisiert die nach seiner Ansicht überzogenen rechtspositivistischen Prämissen dieser Position. Ohne einer politischen oder ökonomischen Relativierung der rechtlichen Sphäre das Wort zu reden, will er diese doch nicht als eine außergeschichtliche Tatsache behandelt sehen. Die Außergewöhnlichkeit der Verbrechen, die im Namen Deutschlands verübt wurden, stelle auch das Recht vor außergewöhnliche Aufgaben. Es sei doch eine rechtspolitische Illusion, diese quantitativ wie qualitativ völlig neuartigen Verbrechen mit gewöhnlichen rechtlichen Mitteln und innerhalb geordneter gerichtlicher Fristen bewältigen zu können. Er widerspricht auch dem von Erhard geäußerten Argument, daß das Rechts- und Gerechtigkeitsempfinden besonders der Jugend gekränkt würde, wenn – bei Aufhebung der Verjährungsfrist – Täter wegen der Schwierigkeit der Beweislage freigesprochen würden. Vogel gibt zu bedenken, daß deren Gerechtigkeitsempfinden noch viel mehr gekränkt würde, wenn am 1.1.1980 alle NS-Morde pauschal nicht mehr strafrechtlich verfolgt würden. Die auf individuelle Schuld bezogene justitielle Aufarbeitung des NS-Unrechts und die öffentliche Reflexion der historischen Verantwortung der Deutschen für ihre Geschichte könne man nicht einfach voneinander isolieren und gar noch gegeneinander ausspielen:

»... Schließlich ist gesagt worden ... die Aufhebung der Verjährung bedeute, daß man die Bewältigung unserer Vergangenheit an die Justiz verweise und ihr etwas aufbürde, was sie nicht leisten könne. Verehrte Anwesende ... ist es denn richtig, hier von einem Entweder-Oder zu sprechen? Selbstverständlich haben wir noch sehr viel nachzuholen, um den Jungen unsere Vergangenheit darzustellen, aber mehr noch, um ihnen zu erklären, wieso es dahin gekommen ist. Denn die Darstellung der Verbrechen ... ist erst eine Seite. Die eigentliche Aufgabe ist, ihnen zu erklären, warum das mitten in diesem Jahrhundert in unserem Land möglich war. Nur wird denn diese Aufgabe erschwert oder ihre Erfüllung verhindert, wenn wir sagen, Mord soll nicht verjähren? Ich habe eine ganz andere Meinung. Ich glaube, es wird schwieriger, den jungen Menschen, der jungen Generation das Furchtbare dessen, was damals geschah, nahezubringen und zu erklären, wenn wir gleichzeitig sagen: Am 1. Januar 1980 tritt aber die Verjährung ein ...« (a.a.O., S. 11616)

Der Abgeordnete Hansen von der SPD ist der einzige Teilnehmer der Debatte, der demonstrativ das stillschweigende Abkommen mißachtet, die strittige Thematik der Verjährung nicht polarisierend zu diskutieren. Auf die rechtspolitische Dimension des Gesetzesantrags geht er gar nicht erst ein. Die Schärfe und der Akzent seiner Intervention erinnern fast an Reden, die kommunistische Abgeordnete in der ersten Wahlperiode im Bundestag gehalten haben. Er hält die einmütige Distanzierung aller, auch der konservativen Abgeordneten des Parlaments, vom Nationalsozialismus für oberflächlich. Es habe in den 30 Jahren der Existenz der Bundesrepublik keinen wirklichen institutionellen und moralischen Neubeginn gegeben. Zugleich würde die öffentliche Skandalisierung dieser Tatsache unterbunden, in dem jeder, der sie als solche benennt, umstandslos als Kommunist verdächtigt wird: »Wer bei uns allerdings daran erinnert, daß es in weiten Bereichen des öffentlichen Lebens nach 1945 keine einschneidenden Veränderungen und fast gar keinen moralischen Neubeginn gegeben hat, für den wurde ein reibungslos funktionierendes Ritual des Rufmordes eingeführt: erst Kommunist, Kommunistenfreund, Linksradikaler, inzwischen Sympathisant. Eine ehrliche, umfassende und kritische Auseinandersetzung mit dem Nationalsozialismus hat niemals stattgefunden, weil sie nicht stattfinden durfte. (Zurufe bei der CDU/CSU.) Die ehemaligen Nazis wurden nach dem Krieg für den Wiederaufbau gebraucht. Sollte sich noch einer schuldig gefühlt haben, so wurde ihm beim Nachweis seines aufrechten Antikommunismus der Ablaß erteilt...« (a.a.O., S. 11636)

Auch wer die polemische Zuspitzung dieser These ablehnt, müßte bei nüchterner Prüfung der Dokumente Hansens Befund zustimmen. Im gesamten bisher durchforschten Berichtszeitraum von drei Jahrzehnten, von den ersten Debatten des Bundestages bis zur Verjährungsdiskussion, war es der militante Antikommunismus, der eine wirksame moralische Bestandsaufnahme jener Erbschaft verhinderte, die der Nationalsozialismus der postfaschistischen Politikerelite hinterlassen hatte. Die vielfältigen Dimensionen dieser Verhinderung haben wir schon mehrfach beschrieben. An dieser Stelle soll nur die Frage gestellt werden, warum die ja berechtigte Kritik des kommunistischen Totalitarismus die moralische Bewältigung des Dritten Reichs so sehr unter sich begrub. Gefragt werden soll, warum die elementare moralische Leistung so schwierig war, die der CDU-Abgeordnete Gradl in der vorliegenden Debatte gerade seinen konservativen Mitstreitern abverlangte. Gradl hatte gesagt, daß einzig eine schonungslose Selbstprüfung einem das Recht verleihe, die Verfehlungen anderer zu kritisieren. Daß die fällige Selbstkritik der Westdeutschen fast vollständig in den Windschatten der Kritik am Kommunismus geriet – ähnlich wie der »Antifaschismus« der SED-Eliten die Selbstprüfung der Ostdeutschen rigoros unterband –, ist das moralische Drama der Nachkriegszeit. Hansen glaubt den Schlüssel zu besitzen zur Klärung der Frage, warum der bürgerliche Antifaschismus der Westdeutschen so schwach war, daß er zu seiner Abstützung des antikommunistischen Feindbildes bedurfte. Mit diesem Erklärungsversuch rührt der Abgeordnete an ein Tabu, das früher nur die kommunistischen Abgeordneten und einige wenige linkssozialdemokratische Abgeordnete zu brechen wagten. Seit dem Verbot der KPD bis zum Einzug der GRÜNEN war es im Bundestag ein unmittelbar mit dem Kommunismusvorwurf bewehrtes Tabu, auf die Kontinuität der Eliten von der NS-Zeit bis zur Gegenwart hinzuweisen. Hansen:

»Wer sich bei uns nicht damit abfinden kann, daß in den Generalsrängen der Bundeswehr, in den Chefetagen großer Konzerne, in Landes-, Oberlandes-, Bundesgerichtssenaten, in Parteien, Kabinetten der Länder und des Bundes, in der Villa Hammerschmidt und im Palais Schaumburg Leute saßen, sitzen und sitzen werden, die nationalsozialistischen Organisationen angehörten, der ist Kommunist, Sympathisant oder Einflußagent Moskaus…« (a.a.O., S. 11636)

In dieser Perspektive gewinnt die Frage der Verjährung einen Stellenwert, der ihr bei einer immanenten rechtspolitischen Prüfung gar nicht zukommen könnte. Die Aufhebung der Verjährungsfrist ist für Hansen nur ein freilich symptomatischer Beginn einer Politik, die mit den von ihm behaupteten Kontinuitäten zwischen der NS-Zeit und der Bundesrepublik bricht. Die öffentliche Ehrung auch des kommunistischen Widerstandes, die Verleihung des Bundesverdienstkreuzes auch an Mitglieder des Widerstandes, eine großzügige und unbürokratische Entschädigung für NS-Opfer – all dies wären für Hansen exemplarische Punkte einer neuen politischen Linie, in die sich auch die Aufhebung der Verjährung für Mord bruchlos einfügen würde. Seine Rede endet mit dem Plädoyer:

»Die Aufhebung der Strafverfolgungsverjährung von NS-Verbrechen ist nicht nur eine juristische, sondern auch eine historisch-politische Notwendigkeit. (Beifall bei Abgeordneten der SPD und der FDP.) ...« (a.a.O., S. 11637)

In einer vier Monate später stattfindenden abschließenden Debatte über den Gesetzesantrag versucht der CDU-Abgeordnete Mertes noch einmal aus seiner Sicht den strittigen Kern der Debatte zu umreißen. Hansens historisch-politische Stilisierung des Streits über die Verjährung kann Mertes natürlich nicht akzeptieren. Nach seiner Ansicht ist die Debatte bestimmt von der fundamentalen Konkurrenz zweier Rechtsauffassungen – der Konkurrenz nämlich des Sühneprinzips mit dem Resozialisierungsprinzip. In einer süffisanten Anmerkung spricht er

»... von den großen Unaufrichtigkeiten unserer Zeit, den Strafzweck der sühnenden Gerechtigkeit in allen Lebensbereichen zugunsten der Resozialisierung zurückzudrängen, im Falle der NS-Verbrechen aber sogar nach 35- bis 47jähriger Resozialisierung die Sühne zum obersten Strafzweck zu machen ...« (1979/VIII/ 166/S. 13235)

Die Feststellung dieser Inkonsequenz könnte freilich leicht auf die Gegner der Aufhebung der Verjährungsfrist zurückfallen. Denn in ihrer Mehrzahl sind sie zugleich Träger einer konservativen Rechtsauffassung. In anderen Kontexten, etwa in den Debatten über die Reform des Strafrechts, sind sie entschiedene Anhänger des Sühneprinzips. Daß sie im vorliegenden Zusammenhang plötzlich zu glühenden Vertretern des Resozialisierungsgedankens mutieren, ist mindestens so erklärungsbedürftig wie der Umstand, daß Linke und Liberale in bezug auf das NS-Unrecht dem Sühnegedanken zuneigen. Ein zweiter – nach Mertes' Ansicht – systematisch strittiger Aspekt in der Sache ist bezeichnet durch den »Konflikt ... zwischen der vergeltenden Gerechtigkeit und dem notwendigen Rechtsfrieden« (a.a.O., S. 13234). Um der »inneren Konsistenz unseres Rechtsdenkens« (a.a.O.) willen sei es deshalb geboten, die NS-Morde unter rein rechtsstaatlichen Gesichtspunkten zu prüfen. Die Implikation dieser Perspektive ist natürlich die Aufhebung der Verjährungsfrist. Nur selten ist von den Befürwortern der Aufhebung der Verjährung dieses Kernargument wirklich frontal kritisiert worden. Selbst Hansen hatte diese Problematik ja nur umschifft, indem er sich ausschließlich den politischen Implikationen der strittigen Entscheidung widmete. Fast scheint es, als seien sie beeindruckt von der Auffassung, die wiederum Mertes kurz vor Schluß noch einmal auf den Punkt brachte – die Auffassung nämlich, daß die Einhaltung von Rechtsstaatlichkeit ein moralischer Selbstwert sei. Ob man freilich angesichts der in Frage stehenden Verbrechen das Verhältnis von Recht und Moral derartig konventionell bestimmen kann, ist eben die entscheidende Frage. Hans-Jochen Vogel hatte in einer früheren Phase der Debatte schon darauf hingewiesen, daß dem monströsen Ausmaß der Verbrechen ein herkömmliches Rechtsverständnis nicht mehr angemessen sei. Die quantitative Dimension dieses industriell betriebenen Menschenvernichtungsprogramms in den Lagern ist ja nicht das einzig historisch Neuartige. Historisch neuartig – gemessen an einem rechtsstaatlichen Prinzip individueller Schuld, beurteilt auf der Grundlage staatlicher Gesetze – ist vor allem auch der Umstand, daß der Massenmord im Namen der staatlichen Autorität unter Aufbietung aller verfügbaren infrastrukturellen Ressourcen dieses Staates vollzogen wurde. Die überkommene rechtspositivistische Auffassung bindet die Legitimität von Rechtssetzungen an die Autorität des Nationalstaates. In dieser Auffassung ist nicht vorgesehen, was in den totalitären Systemen des 20. Jahrhunderts zur Realität werden sollte, daß nämlich der Staat selbst zur Quelle eines monströsen, historisch nie zuvor erlebten Unrechts werden könnte. Daß auch das staatliche gesatzte Recht nicht schon von sich aus die Gerechtigkeitsvermutung mit sich trägt, daß es einer überstaatlichen moralischen Fundierung bedarf, nicht nur im schwankenden Sinne eines Gerechtigkeitsempfindens, sondern auch im Sinne einer menschenrechtlichen politischen Garantie, das ist die posttotalitäre Erfahrung, die in der Folge der Nürnberger Prozesse zuerst formuliert wurde, aber die sich – wie die vorliegende Debatte zeigt – hierzulande noch kaum durchgesetzt hatte.

Zwischenbilanz

Daß es in den 70er Jahren noch einmal zu einer so dramatischen Renaissance antikommunistisch gerichteter, antitotalitärer Argumentationsmuster kam, ist erstaunlich.[5] In den 50er Jahren war dieser ideologische Antitotalitarismus von Bedürfnissen der Legitimitätskonkurrenz im Binnenverhältnis der beiden deutschen Staaten motiviert, das heißt von der Angst, auf dem Felde der Ideologie der explizit antifaschistisch ausgerichteten DDR zu unterliegen. In den 70er Jahren hatten sich die Verhältnisse radikal verändert. Die DDR war im Urteil nicht nur der Politikwissenschaft, sondern auch vieler konservativer Politiker von einer »totalitären« zu einer »autoritären« Gesellschaft mutiert. In der Entspannungspolitik der sozialliberalen Koalition wurde diesem Tatbestand auch Rechnung getragen. Zugleich war die Bundesrepublik fest in das westliche Bündnissystem integriert und hatte nicht nur die wirtschaftliche, sondern auch die ideologische Konkurrenz mit der DDR längst gewonnen. Deshalb war es primär die durch die Studentenbewegung und durch die RAF-Anschläge aufgeheizte innenpolitische Situation, die diese alte ideologische Figur noch einmal aufflammen ließ.

Die antifaschistische Legitimation der DDR und die antitotalitäre der BRD waren jeweils nicht nur nach außen gerichtete Formen politischer Rechtfertigung. Sie waren zugleich eng verknüpft mit spezifischen innerstaatlichen Feindbildbestimmungen. In der DDR ist die innerstaatliche Abgrenzung vom nicht-kommunistischen Lager in solcher Schärfe praktiziert worden, daß eine Demokratie nicht einmal in Ansätzen entstehen konnte. Aber auch die Bundesrepublik, die sich zwar ohne Zweifel zu einer Demokratie westlichen Typus hat entwickeln können, war in den ersten Jahrzehnten ihrer Existenz mehr mit der Abwehr erfundener Feinde als mit der Öffnung gegenüber möglichen Freunden beschäftigt. Die westdeutsche Demokratie war eben nicht – wie das Modell Nordamerikas, an dem es sich orientierte – die Frucht einer demokratischen Gemeinschaftsgründung ihrer Bürger. Auf den Weg kam sie mit den Krücken eines primär antikommunistisch geeichten Antitotalitarismus. Daraus sind ihr spezifische Haltungsschäden erwachsen. Der penetrante Antikommunismus der Nachkriegszeit hat das demokratische Bewußtsein vieler Linker zugleich mit geschädigt. Die großen politischen Auseinandersetzungen in der alten Bundesrepublik waren in ihrer Tendenz oft wechselseitige symbolische Ausbürgerungsversuche. Ihren Höhepunkt, aber zugleich ihr Ende erreichte diese Dynamik im Deutschen Herbst. Konservative Zweifel an der Verfassungstreue linker Kritiker beantworteten diese mit dem Faschismusverdacht. Das konservative Konzept einer »wehrhaften Demokratie«, dem auf linker Seite die defensive Vorstellung von Demokratie als einer bedrohten Festung entsprach, die ständig von den Geistern der Vergangenheit belagert wird, steht in krassem Widerspruch zu einem modernen Demokratieverständnis. Dieses Verständnis hatte Carlo Schmid in seiner zitierten Rede schon 1960 auf den Begriff gebracht – daß man nämlich Demokrat nur dann ist, wenn man gerade den Bürgern, deren Interessen und Meinungen nicht den eigenen entsprechen, den politischen Raum mitschafft, in dem sie sich nach ihren Vorstellungen entfalten können.

Zwar gibt es auch einen respektablen politikwissenschaftlichen Diskurs über das Konzept der totalitären Herrschaft. Davon soll hier aber nicht die Rede sein. Uns interessiert die ideologische Instrumentalisierung dieses Begriffs für die Definition außen- wie innenpolitischer Freund/Feind-Konstellationen. Das im Folgenden umrissene ideologische Konzept totalitärer Herrschaft entstand im politischen Kraftfeld einer konservativen Intelligenz der frühen 5oer Jahre, das von widersprüchlichen Imperativen geprägt war: der geopolitischen Neuorientierung im westlichen Bündnissystem, der Abgrenzung von der eigenen nationalsozialistischen Vergangenheit bei gleichzeitiger Verleugnung ihrer unbewältigten Erbschaft und zugleich der Konzentration auf den neuen und alten Hauptfeind des Kommunismus. Erst auf den zweiten Blick merkt man, daß diese waghalsige Konstruktion zwar wenig mit den historischen Fakten, aber sehr viel mit den biographischen Kontinuitätsbedürfnissen ihrer Schöpfer zu tun hat. Zunächst war es natürlich die vom antikommunistisch ver-

einseitigten Antitotalitarismus vollzogene Gleichsetzung von
»Rot« und »Braun«, die das linke antifaschistische Selbstverständnis der Studenten von 1968 kränkte. Aus ideologiekritischer
Sicht symptomatisch war jene kleine semantische Operation, die
die Kritik am gegenwärtigen Totalitarismus in der DDR dazu
nutzte, den vergangenen Totalitarismus im eigenen Lande vergessen zu machen, den die Westdeutschen ja im übrigen nicht aus
eigener Kraft überwunden hatten. Bezeichnend für diese eigentümliche semantische Operation, die Problemverschiebung, Geschichtsrevision und Schuldverleugnung in einem war, sind die
1962 von der Kultusministerkonferenz erlassenen »Richtlinien
für die Behandlung des Totalitarismus im Unterricht«. Um die
dort durchgängig vollzogene Gleichsetzung von Hitler mit Ulbricht durchzuhalten, mußte das, was in Auschwitz geschehen
war, konsequent beschwiegen werden.

Ein besonders instruktives Beispiel für eine solcherart antitotalitär gefilterte und damit die deutsche Schuld abschattende Stilisierung der Geschichte finden wir in einer Redepassage des CDU-
Abgeordneten Barzel aus dem Jahre 1969. Darin reagiert er auf
eine Regierungserklärung von Kanzler Willy Brandt, die dieser
nach seinem Besuch in Erfurt abgegeben hatte. Seine scharfe Absage an dessen Ostpolitik möchte er mit einer historischen Konstruktion zuspitzen. Er greift dafür geschickt den Besuch Brandts
im Konzentrationslager Buchenwald auf, das nicht weit von Erfurt, in der Nähe von Weimar liegt. Das Konzentrationslager Buchenwald wurde bekanntlich von der sowjetischen Armee nach
1945 weiter als Lager benutzt. Weil auf seinem Gelände Opfer
beider totalitärer Systeme zu beklagen sind, eignet sich Buchenwald zur Stützung einer westdeutschen Ideologie, die die eigene
Verantwortung der Deutschen für die in ihrem Namen verübten
Menschheitsverbrechen immer nur im Zusammenhang mit den
Verbrechen des Stalinismus anspricht. Und nicht nur das: Weil
der eigenen historischen Verantwortung durch die Errichtung
einer nachfaschistischen Demokratie ja schon Rechnung getragen
wurde, braucht von ihr eigentlich nicht mehr die Rede zu sein.
Das von den Deutschen errichtete Konzentrationslager Buchen-

wald, das unendlich viel mehr Opfer durch die Naziherrschaft als durch die sowjetische Armee zu verzeichnen hat, wird von Barzel umgewidmet zu einem antikommunistischen Symbol, welches eine Assoziationskette eröffnet, an deren Ende die Deutschen nur noch als Opfer des sowjetischen Kommunismus dastehen: »Auf dem Weg der deutschen Geschichte stehen, Herr Bundeskanzler, die Toten von Buchenwald, denen Sie die Ehre erwiesen haben. Stehen Tote durch Hitler ebenso wie Tote durch Stalin. Aber da stehen auch die Toten der Mauer und des Stacheldrahtes, Tote durch Ulbricht. Und an diesem Weg stehen Vertriebene und Flüchtlinge, gefallene Soldaten und Hinterbliebene.« (1969/VI/41/S. 2092)

An dieser Passage von Barzels Rede verzeichnet das Protokoll übrigens keinen Zwischenruf, keinen Protest. Freilich kommt der Abgeordnete Wehner in seinem Redebeitrag auf Barzels symbolische Umwidmung von Buchenwald zurück. Seine Kritik ist sehr zurückhaltend und indirekt. Sie ist eher eine Aufforderung, die Opfer der Lager nicht für gegenwärtige Legitimationszwecke zu instrumentalisieren:

»Ich bitte auch eine Anmerkung zu Buchenwald machen zu dürfen. Nicht nur weil diese Gedenkstunde dort in der Rede des Herrn Sprechers der Opposition hier eine Rolle gespielt hat. Buchenwald – wenn der Name fällt, haben viele vieler zu gedenken, ganz Unterschiedlicher. Hier gibt es keinen Alleinanspruch. Und das Gedenken an teure Tote bedarf weder des Kommentierens noch des Interpretierens.« (a.a.O., S. 2097)

Der spezifischen weltpolitischen und innenpolitischen Konstellation der 50er Jahre war es geschuldet, daß das Konzept der »totalitären Herrschaft« in drei – freilich nicht trennscharf geschiedenen – Varianten auftrat: »Totalitäre Herrschaft« stand im Gegensatz zum Selbstverständnis einer liberalen Demokratie; »totalitär« war aber auch die Kontrastposition zur Wertorientierung des »christlichen Abendlandes«. Und schließlich wurde die sogenannte »totalitäre Planwirtschaft« der sogenannten »freien Marktwirtschaft« entgegengesetzt. Wenn ein Rainer Barzel, ein Alfred Dregger oder ein Manfred Wörner vom »Totalitarismus«

sprachen, waren alle drei Bedeutungsvarianten immer zugleich angesprochen.

Dieser dreifaltige Antitotalitarismus war aber mehr als nur eine Ideologie konservativer Christdemokraten. Durch seine Formierung in den ersten Jahren des Kalten Krieges hatte dieser Antitotalitarismus fast den Rang einer Staatsideologie. Das ihm zugrunde liegende Welt- und Gesellschaftsbild hatte schon die Mitglieder des Parlamentarischen Rats so sehr geprägt, daß das von ihnen verfaßte Grundgesetz nicht zu Unrecht als »lebendige Totalitarismustheorie« bezeichnet wurde.[7] In diesem Sinne »antitotalitär« orientiert war etwa der außerordentlich einflußreiche Verfassungsrechtler Gerhard Leibholz, dessen Veröffentlichungen ganze Generationen von Verfassungsjuristen geprägt haben. Auch der führende Kommentar zum Grundgesetz von Maunz/Düring/Herzog/Scholz versteht die im Artikel 18 des Grundgesetzes apostrophierte »freiheitlich demokratische Grundordnung« als »Gegenposition« zum »Totalitarismus«.[8] Durch die aufbegehrenden Studenten der späten 6oer und 7oer Jahre in die Defensive gedrängt, haben viele Politiker das antitotalitäre Prinzip der »freiheitlich-demokratischen Grundordnung« durch eine ständige formelhafte-rituelle Wiederholung rhetorisch derartig verschlissen, daß seine ironische Karikierung als »FDGO«-Ideologie nicht lange auf sich warten ließ.

Im politischen Diskurs der 8oer Jahre verblaßt diese Gedankenfigur allmählich, bis ihr schließlich 1989 durch das Ende der kommunistischen Welt endgültig der Boden entzogen wird. Bis dahin konnten sich die liberalen Demokratien des Westens – wenn auch mit schwindender Plausibilität – durch den Kontrastbezug auf die Totalitarismen legitimieren. Mit den Resten des totalitären Sozialismus stand immer noch ein Herrschaftsmodell vor Augen, dem für die Legitimität der liberalen Demokratie eine Art negativer Bürgschaft zugefallen war. Als es nach 1989 das »Drüben« nicht mehr gab, an das man Kritiker der hiesigen Verhältnisse verweisen konnte, begann eine in ihren Folgen noch gar nicht absehbare Umstellung im symbolischen Haushalt liberaler Demokratien. Jetzt, da der Zerfall der klassischen Polarisierung von »totalität vs. liberal-demokratisch« ins öffentliche Bewußtsein rückt, sind die Demokratien genötigt, zunächst vor ihrer eigenen Haustür zu kehren. Mehr und mehr findet sich das Negativ, vor dessen Hintergrund sie sich profilieren können, in den Gründungsverbrechen ihrer eigenen Geschichte. In der Bundesrepublik speist sich die Stabilität der demokratischen Kultur bis heute aus der öffentlichen Erinnerung des Holocaust. Für den Zusammenhang von öffentlicher Erinnerung der eigenen Gründungsverbrechen und ihrer demokratisierenden Effekte bietet Deutschland den eindrücklichsten Beweis. Ähnliches läßt sich zur Zeit aber auch in manchen postkommunistischen Gesellschaften beobachten, den neuen Demokratien in Lateinamerika und in der Republik Südafrika.

Die in der frühen Nachkriegszeit dominierende wissenschaftliche Theorie des Totalitarismus hatte durchaus schon eine ideologische Schlagseite, weil sie sich systematisch darauf beschränkte, das in der Tat düstere Gesicht des real existierenden Sozialismus empirisch zu konfrontieren mit dem geschminkten Antlitz einer liberalen Demokratie, die in ihrem Alltag so perfekt nie war. Durch die Konfrontation von »liberaler Demokratie« und »totalitärer Herrschaft« gerieten die totalitären Potentiale, die liberale Demokratien durchaus in ihrem Schoß bergen, systematisch aus dem Blick. Daß diese Lektion gerade in Deutschland so sehr verdrängt wurde, ist erstaunlich. Schließlich war hier das totalitäre System aus der liberalen Demokratie der Weimarer Republik fast bruchlos hervorgegangen.

Die ideologische Befangenheit der antitotalitären Lehre der frühen Nachkriegszeit kann man an ihrem Kernstück, der Pluralismustheorie, leicht demonstrieren. Ideologisch war diese Theorie des Pluralismus, weil die Kongruenzbehauptung von idealisierender Norm und empirischer Realität schon in ihre kategoriale Grundstruktur eingebaut war. Die Pluralismustheorie kam auf den Weg, indem sie ein liberales Gesellschaftsmodell und die in es eingeschriebene Annahme eines harmonischen Ausgleichs individueller Interessen auf die Verhältnisse von organisierten Gruppen in der Massendemokratie übertrug. In dem Modell ist vorgesehen, daß die institutionelle Struktur des Repräsentativsystems und gesetzlich geschützte Kommunikationsfreiheiten dafür Sorge tragen, daß gesellschaftliche Machtverhältnisse ihren spiegelbildlichen Ausdruck im politischen System finden. Die Gesellschaft soll aus einer offenen Anzahl autonomer Assoziationen bestehen. Eine unsichtbare Hand trägt dafür Sorge, daß alle legitimen Interessen und sozialstrukturellen Gruppierungen auch ihre ihnen angemessene öffentliche Artikulation finden. In ihrer Binnenstruktur sind diese Gruppen so demokratisch verfaßt, daß ihre Mitglieder einen identifizierbaren Einfluß auf ihre Organisationsspitzen haben. Zwischen diesen Assoziationen herrscht das politische Analogon des Marktgleichgewichts. Ihre Einflußmöglichkeiten auf für sie relevante politische Entscheidungen sind im Prinzip gleich groß. Zugleich ist die Interessenstruktur der Individuen in diesen Assoziationen durch Mehrfachmitgliedschaften derart angelegt, daß es eine immerwährende Nötigung zum Kompromiß und zum Ausgleich konkurrierender Gruppen gibt.

Man muß dieses Modell nur so zugespitzt wiederholen, um sofort die Fallhöhe zur Realität der westlichen Demokratien in den Blick zu bekommen. Die prägnantesten empirischen Evidenzen für den Abstand zwischen Modell und Realität stammen von den immanenten Kritikern westlicher Demokratie selbst, nämlich von den Vertretern einer »realistischen« Demokratietheorie. Von Michels »ehernem Gesetz der Oligarchie« über Schumpeters Elitentheorie der Demokratie bis hin zur zeitgenössischen Demokratietheorie eines Niklas Luhmann reicht eine Argumentationskette, die die ideologische Befangenheit des pluralistischen Modells deutlich hervorhebt: Die Verbände, Interessengruppen und Assoziationen sind keineswegs intern demokratisch organisiert. Eine weitgehend inaktive Mitgliedschaft wird in hoch bürokratisierten Organisationen von nur schwach kontrollierten Führungseliten vertreten. Auch der Einfluß einzelner gesellschaftlicher Gruppen auf relevante staatliche Entscheidungen ist äußerst ungleich verteilt. Die Vertreter des Kapitals und auch die der organisierten Arbeit haben einen ungleich stärkeren Einfluß auf legislative Entscheidungen als andere Verbände, die jenseits der Achse von Kapital und Arbeit liegen. Moderne Demokratien sind beherrscht von vielfältigen korporativen Schließungsmechanismen, mittels derer bereits organisatorisch kristallisierte Interessen die Artikulation historisch neuer Problemlagen und Interessen blockieren. In der politischen Apathie der Bürger in elitendemokratischen Systemen, in der undemokratischen Binnenverfassung der Parteien und Interessenverbände, in der asymmetrischen Repräsentanz von Gruppeninteressen, in der korporativen Abdichtung der öffentlichen Sphäre usw. ist die schiefe Ebene zu autoritärer Entgleisung der liberalen Demokratie immer vorgezeichnet. Die innere Affinität der liberalen Demokratie zu undemokratischen Herrschaftsformen war – von wenigen intellektuellen Kritikern meist marxistischer Provenienz einmal abgesehen – für fast ein halbes Jahrhundert verstellt durch die Praxis und Theorie des Totalitarismus. Erst jetzt wird – über den engen Kreis intellektueller Kritiker hinaus – wieder unübersehbar, daß cäsaristische, populistische, autoritär-korporative und diktatorische Momente in den Strukturen der Konkurrenzdemokratie selbst angelegt sind. Für diese These bietet die deutsche Geschichte in der ersten Hälfte des 20. Jahrhunderts selbst prägnante Belege.

4
Die 80er Jahre: Demokratie und Nation

»... es ist wie in der eigenen Familie: ob man mit all dem
einverstanden ist, was die, die vor einem waren, getan
haben oder nicht, man kann sich nicht lossagen ...
man trägt das Blut der Familie, die Erbanlagen in sich.«

Helmut Kohl vor Abgeordneten
des israelischen Parlaments im Winter 1984

Die Politik mit der Geschichte

Im Begriff der »Nation« überlagern sich zwei sehr widersprüchliche Bedeutungsschichten. Nach einem bis in römische Traditionen zurückreichenden Sprachgebrauch sind »Nationen« vorpolitische, durch Sprache, Tradition und Sitte zusammengeschmiedete Abstammungsgemeinschaften. Nach einer in der amerikanischen Revolution gestifteten Tradition indes bezeichnet »Nation« eine demokratische Willensgemeinschaft freier Bürger. Dieser republikanische Nationenbegriff hat das Selbstverständnis jener »westlichen« Staaten geprägt, deren politische Fundamente – wie etwa Frankreich oder die Vereinigten Staaten – in einer demokratischen Revolution gelegt wurden. Obwohl im Grundgesetz der Bundesrepublik prinzipiell angelegt, hat dieses demokratische Nationenverständnis in den Herzen und Köpfen der meisten Deutschen noch kaum Wurzeln geschlagen. Nicht nur in ihren Einstellungen gegenüber Fremden, sondern auch in der juristischen und administrativen Praxis des Ausländerrechts und der Einbürgerungspolitik zeigen sich überdeutlich die Spuren einer ethnischen Selbstdefinition der Deutschen, in der die »Nation« – ähnlich wie eine Familie – als unentrinnbare Schicksalsgemeinschaft aufgefaßt wird. Diese ethnische Form der kollektiven Selbstidentifikation der Deutschen ist zwar älter als der Nationalsozialismus, unter Hitler indes erfuhr sie ihre höchste Verdichtung in Gestalt der Entgegensetzung von biologisch definierten »Volksgenossen« und »fremdvölkischen Reichsfeinden«. Diese biologistische Zuspitzung der ethnischen Tradition brach zwar 1945 ab, die politisch-kulturellen Hypotheken, die sie hinterließ, blockieren freilich die Identitätsfindung der Deutschen bis heute. In keinem anderen historisch vergleichbaren Fall moderner Geschichte waren Nation und Regime so eng miteinander verschränkt wie im nationalsozialistischen Deutschland. Nirgendwo sonst hatte eine Staatsführung die Repräsentation der Nation derart monopolisiert, daß Regime und Nation nicht nur in der Propaganda, sondern auch im Bewußtsein des größten Teils der Bevölkerung ununterscheidbar wurden. Dieser Umstand nährte – angesichts des Zusammenbruchs des Dritten Reichs – sowohl bei den Parteigängern des Regimes wie bei seinen Gegnern den Eindruck, daß die deutsche Nation zusammen mit der nationalsozialistischen Herrschaft untergegangen sei. Ihren erlebbaren Außenhalt fand dieser Eindruck in dem Umstand, daß das staatsrechtliche Gefäß der deutschen Nation, der einheitliche deutsche Nationalstaat, zerbrochen war. In den ersten drei Jahrzehnten der Bundesrepublik führte das Phantasma der »deutschen Nation« nur noch eine schattenhafte Existenz. Unter dem bescheiden paradoxen Titel der »deutschen Frage« war sie ein Antwortversuch auf eine Frage, die die Deutschen selbst mit wachsendem Abstand von 1945 immer weniger verstanden. Ebendies sollte sich im Laufe der 80er Jahre ändern. Die »deutsche Nation« wurde vor allem wieder zu einem Problem durch die Vereinigung der beiden deutschen Teilstaaten, die sich am Ende der 80er Jahre schon deutlich abzeichnete. Aber schon in den ersten Jahren dieses Jahrzehnts hatte Helmut Kohl, der Kanzler der sogenannten »geistig-moralischen Wende«, die »deutsche Frage« neu eröffnet, indem er den Legitimitätsanspruch seiner neuen Politik durch eine »national« orientierte Geschichtspolitik zu untermauern versuchte.

Am 13. Oktober 1982 begann mit dem Sturz von Helmut Schmidt die Ära Kohl. Die durch den Austritt der Liberalen aus der Koalition mit der SPD eingeleitete Wende wurde im März 1983 in einer vorgezogenen Bundestagswahl vom Wahlvolk bestätigt. Diese Bundestagswahl war auch deshalb bemerkenswert, weil mit den GRÜNEN erstmals eine – gemessen an den etablierten politischen Richtungstraditionen – völlig neuartige Partei in den Bundestag einzog. Nicht nur in der bundesdeutschen Politik allgemein, sondern auch in der Reflexion der NS-Vergangenheit im Parlament tritt in diesem Zeitraum eine deutliche »Wende« ein. Die Häufigkeit und die Heftigkeit von Debatten um die NS-Vergangenheit nimmt von jetzt ab deutlich zu. Das hängt nicht nur mit dem Eintritt der GRÜNEN ins Parlament zusammen, deren prominenteste Sprecher sich aus der antifaschistischen Tradition der Studentenbewegung rekrutiert hatten. Mindestens so wichtig für diese Intensivierung der Vergangenheitsdebatte war das von Helmut Kohl immer wieder geäußerte Bedürfnis nach einer historischen Sinngebung seiner Politik. In seinen ersten Reden als Kanzler schien Kohl sich mit diesem historisch gerichteten Sinnstiftungsbedürfnis noch von dem weltanschaulich sparsamen und rein technokratisch orientierten Stil seines Vorgängers Schmidt nur absetzen zu wollen. Im Laufe der Zeit wurde dann deutlich, daß es ein von diesem Oppositionsverhältnis unabhängiger Habitus war. Die Lust des neuen Kanzlers, seine normativen Standortbestimmungen historisch einzubetten, bezogen sich freilich nicht auf »jene zwölf Jahre«, sondern auf »den Gesamtzusammenhang der deutschen Geschichte«. Das Problem war natürlich, daß man auch bei der Artikulation dieses »Gesamtzusammenhangs« jene zwölf Jahre unschwer aussparen konnte. In den letzten Jahren der Ära Schmidt war diese spezifische Vergangenheit nur zum Debattenthema geworden, wenn der Kalender es erzwang, etwa bei der Verjährungsdebatte. Kohl hingegen nahm geradezu jede zeremonielle Gelegenheit wahr, die Vergangenheit Deutschlands im allgemeinen (und ein wenig notgedrungen dann auch die im besonderen) öffentlich zu erinnern. Im Verein mit manchen intellektuellen Schwächen und deutlichen ideologischen Implikationen boten diese Reden dann ideale Angriffsflächen für den spezifischen Antifaschismus der GRÜNEN. So besehen waren es zunächst äußerliche Gründe, nämlich das antagonistische Zusammenwirken von Kohls historisierenden Gebärden und den Profilierungsnotwendigkeiten der neu ins Parlament gekommenen GRÜNEN, welche für eine neue öffentliche Dramatisierung der NS-Vergangenheit sorgten.

Schon in seiner ersten Rede als Bundeskanzler, nach dem erfolgreichen Mißtrauensvotum gegen Helmut Schmidt, erkennt man den eigentümlichen Stil von Thematisierung und Relativierung der jüngeren deutschen Geschichte, den Kohl bei seinen öffentlichen Verlautbarungen pflegt. Helmut Schmidt hatte in seiner zwei Jahre zuvor gehaltenen Antrittsrede – im Unterschied zu allen anderen Kanzlern vor ihm – die NS-Vergangenheit überhaupt nicht angesprochen. Die einzige historische Selbstbesinnung, die Schmidt sich seinerzeit gestattet hatte, bezog sich »... auf den Fleiß, auf die Intelligenz und das Verantwortungsbewußtsein der Deutschen, die dieses Land nach 1945 mit ihrer Arbeit, buchstäblich mit ihren Händen, aufgebaut haben« (1980/IX/5/S. 5). Kohl hingegen schwelgt in historisierender Besinnung:

»... Herr Präsident, meine Damen und Herren! Zur Erneuerung gehört die Besinnung auf die deutsche Geschichte. Der Nationalstaat der Deutschen ist zerbrochen. Die deutsche Nation ist geblieben, und sie wird fortbestehen. Wir alle wissen: die Überwindung der Teilung ist nur in historischen Zeiträumen denkbar. Das Jahr 1983 erinnert uns in besonderer Weise an Höhen und Tiefen unserer Geschichte: vor 500 Jahren wurde Martin Luther geboren, vor 50 Jahren begann die deutsche Diktatur und mit ihr der Weg in die Katastrophe, vor 30 Jahren erhoben sich die Arbeiter in Ostberlin gegen die kommunistische Gewaltherrschaft. Diese Ereignisse mahnen uns an unsere eigene Geschichte. Unsere Republik, die Bundesrepublik Deutschland, entstand im Schatten der Katastrophe. Sie hat inzwischen ihre eigene Geschichte. Wir wollen darauf hinwirken, daß möglichst bald in der Bundeshauptstadt eine Sammlung zur deutschen Geschichte seit 1945 entsteht, gewidmet der Geschichte unseres Staates und der geteilten Nation.« (1982/IX/121/S. 7227)

Dies war die erste offizielle Erwähnung des Museumsprojekts, das später in Berlin realisiert werden sollte. Mit diesem nachdrücklich verfolgten Projekt, das er in seiner »zweiten« Antrittsrede nach der gewonnenen Bundestagswahl wieder aufgriff, bewies Kohl, daß sein Versuch einer Erneuerung der symbolischen Selbstdarstellung der Bundesrepublik für ihn nicht nur ein rhetorisches, dem feierlichen Anlaß geschuldetes Ornament war. Das Projekt eines Museums für deutsche Geschichte war eine konkrete Umsetzung der »geistig-moralischen Wende«, d. h. einer Wende zunächst und vor allem im Stil der symbolischen Selbstinszenierung der neuen Führung in Bonn.

Das eigentümliche Verhältnis von Erwähnung einerseits und

forcierter Relativierung der NS-Geschichte andererseits ist noch offenkundiger bei Kohls zweiter Antrittsrede nach der Bundestagswahl im März 1983. Die zu einer Episode verkleinerte Epoche des Dritten Reiches verschwindet fast im Licht einer langen und kulturell strahlenden deutschen Gesamtgeschichte:

»Herr Präsident, meine Damen und Herren! Wir, die Deutschen, müssen uns unserer Geschichte stellen, mit ihrer Größe und ihrem Elend, nichts wegnehmen, nichts hinzufügen. Wir müssen unsere Geschichte nehmen, wie sie war und ist, ein Kernstück europäischer Existenz in der Mitte des Kontinents. Der jungen Generation muß die deutsche Geschichte in ihren europäischen Bezügen und Bedingungen wieder geistige Heimat werden. Heute steht die Bundesrepublik an einem Wendepunkt ihrer Geschichte ... Meine Damen und Herren, wir haben allen Grund zur Zuversicht. Uns ist ein großes kulturelles Erbe übertragen: der Philosophie, der Dichtung, der Literatur, der Musik und der bildenden Künste. Aber wir waren und sind auch immer ein Volk der Erfinder und Unternehmer, der Sozialreformer und der Wissenschaftler gewesen. Das Volk von Albert Einstein und Max Planck, das Volk von Siemens und Daimler, der Zeiss und Röntgen, das Volk eines Ketteler und Bodelschwingh ...« (1983/X/4/S. 73)

Relativiert wird die nationalsozialistische Periode der deutschen Geschichte, die ja der der Bundesrepublik fast unmittelbar vorausging, in Kohls Darstellung durch eine zeitliche und geographische Dehnung des symbolischen Bezugsraums und durch die kompensatorische Aufzählung deutscher kulturgeschichtlicher »Leistungen«. So blickt Kohl bis auf Luther zurück. Und die »deutsche Geschichte« ist für ihn »ein Kernstück europäischer Existenz in der Mitte des Kontinents«. Aber warum verknüpft er diese Beobachtung mit der Mahnung, daß wir unsere Geschichte mit »ihrer Größe und ihrem Elend« annehmen müssen? Offenkundig wechselt der »Wir«-Bezug in beiden Sätzen. Die Mahnung zur Annahme der eigenen Geschichte macht ja nur Sinn, wenn sie spezifisch an das Kollektiv der Deutschen adressiert ist. Aber warum wird diese dann – im selben Kontext – beschwörend in den europäischen Zusammenhang gestellt? Dies kann nur als eine auf die Zukunft bezogene Mahnung und nicht als rekonstruktive Erinnerung gemeint sein. »Europa« trug gewiß keine Schuld am Elend der deutschen Geschichte, aber gewiß trägt Deutschland Schuld am Elend Europas. Es ist schwer zu entscheiden, ob es sich hier lediglich um Mißverständnisse handelt, die sich aus einem Mangel an intellektueller Disziplin ergeben, oder ob sich hier unbewußt relativierende Absichten durchsetzen. Vielleicht ist das auch kein Widerspruch. Vielleicht ist gerade Kohls Vagheit das rhetorische Vehikel der historischen Relativierung der NS-Erbschaft. Die »Erbschaft«, die Kohl am Ende seiner zitierten Regierungserklärung anspricht, ist von den Hypotheken dieser Vergangenheit jedenfalls gründlich gereinigt. Das Panaroma großer deutscher Namen, das Kohl in der zitierten Passage entwirft, suggeriert den gegenwärtigen Deutschen mehr das Problem, sich einer großen Geschichte als würdig zu erweisen, als das Problem, mit einer einzigartigen historischen Verantwortung zu leben. Die fast lippenbekenntnishaft knappe Artikulation des deutschen »Elends« hätte hingegen eine Form der Sinnstiftung nahegelegt, in der die Deutschen gerade aus der Verarbeitung der Ambivalenz ihrer Geschichte Identität in der Gegenwart gewännen.

Mit Bundeskanzler Helmut Kohl beginnt ein neues Kapitel in der Geschichte des parlamentarischen Umgangs mit der NS-Vergangenheit. Eigentlich kann man erst jetzt von einer bewußt betriebenen »Gedächtnispolitik« reden. Bei früheren Kanzlern war der Bezug auf die Epoche des Dritten Reiches durchweg indirekt. Kohl nimmt sich in seinen Legitimitätskonstruktionen zwar nicht besonders dieser Epoche an. Aber da er sich für eine historisch dimensionierte Legitimationsform entschieden hat, kann er sie zwangsläufig auch nicht verschweigen. Nur soll das legitimitäts- und identitätsbedrohende Potential der NS-Zeit von vornherein entschärft werden durch den dauernden Verweis auf das große Buch deutscher Geschichte, in dem das Kapitel Hitler ein zwar düsteres, aber eben nur ein Kapitel unter anderen ist.

Die Besonderheit von Kohls Zugang zur deutschen Geschichte wird noch einmal deutlich, wenn man sie vergleicht mit der Rede, die Altkanzler Willy Brandt in seiner Eigenschaft als Alterspräsident des Bundestages wenige Tage vor Kohls Antrittsrede, am 29. März 1983, gehalten hat. Aus dreifachem Anlaß, der 50. Wiederkehr des Jahrestages von Hitlers Machtergreifung, dem Beginn der 10. Wahlperiode und dem dritten parlamentarischen Machtwechsel in der Geschichte der Bundesrepublik, veranstaltete der Bundestag eine feierliche Sitzung, welche Willy Brandt mit seiner Rede eröffnete. In einer Unmittelbarkeit, die in direktem Kontrast zu Kohls Relativierungsabsichten steht, beschwört Brandt den antifaschistischen Konsens, auf dem die Bundesrepublik errichtet wurde:

»... In diesem Monat wird immer wieder wach, was unserem Volk vor nunmehr fünfzig Jahren widerfahren ist, nach dem die erste deutsche Demokratie gescheitert war. Am 30. Januar haben der Bundeskanzler und ich gemeinsam mit dem Regierenden Bürgermeister im alten Reichstagsgebäude in Berlin durch alle unsere sonstigen Meinungsverschiedenheiten hindurch deutlich gemacht, daß wir aus den geschichtlichen Erfahrungen gelernt haben und daß wir sie niemals in den Wind schlagen werden. Gemeinsam wollen wir darüber wachen, daß sich die Schrecken der Vergangenheit, in welcher Form auch immer, niemals wiederholen. (Beifall bei der CDU/CSU, der SPD, der FDP und bei Abgeordneten der Grünen). Dieser Tage haben nicht wenige von uns sich des 23. März 1933 erinnert, an dem sich der schon unter den Bedingungen des Terrors gewählte Reichstag selbst entmachtete und in der Form der sogenannten Ermächtigung nahezu jeden Verfassungsbruch sanktionierte. Mir ist bewußt, daß es damals viele gab, die guten Gewissens glaubten, noch Schlimmeres abwenden zu sollen, und andere, die ihren, ich meine, opportunistischen Irrtum bald bitter bereut hatten. Sie werden sicher verstehen, meine Damen und Herren, daß ich in diesem geschichtlichen Zusammenhang meines Vorgängers im Vorsitz der deutschen Sozialdemokratie, Otto Wels, und seiner Fraktionskollegen in dankbarer Ehrerbietung gedenke. (Beifall bei der SPD, den Grünen und bei Abgeordneten der FDP und der CDU/CSU – Die Abgeordneten der SPD und der Grünen erheben sich.) ... Gedenken auch derjenigen, die damals noch kommen konnten und die dem Verlangen Hitlers allen Drohungen zum Trotz ihr Nein entgegensetzten, und derjenigen, die schon nicht mehr kommen konnten, weil sie verfolgt und gequält wurden. Ich wäre dankbar, wenn wir alle angesichts des bedrückenden 50. Jahrestages der Hitlerschen Machterschleichung und dessen, was dem folgte, der Frauen und Männer gedenken möchten (die Abgeordneten der CDU und der FDP erheben sich ebenfalls), die auf deutschem Boden und dann vielerorts in Europa Opfer von Gewaltherrschaft, Krieg und Zerstörung geworden sind. Wir, die in der Nachkriegszeit aktiven und verantwortlichen Generationen, haben uns nach Kräften und gewiß nicht ohne Erfolg bemüht, dem Vermächtnis der Opfer ohne Zahl annähernd gerecht zu werden, die jetzt, 50 Jahre danach, wieder an unserem geistigen Auge vorüberziehen und unsere Gewissen anrühren und anregen. Mögen jene, die uns nachfolgen, die Kraft haben, wiederum aus diesem Vermächtnis das gesellschaftliche und politische Leben zu gestalten. Ich danke Ihnen.« (1983/X/1/S. 1)

Anders als Alterspräsident Paul Löbe, der sich 1949 in der allerersten Rede, die im Bundestag überhaupt gehalten wurde, dem zivilisatorischen Bruch der NS-Zeit unmittelbar konfrontiert sah, konnte Willy Brandt sich schon auf einen in fast 35 Jahren gewachsenen Fundus nachfaschistischer Demokratie beziehen. Die Geschichte der Bundesrepublik ist für Willy Brandt die Verkörperung jenes Vermächtnisses, das sich aus der anamnestischen Solidarität mit den »Opfern ohne Zahl« ergab. In der Mahnung an »jene, die uns nachfolgen«, aus »diesem Vermächtnis das gesellschaftliche und politische Leben zu gestalten« klingt fast ein Zweifel an, ob die Regierung Kohl sich diesem Vermächtnis noch verpflichtet weiß.

Auschwitz und die Friedensbewegung

Schon wenige Wochen nach dem Antritt der neuen Regierung Kohl kam es im Parlament zu einer jener scharfen Kontroversen über die NS-Zeit, die für die 10. Legislaturperiode so typisch sind. Im besonderen entluden sich in dieser Kontroverse die Spannungen zwischen dem linksliberalen Antifaschismus der GRÜNEN, dem seiner Spezifik wegen nicht mehr mit dem antikommunistischen Totschlagargument gekontert werden konnte, und dem neuen »Geschichtsbewußtsein« von Helmut Kohl und seinem Kabinett. Den Hintergrund dieser Kontroverse bildete der im und außerhalb des Parlaments ausgetragene Streit um die sogenannte »NATO-Nachrüstung«. Die GRÜNEN empfanden sich als der innerparlamentarische Arm der Friedensbewegung, die gerade im Jahr 1983 die größten Demonstrationen in der Geschichte der Bundesrepublik veranstaltete.

Die Kontroverse, über die zu berichten ist, hätte in dieser Form in keiner früheren Legislaturperiode stattfinden können. Bis in die 80er Jahre hinein waren die Spannungslinien zwischen Linken und Konservativen – im Hinblick auf die öffentliche Artikulation der NS-Problematik – weitgehend identisch mit der Neigung zu forcierter Erwähnung zum einen und zu Zurückhaltung, Bemäntelung, Verschweigen zum anderen. Das ändert sich jetzt. So, als sei die Geschichte des Dritten Reiches plötzlich ein gefahrloser Steinbruch zur instrumentellen Bedienung aller Parteien, beziehen sich jetzt auch immer mehr Christdemokraten offensiv auf die NS-Vergangenheit zur historischen Profilierung ihrer eigenen aktuellen politischen Ziele.

In einer Plenarsitzung am 15. Juni 1983, die die Problematik der Stationierung der neuen Mittelstreckenraketen zum Thema hatte, hatte der damalige Bundesminister für Jugend, Familie und Gesundheit und Generalsekretär der CDU, Heiner Geißler, die Behauptung aufgestellt, daß der Pazifismus der 30er Jahre (gemeint ist im besonderen die britische Appeasementpolitik) »Auschwitz erst möglich gemacht hat«. Daraufhin beantragte die SPD-Fraktion am 23. Juni 1983, den Minister wegen dieser Äußerung aus seinem Amt zu entlassen. In seiner Begründung dieses Antrags sagte der Sprecher der SPD-Fraktion, Schmude, daß Geißler mit dieser Äußerung »in einer bisher für den Bundestag einmaligen Weise die historische Wahrheit über die Verantwortung für den nationalsozialistischen Massenmord an jüdischen Menschen verbogen« habe (1983/X/16/S. 1043).

Im historischen Abstand ist weder die diffamatorische Energie, die Geißler in diese offensichtlich schiefe Äußerung gesteckt hat, noch die Empörung über diese Äußerung selbst so recht nachzuvollziehen. In der Erklärung, die Geißler nachlieferte (freilich erst eine Woche, nachdem die Äußerung gefallen war!), wurde dann deutlich, daß er der Appeasementpolitik, die auch auf Druck der damaligen britischen Friedensbewegung praktiziert wurde, natürlich keine moralische Verantwortung für die Vernichtung der europäischen Juden zusprechen wollte. Schwer zu bestreiten gewesen wäre freilich das Argument, daß die Appeasementpolitik – aus der Sicht nachträglicher Beobachter – ein Faktor unter anderen gewichtigeren war, um Hitlers Kriegsbereitschaft (nicht »Auschwitz«!) nachträglich zu erklären. Aber so hatte er es nicht gesagt. Mit einem ähnlichen Argument wurde ein Jahrzehnt später angesichts des Bosnienkonflikts von vielen Linken der historische Bezug auf die Appeasementpolitik herangezogen, um eine militärische Intervention zugunsten Bosniens zu fordern. Auch nach Geißlers Klarstellungsversuchen blieb freilich ein schlechtes Gefühl. Die Frage ist, ob ein deutscher Politiker das moralische Recht hat, auf der öffentlichen Bühne des Parlaments die im übrigen vielleicht historisch bestreitbare und gewiß nicht intendierte Folgen des Nichthandelns von seiten ausländischer Mächte gegenüber Hitler anzuprangern. Fragwürdig war weiterhin die zu rein demagogischen Zwecken vollzogene Instrumentalisierung einer schrecklichen Vergangenheit für vermeintliche rhetorische Geländegewinne in der Gegenwart. Schließlich wußte Geißler, daß die GRÜNEN durch den Vorwurf, sie hätten an einer Mentalität Anteil, die in einer früheren historischen Konstellation zu Menschheitsverbrechen geführt hat, besonders zu treffen waren.

Die Frage, ob es legitim ist, zur Stärkung der eigenen Position

in der Nachrüstungsdebatte auf Metaphern und Begriffe zurückzugreifen, die sich auf das Grauen der deutschen Vernichtungslager beziehen, wurde auch noch in einem anderen Zusammenhang
angesprochen. Jetzt warf der Christdemokrat Wolfgang Schäuble
in einer Verteidigungsrede für Geißler dem GRÜNEN-Abgeord-
neten Joseph (Joschka) Fischer vor, er habe in unzulässiger Weise
die Nachrüstungspolitik mit dem nationalsozialistischen Massen-
vernichtungsprogramm gleichgesetzt. Schäuble:

»Der Abgeordnete Fischer hat in einem Spiegel-Interview wörtlich gesagt – ich zitiere, obwohl es mir schwerfällt; aber ich
glaube, es muß noch einmal vorgetragen werden: ›Aber ich finde
es doch moralisch erschreckend, daß es offenbar in der System-
logik der Moderne, auch nach Auschwitz, noch nicht tabu ist,
weiter Massenvernichtung vorzubereiten – diesmal nicht entlang
der Rassenideologie, sondern entlang des Ost-West-Konflikts.‹
Hier wird doch in Wahrheit mit den Opfern der Naziverbrechen
Schindluder getrieben. Dagegen wehren wir uns ... (Beifall bei
der CDU/CSU und der FDP. Frau Beck-Oberdorf, GRÜNE:
Schwaches Zeichen.) ... Dagegen sollten sich alle Demokraten
wehren ...« (a.a.O., S. 1047)

Fischer konnte freilich in seiner Replik nachweisen, daß
Schäuble jene Textpassage nur selektiv zitiert hatte. Die moralische Problematik einer Instrumentalisierung der Massenvernichtung in den deutschen Konzentrationslagern hatte Fischer in
seinem »Spiegel«-Interview selbst reflektiert. Unmittelbar vor der
zitierten Passage hatte er gesagt: »Es ist sicher richtig, die Einmaligkeit des Verbrechens, das die Nationalsozialisten am jüdischen Volk begangen haben, nicht mit schnellen Analogieschlüs-
sen zu überdecken ...« (Zitiert nach Bundestagsprotokoll, a.a.O.,
S. 1048.) Im weiteren Verlauf bemühte Fischer sich gerade um
die argumentative Differenzierung, die Geißler in kalkuliert pole-
mischer Absicht unterlassen hatte. Er stellte dar, daß der von
Geißler denunzierte Gesinnungspazifismus der 30er Jahre sich in
Reaktion auf die industriellen Vernichtungskapazitäten der modernen Waffentechnik gebildet hatte, welche im Ersten Weltkrieg
zum ersten Mal deutlich geworden war:

»In Auschwitz wurden dann nicht mehr Armeen ins Gas geschickt, sondern ausnahmslos ganze Völker, Frauen, Männer und Greise. Hier mahnen uns die Krematorien und Vergasungsanlagen in Auschwitz-Birkenau bis auf den heutigen Tag; denn die einmal in Bewegung gesetzte Vernichtungsspirale ist auch gegenwärtig nicht gebrochen. Am besten kann man dies bei der Entstehung der Atombombe in der Person Albert Einsteins verfolgen, eines überzeugten Gesinnungspazifisten, eines Flüchtlings vor Hitler und eines deutschen Juden, der mit seinem Brief an den amerikanischen Präsidenten zum Bau an der Atombombe entscheidend beigetragen hat und der sich nach Hiroshima fragen mußte: Mein Gott, was haben wir getan? Als wie krank muß man eigentlich eine Zivilisation bezeichnen, in der die angedrohte und technisch bereitgehaltene Verbrennung ganzer Völker im atomaren Feuer – und sei es zu Verteidigungszwecken – als Voraussetzung der eigenen Sicherheit angesehen wird ...« (a.a.O., S. 1049)

Für die Triftigkeit von Fischers Argumentation sprechen nicht nur ihr reflexiver Aufwand und sein Selbstvorbehalt gegen demagogisch motivierte Analogieschlüsse, sondern auch sein Bemühen, die Differenz zwischen »Auschwitz« und »Nachrüstung« festzuhalten:

»... Ein atomarer Holocaust in Europa wird sicher nicht das Werk von verrückten Massenmördern sein. Wahrscheinlicher ist da die Katastrophe gegen den Willen aller Verantwortlichen oder verursacht durch eine sich endgültig verselbständigende Abschreckungstechnik ... Auschwitz war das Ergebnis eines perversen Vernichtungswillens einer deutschen Regierung; der atomare Holocaust wird das Ergebnis von Sachzwängen, Irrtümern und Selbstüberschätzung sein ...« (a.a.O., S. 1049)

Es ist wichtig, sich noch einmal nachträglich zu vergewissern, wofür Geißlers und Fischers gemeinsamer Bezug auf die scheinbar selbstexplikative Metapher »Auschwitz« symptomatisch ist. Diese Frage nach der Symptomatik bleibt auch dann wichtig, wenn die Anlässe ihrer jeweiligen Äußerungen zufällig und kontextabhängig waren. Ganz offenkundig ging es weder Geißler noch Fischer um eine rekonstruktive Debatte über die historische

Realität von »Auschwitz«, sondern um die öffentliche Reflexion einer fundamentalen militärpolitischen Alternative in der Gegenwart. Die eigentliche Streitfrage jenseits aller gewollten oder ungewollten Mißverständnisse ist: Welche Entscheidungsalternative legt die für beide gleichermaßen negativ konnotierte Erfahrung von »Auschwitz« in der Nachrüstungsdebatte nahe? Geißler, der sich mit der Anrufung dieser Metapher auf die Notwendigkeit auch der militärischen Selbstbehauptung demokratischer Systeme bezieht, ist für die Stationierung der neuen Mittelstreckenraketen; Fischer, für den »Auschwitz« ein Symbol ist für die destruktive Kapazität moderner Technologie, ist gegen sie. Die beschwörende Anrufung von »Auschwitz« als Evokation eines absoluten Tabus hat eine lange Tradition in der Linken nach 1945. Gänzlich neu an der vorliegenden Debatte ist, daß sie auch von CDU-Mitgliedern aufgegriffen wird. Zwar hatte sich Geißler nur um der Provokation willen dieses Tabuzeichens bedient, aber als es erst einmal in der Welt war, bürgerte es sich auch bei vielen der Abgeordneten ein, die sich zuvor der historischen Realität des Naziterrors immer nur mit der Begriffs- und Bilderwelt der Totalitarismustheorie genähert hatten. Die nicht-intendierte und zu ihrer Zeit auch nicht absehbare Folge von Geißlers Provokation war die allmähliche Generalisierung eines rhetorischen Musters der Linken.

Schon in der vorliegenden Debatte ist zu erkennen, wie dieser Einbruch eines rhetorischen Musters des linksliberalen Antifaschismus in intellektuelle Kreise von CDU-Mitgliedern den Stil des Streitens über die NS-Vergangenheit verändert. Bis in die 80er Jahre hinein standen sich der konservative Antitotalitarismus und der linke Antifaschismus als inkommensurable Vorstellungswelten gegenüber. Diese Konfrontation unvereinbarer Vorstellungswelten machte es oft unmöglich, im Detail zu bestimmen, worum eigentlich gestritten wurde. Man redete schlicht aneinander vorbei. Im Laufe der 80er Jahre nun setzt sich in der parlamentarischen Öffentlichkeit eine paradoxe Gleichzeitigkeit von normativer Angleichung und agonaler Zuspitzung durch. Jetzt ist vielfach nicht mehr strittig, ob die Anrufung der NS-Vergangenheit für aktuelle Entscheidungsalternativen überhaupt legitim ist. Für viele bundesdeutsche Konservative war für drei Jahrzehnte die Vorstellung identitätsstiftend, daß mit der politischen Konstituierung der Bundesrepublik eine völlig neue Geschichte begann, während die antifaschistische Linke Westdeutschlands ihre spezifische Raison d'etre aus der Behauptung der Gegenwärtigkeit jener vordemokratischen Vergangenheit hergeleitet hatte. Gestritten wird jetzt – wie offenkundig in der vorliegenden Debatte – über die legitime Form des Bezugs, seine jeweilige Triftigkeit, das Niveau der jeweiligen argumentativen Differenzierung. Ab jetzt kann man auch gelegentlich »Gewinner« und »Verlierer« in einer Debatte unterscheiden, weil es unabhängig vom rhetorischen Geschick eines Redners, nämlich kraft der Angleichung normativer Prämissen in der (sehr) allgemeinen Bewertung dieser Vergangenheit rationale Parameter zur Beurteilung der inneren Konsistenz einer Position gibt. So ist es im vorliegenden Fall aus nachträglicher Perspektive schwer zu bestreiten, daß Fischers argumentative Verknüpfung von »Auschwitz« und »Nachrüstung« stichhaltiger war als die Geißlers. Dieses allmähliche Eindringen von Topoi eines linksliberalen Antifaschismus in Kreise der Union, das in den ersten Debatten nach dem März 1983 deutlich wird und welche dann mit Weizsäckers Rede zum 8. Mai 1985 seinen Höhepunkt erfuhr, ist für beide Lager ein ambivalentes Phänomen. Für die nach wie vor strikt konservative Mehrheit der Union, etwa wie für Figuren wie Alfred Dregger, ist sie Ausweis einer kulturellen Hegemonie der Linken, die jetzt bis in ihre eigenen Kreise hineinreicht. Aber auch für die Linke ist die partielle Aufweichung der überkommenen Konfrontation identitätsbedrohend. Denn was die Metapher »Auschwitz« im Zuge ihrer lagerübergreifenden Generalisierung verliert, ist eben ihre selbstexplikative Kraft. Jetzt deutet sich bereits an, was dann wenige Jahre später zur Gewißheit wurde: daß nämlich zwei völlig entgegengesetzte politische Schlußfolgerungen – wie z. B. ein Plädoyer für und gegen den Golfkrieg – mit der Berufung auf »Auschwitz« gleichermaßen gerechtfertigt werden konnten. Aber das sind weit vorauseilende Überlegungen.

Wolfgang Schäuble von der CDU scheint in ebendieser Debatte

gespürt zu haben, daß in der politischen Konstellation, die sich durch die Regierungsverantwortung seiner Partei, die parlamentarische Präsenz der GRÜNEN und die Oppositionsrolle der SPD grundsätzlich verändert hatte, überkommene Konsensmuster in Bewegung geraten. Veranlaßt von öffentlichen Stellungnahmen mancher Sozialdemokraten, die Geißlers Äußerungen in einen Zusammenhang mit neonazistischen Aktivitäten gerückt hatten, beschwört er aus seiner Sicht die »Gemeinsamkeit der Demokraten«:

»Meine Damen und Herren von der SPD, Sie zerstören jede Gemeinsamkeit in diesem Hause, und Sie schaden dem inneren Frieden in diesem Land, wenn Sie nicht endlich von dieser politischen Brunnenvergiftung lassen. (Beifall bei der CDU/CSU und der FDP.) ... Der Gedanke der Union ist in den Konzentrationslagern des Dritten Reiches entstanden. Unsere Väter damals und wir selbst heute haben geschworen, daß wir das niemals wieder zulassen werden, daß Freiheit und Menschenrechte mit Füßen getreten werden. Unter diesem Gesetz sind wir angetreten, und diesem Gesetz bleiben wir treu. Ich denke, daß auch die Sozialdemokraten sich diesem Gesetz verpflichtet wissen. Darin gründet sich die Gemeinsamkeit der Demokraten, an die ich appelliere...« (a.a.O., S. 1047)

Gemessen an der ideologischen Befangenheit und rhetorischen Hilflosigkeit, die gerade die Sprecher der Union in den ersten Jahren der Bundesrepublik angesichts des zivilisatorischen Bruchs der Nazi-Zeit offenbarten, ist Schäubles Versicherung, daß der »Gedanke der Union in den Konzentrationslagern entstanden« sei, gewiß eine beschönigende Darstellung. Wenn man diese Passage freilich weniger als (schiefe) historische Konstruktion liest, sondern als aktuelle Versicherung einer antifaschistischen Orientierung auch der CDU, beweist sie die oben angedeutete These. In dem Masse, wie die Parteien in einen Wettstreit um die aktuelle Auslegung des Vermächtnisses von »Auschwitz« eintreten, bestätigen sie im Streit zugleich die Gemeinsamkeit ihrer Prämissen.

Die Gnade der späten Geburt

Das oben beschriebene Eindringen von Topoi eines linksliberalen Antifaschismus in die Argumentation von Teilen der CDU bietet uns nur eine – wenn auch langfristig wichtige – Facette in einem komplexen Bild. Viel wichtiger für den Gesamteindruck dieses Bildes blieb die von dem neuen Kanzler Kohl massiv betriebene »Gedächtnispolitik«. Wie schon dargestellt, war es ein persönliches Anliegen von Kohl, den (West-)Deutschen wieder ein stabiles historisches Selbstbewußtsein zu vermitteln. Da dessen Stabilität aber unter der Last der moralischen Verantwortung für die in deutschem Namen begangenen Menschheitsverbrechen sehr gelitten hatte, mußte Kohl und seinen Beratern daran gelegen sein, die nicht-faschistische Geschichte der Deutschen stärker öffentlich zu akzentuieren und den Stellenwert »jener gewissen zwölf Jahre« herunterzuspielen. Die geschichtspolitischen Implikationen dieses Projektes seien hier nur kurz angesprochen. Es steht in einem diametralen Widerspruch zur These vom deutschen »Sonderweg«, d. h. zu einer Position, die das Dritte Reich nicht als isoliertes Phänomen der deutschen Geschichte betrachtet, sondern seine Genese erklärt aus einer komplexen Vielzahl von Kausalketten, die tief in die deutsche Geschichte hinabreichen.[1] Die Geschichte der Reformation, die späte nationalstaatliche Einheit, die späte forcierte Industrialisierung und viele andere Faktoren schufen in langen zivilisatorischen Entwicklungen die strukturellen und kulturellen Bedingungen, unter denen das Dritte Reich und seine massenhafte Akzeptanz überhaupt erst möglich werden. Die historische Sensibilität für diese tief sitzenden Bedingungsfaktoren impliziert nicht notwendig, wie von ihren wissenschaftlichen und publizistischen Gegnern oft unterstellt, die Behauptung einer geschichtsphilosophischen Automatik. Noch ist in der These vom »Sonderweg« ein Generalverdacht gegenüber allen Aspekten der deutschen Geschichte eingeschlossen.

Die Problematik einer vom Kanzler selbst in den ersten Jahren seiner Amtszeit betriebenen Geschichtspolitik, welche jener Epoche, die in der industriellen Vernichtung der europäischen Juden mündete, nur noch mit relativierenden Lippenbekenntnissen gedenkt, ist in keiner Debatte deutlicher angesprochen worden als in jener, die sich an Kohls Staatsbesuch in Israel im Frühjahr 1984 anschloß. Unter dem bescheidenen Titel »Abgabe einer Erklärung der Bundesregierung über die Gespräche des Bundeskanzlers in Israel« versucht sich Kohl an einem nüchternen politischen Reisebericht. Aber er kommt nicht weit. Als er die folgenden Sätze ausspricht, wird er durch eine ganze Serie von Zwischenrufen unterbrochen:

»Dieser Besuch hat mich aber auch in der mich tief bewegenden nationalen Gedenkstätte für den Holocaust, Yad Vashem, die ich am Tage meiner Ankunft aufgesucht habe, bildhaft mit dem entsetzlichen Leid konfrontiert, das in deutschem Namen dem jüdischen Volk angetan wurde. Diese schreckliche Vergangenheit, ein Teil unserer deutschen Geschichte, war bei allen meiner Gespräche – ausgesprochen oder unausgesprochen – gegenwärtig ...« (1984/X/53/S. 3726)

Alle Zwischenrufe beziehen sich zunächst auf den Umstand, daß Kohl in dem Troß der mitreisenden Journalisten auch Kurt Ziesel mitgenommen hatte. Ziesel war ein bekannter rechtskonservativer Publizist, Vorsitzender der CDU-nahen Deutschland-Stiftung und in der NS-Zeit ein bekennender Nazi. Kohl reagiert auf die Zwischenrufe nicht sehr souverän. Er läßt sich sofort aus dem Konzept bringen. Statt mit seiner Rede fortzufahren, geht er auf die die Person Ziesels kritisierenden Zwischenrufe ein, so als habe er schon mit ihnen gerechnet. So wird aus einer geplanten Erklärung der Bundesregierung streckenweise eine gereizte Abfolge von Rede und Gegenrede über den Eindruck, den Kohls Staatsbesuch besonders in der politischen Öffentlichkeit Israels hinterlassen hat. Erst nach einigen Minuten kann Kohl den Faden seiner Rede wiederaufnehmen. Das Protokoll verzeichnet mehr als zwei Seiten Zwischenrufe sowie Kohls spontane Versuche einer Gegenpolemik von der Rednertribüne aus. Mehr noch als die Zwischenrufe machen die späteren Reden von Abgeordneten der Opposition deutlich, daß keineswegs die Präsenz Kurt Ziesels allein, und auch nicht nur die rhetorischen Entgleisungen Kohls während des Besuchs, u. a. die zu einem geflügelten Wort gewordene »Gnade der späten Geburt«, sondern die forcierte Demonstration einer neuen Unbefangenheit gegenüber den moralischen Hypotheken der deutschen Geschichte für Aufsehen im Parlament und in der weiteren Öffentlichkeit sorgten. Kohl bekennt sich selbstbewußt zu dieser neuen, von ihm auch selbst sogenannten »Unbefangenheit«. Als er den Faden seiner abgebrochenen Erklärung wieder neu aufnimmt, wiederholt er zunächst die schon oben zitierten Sätze und fügt dann hinzu:

»... Ich habe mich in Israel, wie ich das auch hier tue, selbstverständlich zu unserer Geschichte und damit auch zu unserer Verantwortung bekannt. Aber ich habe in Israel gesagt, wie ich das auch hier sage, daß wir den Blick nicht ausschließlich auf die schrecklichen Jahre 1933 bis 1945 richten dürfen. Zur deutsch-jüdischen Geschichte gehören auch viele Jahre der Gemeinsamkeit in einem Vaterland, dessen geistige und kulturelle Existenz ohne den jüdischen Beitrag undenkbar gewesen wäre. Aus der Geschichte lernen, meine Damen und Herren, heißt, daß sie uns auch in ihren Höhen und Tiefen immer bewußt bleiben muß, wir aber im Blick nach vorn versuchen müssen, die Zukunft, vor allem die Zukunft der jungen Generation, die in beiden Ländern heranwächst, zu sichern.« (a.a.O., S. 3728)

Kohls trotzige Demonstration von »Unbefangenheit« ist freilich oft eigentümlich doppelbödig, so als ob er jenseits dessen, was er explizit sagt, noch etwas anderes und oft genau das Gegenteil ausdrücken möchte.[2] Die Schnitzer seiner Argumentation sind gelegentlich von einer symptomatischen Widersprüchlichkeit, so daß im Scheitern ihrer Intention unwillkürlich richtige Dinge zur Sprache kommen. So wollte er z. B. sagen, daß der Holocaust nur einige unschöne Flecken auf dem Glanz der deutschen Geschichte hinterlassen hatte, die man um der Zukunft der deutschen Jugend willen allmählich vergessen sollte. Tatsächlich beschwört er dann aber die Gemeinsamkeit einer deutsch-jüdischen Geschichte, so als könnte der Beitrag der Juden zur deutschen Kultur die Schuld der Deutschen an den Juden wiedergutmachen. Eine rationale Konsequenz dieser Erinnerung an den jüdischen Beitrag zur deutschen Kultur wäre eine eher noch gesteigerte »Befangenheit« angesichts der Vernichtung der Juden. Kohl wollte begründen, warum nun mit dieser Trauer Schluß sein soll. Was er sagt, stützt aber das Gegenteil.

Auf ein ähnliches Phänomen einer symptomatisch entgleisenden Argumentation macht der SPD-Abgeordnete Horst Ehmke in seiner Kritik an Kohls Erklärung aufmerksam. Kohl hatte bei einem Gespräch mit einigen Abgeordneten des israelischen Parlaments seine eigene, auf Irritationen gestoßene Redensart von der »Gnade der späten Geburt« offenbar relativieren wollen. Kohl wollte zum Ausdruck bringen, daß es gleichwohl so etwas wie eine über die Schranken von Generationen hinausreichende Haftung für die Verbrechen der Väter gibt. Aber statt dieses Gedankens einer überindividuellen Kontinuität, welche auch die Nachgeborenen in eine moralische Haftungsgemeinschaft mit den Tätern einschließt, spricht Kohl raunend von »dem Zusammenhang zwischen dem Blut- und Traditionsstrom einer Familie und dem eines Volkes« (a.a.O., S. 3731). In dem Gespräch mit den Abgeordneten der Knesseth hatte er gesagt:

»Zwar ist hier (in Israel! H.D.), wie bei uns zu Hause, eine neue Generation herangewachsen – über 60 % der heute in der Bundesrepublik lebenden Deutschen sind nach Hitler geboren und aufgewachsen –, aber es ist wie in der eigenen Familie: ob man mit all dem einverstanden ist, was die, die vor einem waren, getan haben oder nicht, man kann sich nicht lossagen ... Man trägt das Blut der Familie, die Erbanlage in sich.« (Zitiert nach Ehmke im Bundestagsprotokoll, a.a.O., S. 3730)

Diese Formulierung ist nicht nur eine Entgleisung eines intellektuell wenig sensiblen Politikers. Die Rede vom »Blutstrom eines Volkes« ist in ihrer unmittelbar an das Nazi-Vokabular gemahnenden Wortwahl selbst ein Beleg für das, was Kohl immer heftig dementiert, nämlich für die Kontinuität jener NS-Mentalität und ihrer Deutungsmuster vier Jahrzehnte nach dem Ende des Dritten Reiches. Daß viele seiner Parteifreunde im Parlament ihn durch Zurufe in dieser Wortwahl bestätigen, macht die Sache nur noch schlimmer.

Auf eine unpolemische und präzise Weise spricht die sozialdemokratische Abgeordnete Annemarie Renger den Gedanken aus,
den Kohl vielleicht mit seiner entgleisten Bemerkung tatsächlich
im Sinn gehabt hatte. Zugleich macht sie diesen Gedanken zum
kritischen Maßstab von Kohls Auftreten in Israel:
»Wenn man Ihre Reden im Bulletin nachliest, findet man sicherlich viele Aussagen, die jedermann unterschreiben kann.
Aber, meine Damen und Herren, ist es wirklich ein Zufall, daß es
eine merkwürdige Diskrepanz gibt zwischen diesen Ansprachen
und dem Echo, das Ihr Besuch nicht nur in Israel, sondern auch in
der Weltöffentlichkeit, besonders auch in Deutschland, und zwar
selbst in Ihnen durchaus wohlgesonnenen Blättern und Medien
gefunden hat? Mir scheinen, die Gründe liegen auf der Hand. Auf
Schritt und Tritt haben Sie deutlich machen wollen, daß es bei aller Berücksichtigung des Vergangenen, dem Sie immer wieder
einen verbalen Tribut zollten, nun eigentlich an der Zeit sei, unser
Verhältnis zu Israel zu normalisieren, den Staatsbesuch also letztlich doch wie den Besuch eines jeden anderen Staates zu betrachten. So glaubten Sie, Ihre Gastgeber mit der ständig wiederholten
Feststellung beeindrucken zu können, Sie repräsentierten eine
Generation, die nicht mehr verdächtigt werden könne, in die Untaten der Nazis verstrickt gewesen zu sein ... Ungeachtet der Ablehnung einer Kollektivschuld bleibt doch aber das ... was unser
vor kurzem in einer Feierstunde geehrter Herr Bundespräsident
als Kollektivscham gekennzeichnet hat. Sie zu empfinden ist eine
moralische Haltung, die Konsequenzen verlangt. Der Bundeskanzler bezeichnet sich gern als Historiker mit konservativem Le-
bensgefühl. Dazu gehört, meine Damen und Herren, aber auch
das Bewußtsein, daß ein Volk in Gutem und Bösem einer überin-
dividuelle Identität hat, aus der die rein zufällig Nachgeborenen
nicht aussteigen können, meine Damen und Herren ...« (a.a.O.,
S. 3748)
   Die von Theodor Heuss geprägte Kategorie der »Kollektivscham« ist nach Ansicht der Abgeordneten Renger eine moralische
Leistung, besser: ein moralisches Gefühl, das auch den Deutschen
noch legitimerweise abzuverlangen ist, die der »Gnade der späten

Geburt« teilhaftig geworden sind. Wenn sie diese Gedanken äußert, weiß man freilich nicht recht, ob sie Kohl frontal kritisiert oder ob sie nur besser zum Ausdruck bringt, was Kohl eigentlich hätte sagen wollen oder sollen. Vielleicht ist das auch keine Alternative. Zumindest bei öffentlichen Personen und erst recht bei politischen Repräsentanten kann man keinen Unterschied machen zwischen einem moralischen Gefühl und der Fähigkeit, für dieses Gefühl jeweils die richtigen Worte zu finden. Was Annemarie Renger letztlich an Kohl kritisiert, ist ein Mangel an sprachlichem Taktgefühl. In der Rückschau ist es nicht entscheidbar, ob Kohls sprachliche Fehlgriffe unmittelbare Folge einer politischen gewollten »Unbefangenheit«, einer neuen Schamlosigkeit waren – oder Ausdruck einer rhetorischen Hilflosigkeit angesichts von moralischen Hypotheken, denen deutsche Politiker nicht entkommen, so sehr sie es auch wollen. Annemarie Renger: »Ich habe wie viele von Ihnen – dessen bin ich sicher – Yad Vashem vor Augen, wo man den millionenfachen Mord und das Grauen kaum erträgt, wo man vor Entsetzen und Scham starr und stumm ist. Deshalb müssen wir immer aufs neue klar sagen: Diese Ereignisse sind Kainsmale der Menschheit. Man kommt dem nicht bei, wenn man sich, wie der Herr Bundeskanzler das für richtig befindet, auf das Zitat beruft: ›Geschichte soll nicht das Gedächtnis beschweren, sondern den Verstand erleuchten.‹ Solche Zitate, die aus einer gewissen Zeit stammen, nämlich der optimistischen Aufklärung des Menschengeschlechts ... stimmen nicht mehr nach dem Grauen der Vernichtungslager. Ihr Gebrauch zeugt, so meine ich, Herr Bundeskanzler, von einer bedenklichen Ungenauigkeit der Sprache und des Gefühls ... (Beifall bei der SPD und den GRÜNEN.) ... Wir können die Geschichte nicht als eine bloße Lektion betrachten, die uns instand setzt, sozusagen nach vorn zu schauen ... Angesichts von Millionen Ermordeter gibt es nicht die Vorstellung: Zeit heilt alle Wunden ...« (a.a.O., S. 3748)

Diese Kritik geht freilich weit über den Vorwurf der mangelnden sprachlichen Sensibilität hinaus. Annemarie Renger interpretiert die Serie von Kohls Taktlosigkeiten in Israel nicht mit psychologischen Konzepten. Vielmehr seien diese die Folge eines instrumentellen Geschichtsbildes, welches den Blick in die Vergangenheit immer schon dem Zweck der Gegenwartsbewältigung unterstellt. Die Erinnerung des in Yad Vashem dokumentierten Grauens enthält aber eine eigentümliche reflexive Nötigung – die Nötigung auszuhalten, daß es im Repertoire bisheriger Handlungs- und Orientierungsalternativen unmittelbar keine angemessenen Reaktionsweisen gibt. Diese reflexive Nötigung auszuhalten fällt schon schwer in der alltäglichen Lebensführung. Erst recht gilt dies für Politiker. Gerade der Berufspolitiker in der Konkurrenzdemokratie kann die Vorstellung schwer aushalten, daß es Probleme geben könnte, die sich nicht in der Perspektive instrumenteller Lösungen erörtern ließen.

Weizsäckers Kontrapunkt zu Kohls Gedächtnispolitik

Das Nachwirken der NS-Zeit in der vierzigjährigen Geschichte der Bundesrepublik hat eine antizyklische Dynamik. Eine naive Vorstellung wäre es, daß Dramatik und Häufigkeit des Erinnerns mit der zeitlichen Entfernung vom katastrophischen Ereignis abnimmt. Von einer Logik des allmählichen Verblassens kann in bezug auf die öffentlich-politische Reflexion des Nationalsozialismus nicht die Rede sein. Ein historischer Betrachter, der sich durch die psychologische Traumaforschung belehren läßt, wundert sich freilich weniger über den verzögerten Einbruch der Vergangenheit in die so stabil scheinende Gegenwart. Oft dauert es Jahrzehnte, bis sich eine traumatische oder mit traumatischer Schuld belegte Erinnerung im gegenwärtigen Bewußtsein geltend machte. Im kollektiven Bewußtsein gelten offenbar ähnliche Mechanismen.

Die 80er Jahre, genauer: die sechs Jahre von Kohls Regierungsantritt bis zum Fall der Berliner Mauer, bildeten vielmehr, gemessen an Häufigkeit und Konfliktintensität aller früheren Debatten, eine Art Hochplateau, das erst wieder in der Mitte der 90er Jahre, zum Anlaß der 50. Wiederkehr der deutschen Kapitulation kurzzeitig erreicht werden sollte. In den 8oer Jahren kam vieles zusammen: ein allmählich unübersehbarer Generationswechsel sowohl in der politischen Elite als auch im Wahlvolk. Die Alterskohorten, die das NS-Regime verantwortlich getragen oder stumm ertragen hatten, wurden in der demographischen Zusammensetzung der westdeutschen Bevölkerung zu einer Minderheit. Dank Gorbatschows Perestroika milderte sich die Schärfe der Ost-West-Konfrontation und damit auch die Neigung, die eigene totalitäre Vergangenheit nur noch durch das ablenkende Prisma des Antikommunismus wahrzunehmen. Eine wichtige und hier oft beschriebene Ursache für die Gegenwärtigkeit der Vergangenheit bildete die neue Machtkonstellation in Bonn. Kohls – gerade mit historischem Gestus einhergehende –»neue Unbefangenheit« in den ersten Jahren seiner Regentschaft, der von Peinlichkeiten bestimmte Israel-Besuch, die dem Franzosen Mitterrand in Verdun und dem Amerikaner Reagan in Bitburg abgenötigten Versöhnungsgesten nährte eine öffentliche Dauerdiskussion, die den GRÜNEN, die neu im Parlament waren, ideale Profilierungschancen bot. Und unabhängig davon waren die 8oer Jahre der Bundesrepublik gespickt mit zeitgeschichtlichen Anlässen, die eine Bezugnahme auf diese zwölf Jahre deutscher Geschichte immer wieder erzwangen. Der Bogen reicht von der fünfzigjährigen Wiederkehr des Tages der Machtübergabe an Hitler im Januar 1983 über den 8. Mai 1985 – bis hin zum 40. Geburtstag der Bundesrepublik. In den 8oer Jahren fanden die Debatten über das geplante Museum für deutsche Geschichte und das »Mahnmal« statt. Sie bildete den politischen Resonanzboden für den Historikerstreit, der weit über die Grenzen der Historikerzunft hinaus Aufsehen erregen sollte. Den Höhepunkt all dieser teils selbstgewählten, teils provozierten, teils durch die Liturgie des Kalenders erzwungenen öffentlichen Reinszenierungen der NS-Vergangenheit bildete unzweifelhaft die Rede, die der damalige Bundespräsident Richard von Weizsäcker »Zum 40. Jahrestag der Beendigung des Krieges in Europa und der nationalsozialistischen Gewaltherrschaft« im Rahmen einer Gedenkstunde im Plenarsaal des Bundestages gehalten hat. Am Ende seiner Rede versucht sich Weizsäcker selbst das Paradox zu erklären, daß es vierzig Jahre bedurfte, um der Jahre der NS-Zeit so rückhaltlos öffentlich zu erinnern, wie er es selbst exemplarisch vorführte. Die komemorative Kraft, die der vierzigsten Wiederkehr der deutschen Kapitulation eigen ist, erklärt er mit einem Bezug auf das Alte Testament:

»... erlauben Sie mir noch einmal einen Blick auf das Alte Testament, das für jeden Menschen, unabhängig von seinem Glauben, tiefe Einsichten aufbewahrt. Dort spielen vierzig Jahre eine häufig wiederkehrende, eine wesentliche Rolle. Vierzig Jahre sollte Israel in der Wüste bleiben, bevor der neue Abschnitt in der Geschichte mit dem Einzug ins verheißene Land begann. Vierzig Jahre waren notwendig für einen vollständigen Wechsel der damals verantwortlichen Vätergeneration. An anderer Stelle aber (Buch der Richter) wird aufgezeichnet, wie oft die Erinnerung an erfahrene Hilfe nur vierzig Jahre dauerte. Wenn die Erinnerung abriß, war die Ruhe zu Ende. So bedeuten vierzig Jahre stets einen großen Abschnitt. Sie wirken sich aus im Bewußtsein der Menschen, sei es als Ende einer dunklen Zeit mit der Zuversicht auf eine neue und gute Zukunft, sei es als Gefahr des Vergessens und als Warnung vor den Folgen ...« (S. 15, zit. nach der Dokumentation des Bundespresseamtes)

Weizsäckers Rede ist seinerzeit als Sensation empfunden worden. Noch nie zuvor in der Geschichte der Bundesrepublik hatte einer ihrer politischen Repräsentanten sich mit einer solchen Eindringlichkeit und rhetorischen Präzision zu der besonderen Verantwortung der Deutschen für ihre NS-Vergangenheit bekannt. Weizsäcker vollzog in seiner Rede programmatisch eine stellvertretende Annahme der Verantwortung der Deutschen für die ungeheuerlichen Verbrechen, die in ihrem Namen begangen worden waren. Die meisten bundesdeutschen Politiker hatten sich über vier Jahrzehnte mit hartnäckiger Penetranz eines Musters der Erinnerung bedient, die von falschen Identifikationen bestimmt war. Entweder integrierten sie die Deutschen in die Gemeinschaft der Opfer des Krieges und der sogenannten Gewaltherrschaft, oder (und oft auch zugleich) sie identifizierten sich im Rahmen eines – gegenüber der NS-Zeit nur neu codierten – Antikommunismus mit den siegreichen Westmächten. Weizsäcker hingegen spricht aus der Perspektive der ihre Verantwortung reflektierenden Tätergeneration. Und in dieser rückhaltlosen Form geschieht dies zum ersten Mal in der Geschichte des Bundestages. Man kann sich kaum eine Person denken, die für diese Aufgabe der repräsentativen Verantwortungsübernahme besser geeignet gewesen wäre als er. Als ein christdemokratischer Bundespräsident, der in einem unmittelbaren Sinn der Tätergeneration entstammt – sein Vater war hoher Diplomat in Hitlers Diensten –, war Weizsäckers Abrechnung mit der Vergangenheit von vornherein mehr als ein auf Auslandswirkung berechnetes antifaschistisches Lippenbekenntnis. Der ehemalige Bundeskanzler Willy Brandt konnte zwar vor dem Mahnmal des Warschauer Ghettos niederknien, und die Deutschen mochten in diese stumme Geste projizieren, was sie wollten. Brandt hätte kraft seiner Biographie niemals in einer vergleichbaren Authentizität im Namen der deutschen Tätergeneration sprechen können. Und anders als Roman Herzog, der in seiner Rede zum 50. Jahrestag des Kriegsendes das Dritte Reich bereits aus der forciert externen Perspektive des Europäers rekonstruiert, spricht Weizsäcker konsequent aus der Teilnehmerperspektive eines historischen Akteurs, der seine Geschichte erzählt und die Verantwortung für sie übernimmt:

»... Wir Deutsche begehen den Tag unter uns, und das ist notwendig. Wir müssen die Maßstäbe allein finden. Schonung unserer Gefühle durch uns selbst oder durch andere hilft nicht weiter. Wir brauchen und wir haben die Kraft, der Wahrheit, so gut wir können, ins Auge zu sehen, ohne Beschönigung und ohne Einseitigkeit. Der 8. Mai ist für uns vor allem ein Tag der Erinnerung an das, was Menschen erleiden mußten. Er ist zugleich ein Tag des Nachdenkens über den Gang unserer Geschichte. Je ehrlicher wir ihn begehen, desto freier sind wir, uns seinen Folgen verantwortlich zu stellen ... Die meisten Deutschen hatten geglaubt, für die gute Sache des eigenen Landes zu kämpfen und zu leiden. Und nun sollte sich herausstellen: Das alles war nicht nur vergeblich und sinnlos, sondern es hatte den unmenschlichen Zielen einer verbrecherischen Führung gedient. Erschöpfung, Ratlosigkeit und neue Sorgen kennzeichneten die Gefühle der meisten . . .« (a.a.O., S. 2)

Und nun folgt in demonstrativer Ausführlichkeit die Aufzählung der Opfer des Nationalsozialismus und des Krieges. Zu der von Weizsäcker beklagten Einseitigkeit früherer Formen des öffentlichen Erinnerns gehörte die nur selektive Wahrnehmung der Opfer. In der Frühzeit der Bundesrepublik betrachteten sich die Deutschen vor allen Dingen selbst als Opfer. Erst allmählich – im Laufe der 60er Jahre – wurde der ermordeten Juden öffentlich gedacht. Die ermordeten Sinti und Roma sowie die Homosexuellen wurden erst in den 80er Jahren ein öffentliches Thema. Bis heute ist umstritten, ob es legitim ist, der Opfer des kommunistischen Widerstandes zu gedenken. Weizsäcker hat den Anspruch, alle Opfer der nationalsozialistischen Herrschaft zu nennen. Seine Aufzählung aller Opfer von »Krieg und Gewaltherrschaft« ist heute am Eingang der Neuen Wache in Berlin eingraviert, die nach der deutschen Vereinigung zum offiziellen Mahnmal der Bundesrepublik wurde:

»Der 8. Mai ist ein Tag der Erinnerung. Erinnern heißt, eines Geschehens so ehrlich und rein zu gedenken, daß es zu einem Teil des eigenen Innern wird. Das stellt große Anforderungen an unsere Wahrhaftigkeit. Wir gedenken heute in Trauer aller Toten des Krieges und der Gewaltherrschaft. Wir gedenken insbesondere der sechs Millionen Juden, die in deutschen Konzentrationslagern ermordet wurden. Wir gedenken aller Völker, die im Krieg gelitten haben, vor allem der unsäglich vielen Bürger der Sowjetunion und der Polen, die ihr Leben verloren haben. Als Deutsche gedenken wir in Trauer der eigenen Landsleute, die als Soldaten, bei Fliegerangriffen in der Heimat, in Gefangenschaft und bei der Vertreibung ums Leben gekommen sind. Wir gedenken der ermordeten Sinti und Roma, der getöteten Homosexuellen, der umgebrachten Geisteskranken, der Menschen, die um ihrer religiösen oder politischen Überzeugung willen sterben mußten. Wir gedenken der erschossenen Geiseln. Wir denken an die Opfer des

Widerstandes, des bürgerlichen, des militärischen und glaubens-begründeten, des Widerstandes in der Arbeiterschaft und bei den Gewerkschaften, des Widerstandes der Kommunisten. Wir gedenken derer, die nicht aktiv Widerstand leisteten, aber eher den Tod hinnahmen, als ihr Gewissen zu beugen.« (a.a.O., S. 3) Freilich ist diese Liste nicht ganz vollständig. Es fehlen in dieser ersten Aufzählung die Zwangsarbeiter sowie die hingerichteten Deserteure. Dabei handelt es sich um Opfergruppen, deren Anspruch auf symbolische und materielle Wiedergutmachung seinerzeit noch sehr umstritten war.

Die besondere Eindringlichkeit von Weizsäckers Rede ergibt sich aus der widersprüchlichen Mischung von zwei Genres. Sie ist weltliche Beichte und Predigt zugleich. Beichte ist sie, weil hier einer, wenn auch im Namen des Kollektivs, Schuld in einer Weise einbekennt, als würde er (oder besser das repräsentierte Kollektiv) überhaupt zum ersten Mal in dieser Rückhaltlosigeit davon sprechen. Und sie ist zugleich auch Predigt, weil hier einer sein dem politischen Tagesstreit enthobenes Amt, die Feierlichkeit des Anlasses und die Besonderheit des Ortes konsequent dazu nutzt, um der Gemeinde Wahrheiten zu sagen. Nur sind es – und da hat die Analogie dann ihre Grenzen – keine alten Wahrheiten, die nur noch rituell beschworen werden. Die Wahrheiten, die der Präsident verkündigt, haben selbst eine häretische Qualität. Alles, was Weizsäcker mit der Definitionsgewalt seines Amtes apodiktisch feststellt, war sowohl im Bewußtsein der Bevölkerung als auch in dem vieler der anwesenden Parlamentarier umstritten. Die thesenhaften Eckpunkte seiner Rede richten sich frontal gegen jene Deutungsmuster, mit denen sich die konservativen Eliten der Republik seit vierzig Jahren ihre Schuldgefühle vom Leibe zu halten versuchten. So sagte er gegen jene, die die deutschen Menschheitsverbrechen in existentialistischer Metaphorik als anonymes »Verhängnis« oder als »europäischen« Bürgerkrieg erklären wollen: »Aber wir dürfen nicht im Ende des Krieges die Ursache für Flucht, Vertreibung und Unfreiheit sehen. Sie liegt vielmehr in seinem Anfang und im Beginn jener Gewaltherrschaft, die zum Kriege führte.« (a.a.O., S. 2) Gegen die verbreiteten Versuche, den besonderen Schrecken des Holocaust durch den Verweis auf andere historische Großverbrechen zu mildern, bemerkt er apodiktisch:»Gewiß, es gibt kaum einen Staat, der in seiner Geschichte immer frei blieb von schuldhafter Verstrickung in Krieg und Gewalt. Die Völkermord an den Juden jedoch ist beispiellos in der Geschichte.« (a.a.O., S.4) Und gegen die in seiner Generation verbreitete Einstellung des »wir haben nichts gewußt« bemerkt er:»Wer konnte arglos bleiben nach den Bränden der Synagogen, den Plünderungen, der Stigmatisierung mit dem Judenstern, dem Rechtsentzug, den unaufhörlichen Schändungen der menschlichen Würde? Wer seine Ohren und Augen aufmachte, dem konnte nicht entgehen, daß Deportationszüge rollten.« (a.a.O., S. 5)

Im Unterschied zur anklagenden Rhetorik der Antifaschisten, in deren Wahrnehmung der deutschen Geschichte immer schon eingeschrieben ist, daß die Leiden der deutschen Bevölkerung im Krieg eine Sühne für ihre Schuld waren und darum zwar privat erinnert, aber nicht öffentlich gewürdigt werden dürfen, versucht von Weizsäcker den prekären Balanceakt einer rekonstruktiven Barmherzigkeit, in deren Trauer alles Leid, das die zwölf Jahre der Nazi-Zeit hinterließen, auch das der Deutschen, zunächst unterschiedslos eingeschlossen ist. Er spricht von einem

»Gebirge menschlichen Leids, Leid um die Toten, Leid durch Verwundung und Verkrüppelung, Leid durch unmenschliche Zwangssterilisierung, Leid in Bombennächten, Leid durch Flucht und Vertreibung, durch Vergewaltigung und Plünderung, durch Zwangsarbeit, durch Unrecht und Folter, durch Hunger und Not ...« (a.a.O., S. 3)

Eine solche Redeweise ist prekär wegen ihrer Nähe zu einem alle Unterschiede der Verantwortung einebnenden Universalismus der Opfer, dem wir in früheren Debatten oft begegnet sind. In diesem seit den 5oer Jahren bis hin zu Kohl praktizierten Universalismus der Opfer wird der ermordeten Juden und des in Kriegshandlungen getöteten SS-Mannes ohne Ansehen der Täterschaft unterschiedslos gedacht. Dieses Eingedenken auch des deutschen Leids, namentlich das der Frauen und Heimatvertriebenen, wird von Weizsäcker »ausgewogen« durch eine besondere Anerkennung des Leids der europäischen Juden. Ihrer gedenkt der Bundespräsident besonders, nicht nur deshalb, weil der an ihnen verübte Versuch der Vernichtung ihres ganzen Volkes alle historischen Vergleichsmaßstäbe sprengt, sondern auch deshalb, weil bei den Juden die Erinnerung der eigenen Geschichte in ihrer kollektiven Identität einen höheren Stellenwert habe als bei anderen Völkern. Freilich ist der Stellenwert der Erinnerung, der solidaritätserzeugenden Pflege der Tradition im Gesamtzusammenhang der kollektiven Identität ist nicht der einzige Unterschied zwischen den Juden und den Deutschen. Weizsäcker zitiert einen kabbalistischen Spruch, der als Inschrift in der Gedenkstätte Yad Vashem steht: »Das Vergessenwollen verlängert das Exil und das Geheimnis der Erlösung heißt Erinnerung.« In den an Weizsäckers Rede anschließenden zahllosen Zitierungen dieser Sentenz wurde in der deutschen Diskussion die zweite Hälfte von der ersten abgetrennt. Damit geriet der Halbsatz zu einer trivialen psychologischen Binsenweisheit. Aber ihre eigentliche Bedeutung erschließt sich erst durch die Betrachtung ihres Kontextes in der jüdischen Theologie. Im Kontext des zitierten ersten Satzes hat der Begriff des »Exils« eine distinkte Bedeutung. In der jüdischen Theologie bezieht er sich auf die Funken Gottes, die in der Welt zerstreut und verbannt waren und allein durch moralisches Handeln und Eingedenken der Tradition aus ihrem Exil erlöst werden. Die spezifische Bedeutung dieses Spruchs aus der Kabbala ist einzig und allein auf die Opfer eines geschichtlichen Unrechts beziehbar.[3] Daß Weizsäcker hier nicht klar genug differenziert hat, wurde deutlich an der an seine Rede anschließenden deutschen Rezeption des Spruchs. Hier wurde er seines jüdischen Ursprungs entkleidet und benennt die Möglichkeit einer durch Erinnerung von Schuld bewirkten moralischen Emanzipation des Täters. An der Fehlrezeption der kabbalistischen Weisheit ist deutlich, wie mächtig der Sog eines einebnenden Universalismus der Opfer ist. »Erinnerung« hat für die Kinder des Volkes der Opfer eine gänzlich andere Bedeutung als für die der Täter, auch wenn vielfach die individuellen klinischen Symptome des Nicht-Erinnerns, des

Abbruchs der Tradition ähnlich sein mögen. Für die ersten bietet Erinnerung die einzige Chance auf ein solidarisches Band zwischen den zerstreuten Gliedern eines Diaspora-Volkes, das im Holocaust den Gipfel seines Leides erfahren hat. Für die von einem Nationalstaat umgürteten Deutschen – einem Staat, der zum Kollektivsubjekt von historisch einzigartigen Verbrechen wurde – bietet das Eingedenken dieser Verbrechen die einzige Chance zur Wiedergewinnung einer moralischen Souveränität, welche der politischen Souveränität erst ihre Substanz gäbe.

Aus der Perspektive des 8. Mai 1985 meint Weizsäcker nun, daß ein solcher durch Eingedenken der eigenen Vergangenheit bewirkter Prozeß der Wiedergewinnung einer moralischen Souveränität noch in keiner Weise abgeschlossen ist. Sie müsse freilich auch nicht mehr bei Null anfangen. Anders als viele andere bundesdeutsche Politiker, die in einer meist abstrakten Weise die Verpflichtungen beschworen haben, die sich für die Deutschen aus der Erbschaft des Nationalsozialismus ergäben, bestimmt Weizsäcker die Qualität dieser Verpflichtung bis in einzelne Politikfelder hinein:

»Wir haben wahrlich keinen Grund zur Überheblichkeit und zur Selbstgerechtigkeit. Aber wir dürfen uns der Entwicklung dieser vierzig Jahre dankbar erinnern, wenn wir das eigene historische Gedächtnis als Leitlinie für unser Verhalten in der Gegenwart und für die ungelösten Aufgaben, die auf uns warten, nutzen:

– Wenn wir uns daran erinnern, daß Geisteskranke im Dritten Reich getötet wurden, werden wir die Zuwendung zu psychisch kranken Bürgern als unsere eigene Aufgabe verstehen. Wenn wir uns erinnern, wie rassisch, religiös und politisch Verfolgte, die vom sicheren Tod verfolgt waren, oft vor geschlossenen Grenzen anderer Staaten standen, werden wir vor denen, die heute wirklich verfolgt sind und bei uns Schutz suchen, die Tür nicht verschließen. Wenn wir uns bei der Verfolgung des freien Geistes während der Diktatur besinnen, werden wir die Freiheit jedes Gedankens und jeder Kritik schützen, sosehr sie sich auch gegen uns selbst richten mag. Wer über die Verhältnisse im Nahen Osten urteilt, der möge an das Schicksal denken, das Deutsche den jüdischen Mitmenschen bereiteten und das die Gründung des Staates

Israel unter Bedingungen auslöste, die noch heute die Menschen in dieser Region belasten und gefährden. Wenn wir daran denken, was unsere östlichen Nachbarn im Kriege erleiden mußten, werden wir besser verstehen, daß der Ausgleich, die Entspannung und die friedliche Nachbarschaft mit diesen Ländern zentrale Aufgabe der deutschen Außenpolitik bleiben. Es gilt, daß beide Seiten sich erinnern. Sie haben menschlich, sie haben kulturell, sie haben letzten Endes auch geschichtlich allen Grund dazu...« (a.a.O., S. 13)

Jenningers Skandalrede

Die Bildung einer kollektiven Identität der Nachkriegsdeutschen war blockiert durch deren Unfähigkeit, für die monströsen Verbrechen der NS-Zeit die Verantwortung zu übernehmen. Bis zu Weizsäckers großer Rede am 8. Mai 1985 schien es unmöglich zu sein, daß ein deutscher Politiker im vollen Scheinwerferlicht der politischen Öffentlichkeit von den Verbrechen des Volkes, das er repräsentiert, in der ersten Person Plural spricht, d. h. schlicht sagt: »Wir haben das getan.« Weil die Nachkriegsdeutschen außerstande waren, sich als verantwortliches Subjekt, als Täter ihrer Geschichte zu begreifen, neigten sie dazu, sich in die Identifikation mit den Opfern oder mit den Siegern des Krieges zu flüchten. Weizsäckers Rede wurde damals als Sensation empfunden, weil er mit diesem verbreiteten Muster deutscher Selbsttäuschung konsequent brach. Die besondere rhetorische Qualität seiner Rede bestand eben darin, daß sie in einer authentischen Weise zwei Perspektiven zur Deckung brachte: die des Täters, der über seine Tat schonungslos Bericht erstattet, und die eines moralischen Subjekts, das sich läutert, indem es für die eingestandene Tat die Verantwortung übernimmt.

Philipp Jenninger, der Präsident des Deutschen Bundestages in der 11. Wahlperiode, wollte in einer Rede, die er im Rahmen einer Feierstunde des Bundestages zur 50. Wiederkehr der Reichspogromnacht 1938 hielt, jene Perspektive des bekennenden Täters noch überbieten. Die zentrale Absicht, aus der nachträglichen Einfühlung in die Täterperspektive zu reden, spricht Jenniger bereits in den einleitenden Sätzen an:

»Heute nun haben wir uns im Deutschen Bundestag zusammengefunden, um hier im Parlament der Pogrome vom 9. und 10. November 1938 zu gedenken, weil nicht die Opfer, sondern wir, in deren Mitte die Verbrechen geschahen, erinnern und Rechenschaft ablegen müssen, weil wir Deutschen uns klar werden wollen über das Verständnis unserer Geschichte und über Lehren für die politische Gestaltung unserer Gegenwart und Zukunft ... Die Opfer – die Juden überall auf der Welt – wissen nur zu genau, was der 9. November 1938 für ihren künftigen Leidensweg zu bedeuten hatte. Wissen auch wir es?« (S. 13, zitiert nach A. Laschet und H. Malangré, Philipp Jenninger, Rede und Reaktion, Aachen und Koblenz, 1989).

In den Redepassagen, die auf diese programmatische Erklärung folgen, wird diese angekündigte Perspektive aber zunächst noch gar nicht eingenommen. So als würde er vor dem damit eröffneten rhetorischen Risiko noch zurückschrecken, nimmt Jenninger die risikolose Perspektive eines historischen Berichterstatters ein, der im Geiste eines liberalen Antifaschismus die Ereignisse im Zusammenhang des 9. November 1938 öffentlich erinnert. So spricht er z. B. davon, daß es ein derartiges Pogrom »seit dem Mittelalter in keinem zivilisierten Land mehr gegeben hat«. Er nennt die Zahl der niedergebrannten Synagogen, der ermordeten und ins KZ verschleppten Juden. Er stellt die »Reichskristallnacht« in den weiteren Zusammenhang des Ausschlusses der Juden aus der deutschen Bevölkerung, die mit dem Boykott jüdischer Geschäfte begann und zehn Jahre später mit der physischen Vernichtung in den Todeslagern endete. Er spricht vom »Abschied Deutschlands von allen humanitären Ideen« und von der Auflösung des Rechts im Diktat des Führers.

Bis zu diesem Punkt war seine Rede in keiner Weise anstößig. Aber plötzlich zieht sich der moralisierende Antifaschist von der Bühne zurück, um den Erinnerungen des Täters Platz zu machen. Dieser Perspektivenwechsel wird nur kurz vorbereitet:

»Für das Schicksal der deutschen und europäischen Juden noch verhängnisvoller als die Untaten und Verbrechen Hitlers waren vielleicht seine Erfolge. Die Jahre von 1933 bis 1938 sind selbst aus der distanzierten Rückschau und in Kenntnis des Folgenden noch heute ein Faszinosum insofern, als es in der Geschichte kaum eine Parallele zu dem politischen Triumphzug Hitlers während jener ersten Jahre gibt.« (S. 16)

Die folgende, etwa eine Druckseite umfassende Passage kostete Jenninger sein Amt, weil er sich dieser Faszination ohne rhetorisch erkennbare Distanz hingab. Zumindest ließen die in der gesprochenen Rede nicht sichtbaren Anführungszeichen den schuldreflexiven Rahmen verblassen, in dem diese Rede nach den Gesetzen der politischen Liturgie doch situiert war. Besonders irritierend war die paradoxe Verwendung der Stilform rhetorischer Fragen. So spricht Jenninger z. B. von dem Erfolg der Arbeitsmarktpolitik Hitlers:

»Aus Massenarbeitslosigkeit war Vollbeschäftigung, aus Massenelend so etwas wie Wohlstand für breiteste Schichten geworden. Statt Verzweiflung und Hoffnungslosigkeit herrschten Optimismus und Selbstvertrauen. Machte Hitler nicht wahr, was Wilhelm II. nur versprochen hatte, nämlich die Deutschen herrlichen Zeiten entgegenzuführen? War er nicht wirklich von der Vorsehung ausgewählt, ein Führer, wie er einem Volk nur einmal in tausend Jahren geschenkt wird?« (S. 17)

Und zur Weimarer Republik:

». . . Alle die staunenerregenden Erfolge Hitlers waren insgesamt und jeder für sich eine nachträgliche Ohrfeige für das Weimarer System. Und Weimar war ja nicht nur gleichbedeutend mit außenpolitischer Schwäche, mit Parteiengezänk und Regierungswechseln, mit wirtschaftlichem Elend, mit Chaos, Straßenschlachten und politischer Unordnung im weitesten Sinne, sondern Weimar war auch ein Synonym für Demokratie und Parlamentarismus, für Gewaltenteilung und Bürgerrechte, für Presse- und Versammlungsfreiheit und schließlich auch für ein Höchstmaß jüdischer Emanzipation und Assimilation.« (S. 17)

Und zu den Juden selbst bemerkt Jenninger fragend:

»Hatten sie sich nicht in der Vergangenheit doch eine Rolle angemaßt – so hieß es damals –, die ihnen nicht zukam? Mußten sie nicht endlich Einschränkungen in Kauf nehmen? Hatten sie es vielleicht sogar verdient, in ihre Schranken gewiesen zu werden? Und vor allem: Entsprach die Propaganda – abgesehen von wilden, nicht ernstzunehmenden Übertreibungen – nicht doch in wesentlichen Punkten eigenen Mutmaßungen und Überzeugungen?« (S. 18)

Paradox war die Verwendung des Stilmittels offener Fragen insofern, als sich in ihnen zwei widersprechende Stimmen artikulierten: zum einen die des sich erinnernden Täters, der nicht zögern würde, die gestellten Fragen zu bejahen, und zugleich die des seine Schuld reflektierenden Subjekts, das diese Fragen nur stellt, um sie zu verneinen. Die Rede am 9. November 1988 geriet zum Skandal, weil es dem Bundestagspräsidenten rhetorisch nicht gelang, diese beiden Stimmen zur Deckung zu bringen. Seine Rede zerfiel in eine konventionelle Auflistung der Stereotype eines liberalen Antifaschismus zum einen und in eine kurze, aber hochriskante Passage zum anderen, in der der Versuch einer forcierten Einfühlung in das Bewußtsein des Täters zur Zeit der Tat in eine schlichte Identifikation mit diesem abzuleiten schien. Daß der Bundestagspräsident sich keineswegs intentional mit dem Geist der Täter identifizierte, konnte freilich keinem entgehen, der den Text lesend zur Kenntnis nahm. Und die Berücksichtigung des politischen Kontextes von Jenningers Biographie konnte einen solchen Verdacht auch in keiner Weise stützen. Die Frage ist somit, ob Jenninger mit dem Rücktritt, zu dem er in der Folge des Skandals, den seine Rede auslöste, gezwungen wurde, ein Unrecht widerfahren ist. Den meisten zeitgenössischen Kommentatoren ist entgangen, daß die Beantwortung dieser Frage mit dem Problem, was die Privatperson Jenninger nun wirklich dachte, nicht identisch ist. Bei dem Inhaber eines politischen Amtes, zumal von der öffentlichen Sichtbarkeit wie der des Bundestagspräsidenten, ist die politisch-moralisch richtige Intention von der Fähigkeit, sie auch rhetorisch zum Ausdruck zu bringen, nicht zu trennen.

Das Ende der Nachkriegszeit

Am 1. September 1989 gibt Bundeskanzler Helmut Kohl aus Anlaß des 50. Jahrestages des Ausbruchs des Zweiten Weltkrieges im Parlament eine Erklärung ab. Die darauf folgenden Erklärungen von Repräsentanten anderer politischer Parteien, z. B. von Willy Brandt oder von Graf Lambsdorff, eröffnen freilich nicht – wie sonst häufig in der Folge von Regierungserklärungen – eine Debatte. Auffällig ist das Bemühen fast aller Redner, in der Frage des spezifischen nachfaschistischen Selbstverständnisses der Bundesrepublik Streit zu vermeiden. Die Debatte, die auf die Erklärung der Bundesregierung folgt, gleicht eher einer parlamentarischen Feierstunde. Der zeremoniale Charakter dieser Bundestagssitzung wird auch durch die Präsenz des Bundespräsidenten betont.

Es ist freilich nicht dessen Präsenz allein oder ein zuvor zwischen den Parteien abgestimmtes Protokoll, das für die konsensuelle Atmosphäre zu einem Thema sorgt, das bei anderen Sitzungen in den 80er Jahren gewöhnlich eine extrem polarisierende Qualität hatte. Es ist vielmehr eine offenkundig von vielen Parlamentsmitgliedern empfundene Einschätzung, Zeugen einer höchst ungewöhnlichen historischen Situation zu sein. Einer Situation, in der die in vier Jahrzehnten zu einer scheinbar überhistorischen Konstellation geronnene Nachkriegsordnung wieder in Bewegung geriet.

Es ist gerade das Verhältnis der Deutschen zu den Polen, an dem sich diese eigentümliche Neuverschränkung von Vor- und Nachgeschichte der Bundesrepublik zuerst zeigt. Vor gerade fünfzig Jahren hatte mit dem Überfall der Deutschen auf Polen der Zweite Weltkrieg begonnen. Und in den Wochen, die der parlamentarischen Debatte aus Anlaß des 50. Jahrestags des Kriegsbeginns vorausgingen, hatte sich in Warschau die erste jener Serie von demokratischen Revolutionen vollzogen, die die als Folge des Zweiten Weltkrieges entstandene Nachkriegsordnung in einer damals noch nicht vorhersehbaren Dynamik hinwegfegen sollte. Es war vielleicht diese von vielen Parlamentariern nur intuitiv geahnte Begegnung von Vergangenheit und Zukunft, die dieser Debatte am 1. September des Jahres 1989 ihre besondere Bedeutung verlieh.

In den ersten Passagen seiner Rede bekennt sich Helmut Kohl in einer für ihn untypischen Eindringlichkeit zur deutschen Schuld an Krieg und Massenvernichtung. Viele seiner Formulierungen knüpfen an Weizsäckers vier Jahre zuvor gehaltene Rede an. Die zentrale Rolle bei Kohls Konstruktion der historischen Verantwortung spielt der rassistische Kern der nationalsozialistischen Ideologie:

»Besondere Verantwortung erwächst uns aus der Tatsache, daß der Zweite Weltkrieg durch jenes verbrecherische Regime entfesselt wurde, das damals die Staats- und Regierungsgewalt in Deutschland innehatte ... Dieser Krieg war nach dem Willen seiner Urheber ein gnadenloser Rasse- und Vernichtungskrieg. Er erreichte eine Dimension des Grauens, die es nie zuvor gegeben hatte – und die es nie wieder geben darf. Es war die letzte Konsequenz einer totalitären Ideologie, die in ihrer Wahnvorstellung eine Rasse zum Götzen erhoben hatte.« (1989/XI/154/S. 11626)

Aber wiederum anders als Weizsäcker und ähnlich seinen ersten Reden als Kanzler nach der »Wende« versucht Kohl den Nationalsozialismus und das Bewußtsein der Deutschen strikt voneinander zu trennen. So spricht er in der zitierten Stelle umständlich von »jenem verbrecherischen Regime, das damals die Staats- und Regierungsgewalt in Deutschland innehatte«. Diese Formulierung überspielt den peinlichen Umstand, daß das Dritte Reich ja völlig legal aus der Weimarer Republik entstanden war. Und anders auch als Weizsäcker, der betont hatte, daß die Legitimität einer nachfaschistischen deutschen Republik sich nur im demonstrativen Bruch mit den deutschen Traditionen stiften ließe, die im Nationalsozialismus mündeten, setzt Kohl auf historische Kontinuität. Er spekuliert auf deutsche Traditionen und Wertorientierungen, die von dem Zivilisationsbruch des Dritten Reiches angeblich nicht betroffen sind:

»Kontinuität, meine Damen und Herren, ist nur verantwortbar als bewußtes Anknüpfen an das Gute, das sich eben nicht zerstören läßt. Dazu gehören die freiheitlichen Traditionen in der Geschichte unseres Volkes. Sie sind die sittliche Substanz, aus der wir, vor allem die Gründungsväter und -mütter unserer Demokratie, die Bundesrepublik Deutschland formten ...« (a.a.O., S. 11627)

Er versucht im weiteren zentrale Topoi dieses »Guten« in der deutschen Tradition, »das sich eben nicht zerstören läßt«, von der Okkupation durch die nationalsozialistische Ideologie zu befreien. Er plädiert für einen »recht verstandenen Patriotismus« (a.a.O., S. 11627). Er argumentiert gegen die ethnobiologische Amalgamierung von »Rasse« und »Nation«, um die Legitimität einer nationalen Selbstdefinition des (noch) geteilten Deutschland zu betonen. Rasch wird dann deutlich, daß diese Übungen in semantischer Traditionsreinigung nicht etwa in einer retrospektiven Einstellung gemacht werden, wie es dem Anlaß eines historischen wichtigen Jahrestages entspräche. Es ist vielmehr das in den vergangenen vier Jahrzehnten immer nur ideologisch beschworene, nun aber – im Herbst 1989 – sich real abzeichnende »Ende der Nachkriegszeit«, das eine Neudefinition des metapolitischen Selbstverständnisses der Deutschen nahelegt. Aber es ist zugleich von einer abgründigen Ironie der Geschichte, daß das erste Segment des Eisernen Vorhangs, der Europa und damit Deutschland trennt, in just jenem Land zerbricht, das – vor genau fünfzig Jahren – zum ersten Opfer des von den Deutschen entfesselten Krieges geworden war. Kohl spricht diese Koinzidenz nicht direkt an. Er konstruiert vielmehr eine Parallele zwischen dem einst geteilten Polen und dem jetzt noch geteilten Deutschland:

»Frau Präsidentin, meine Damen und Herren, über viele Generationen hinweg hat das einst geteilte Polen unverzagt an der Idee seiner nationalen Zusammengehörigkeit festgehalten. Gerade die Erinnerung an das Schicksal Polens kann uns Deutschen helfen, die Last der Teilung zu tragen, solange wir nicht ›in freier Selbstbestimmung die Einheit und Freiheit Deutschlands‹ vollendet haben. Im gemeinsamen Wunsch nach nationaler Selbstbestimmung fühlen wir uns in besonderer Weise mit dem polnischen Volk verbunden.« (a.a.O., S. 11628)

Kohls Beschwörung der vorgeblichen Notwendigkeit »eines recht verstandenen Patriotismus«, die er am Beispiel der Polen de-

monstrieren will, richtet sich also an zukünftige Generationen, die
»jetzt wissen möchten, was die Zukunft bringt, ob die aufregen-
den Veränderungen im anderen Teil Europas das eigentliche Ende
der Nachkriegszeit bedeuten und was dies für Deutschland bedeuten mag...« (Vgl. a.a.O., S. 11633.) Es geht mithin um die symbolische Konstruktion einer neuen Legitimität des – noch nicht
(wieder-)vereinigten Deutschland. Angesichts der totalen Imprä-
gnierung der deutschen »Vaterlandsliebe«, des »deutschen Patriotismus« durch den Nationalsozialismus, erhebt sich neuerdings
die alte, in den ersten Nachkriegsjahrzehnten oft gestellte Frage,
welche historische Faser deutscher Traditionen durch den Nationalsozialismus so wenig betroffen ist, daß eine nachtotalitäre
Geschichte des Nach-Nachkriegsdeutschland wieder an sie anknüpfen könnte. Kohl nennt hier zwei Traditionsfasern: den deutschen Widerstand gegen Hitler, im besonderen die Männer des
20. Juli, und die deutschen Emigranten. Nun waren in früheren
Jahrzehnten die Männer des 20. Juli schon häufig als Legitimitäts-
garanten eines nachtotalitären Deutschland zitiert wurden, übrigens meist von Konservativen. Und im ähnlichen Sinne wurden,
meist von Linken, einzelne Figuren oder Gruppen der Emigration
als Pioniere zukünftiger demokratischer Traditionen stilisiert. Bisher war noch nicht vorgekommen, daß beide Gruppierungen zugleich genannt wurden. Vielleicht ist diese demonstrative Ausgewogenheit Kohls in der Stilisierung von legitimen Traditionen, an
die die – bald so genannte – »Berliner Republik« anknüpfen
könnte, der Vermutung geschuldet, daß die kommenden Ereignisse die Stabilität der Republik auf eine Probe stellen würden, die
es bisher noch nicht gegeben hat.

Der 9. November in Deutschland

Für die Liturgie politischer Feiertage in Deutschland ist der 9. November ein komplexes Datum. Am 9. November 1918 wurde in
Berlin die erste Republik auf deutschem Boden ausgerufen. Am
9. November 1938 fand in vielen deutschen Städten jenes staatlich

inszenierte Pogrom statt, das bis in unsere Tage hinein mit dem euphemistischen Etikett der »Reichskristallnacht« belegt wurde. Am 9. November 1989 fiel mit der Berliner Mauer das in Beton gegossene Mahnmal der deutschen Teilung. Oft war in den vergangenen vier Jahrzehnten der Satz formuliert worden, daß die deutsche Frage – sprich: die Frage nach einem einheitlichen deutschen Nationalstaat – offenbleibt, solange das Brandenburger Tor geschlossen ist. Jetzt, da es offen war, war absehbar, daß in kürzester Frist eine Antwort auf die deutsche Frage gefunden werden mußte.

Als die Mauer fiel, war Kanzler Kohl auf einem Staatsbesuch in Polen. Dieser Staatsbesuch war allein schon deshalb spektakulär, weil die erste demokratische Revolution in einer kommunistischen Gesellschaft zur Etablierung einer neuen Regierung geführt hatte und weil vor 50 Jahren der Angriff der Deutschen auf Polen stattgefunden hatte. Über diesen Staatsbesuch berichtet der Kanzler dem Parlament am 16. November, eine Woche nach dem Fall der Mauer. In der Debatte, die sich an Kohls Bericht anschließt, schiebt sich das Thema der deutschen Frage rasch in den Vordergrund. In ihr streiten sich die Abgeordneten – wie es Hans Koschnik im Verlauf der Debatte formulierte – über die angemessene »vergangenheitsbewußte, gegenwartsreflektierende und zukunftsorientierte« Wahrnehmung jener historischen Chancen, die sich mit dem Fall der Mauer eröffnet hatten. Das Spektrum der vertretenen Positionen reicht von wirtschaftsnational grundierten deutschnationalen Positionen auf der Rechten bis hin zu republikanisch motivierten Plädoyers für die Fortsetzung der Eigenstaatlichkeit einer demokratisch reformierten DDR auf seiten der GRÜNEN und linker Sozialdemokraten. Eine einflußreiche Mittelposition wurde von Willy Brandt formuliert.

Kohl spielt in seiner Erklärung auf die Ereignisse des 9. November 1989 in Berlin nur kurz an:

»Frau Präsidentin! Meine sehr verehrten Damen und Herren! Seit der Nacht vom 9. auf den 10. November hat sich die Lage der Nation im geteilten Deutschland grundlegend verändert. Nach über 28 Jahren hat der Freiheitswille unserer Landsleute in Ost-Berlin und in der DDR die Mauer und die Sperren, die uns von-

einander trennten, friedlich überwunden. Vor den Blicken der
Weltöffentlichkeit feierten die Menschen in Deutschland am vergangenen Wochenende nach fast drei Jahrzehnten der Trennung
ein Fest des Wiedersehens, der Zusammengehörigkeit und der
Einheit.« (1989/XI/176/S. 13331)

Anders als alle Debattenredner, die auf seine Erklärung reagieren, formuliert Kohl noch kein Konzept, in welcher politischen
Form der politische Vereinigungsprozeß vollzogen werden soll. In
einer impliziten Anspielung auf die widersprüchliche Wertigkeit
des 9. November in der deutschen Geschichte beschwört er freilich den Geist, in dem ein »neu vereinheitlichter« deutscher Nationalstaat realisiert werden soll. Kohl nennt neben »Auschwitz«
auch »Kreisau«, jenen Ort, der symbolisch für den deutschen Widerstand steht. Zu Auschwitz bemerkt Kohl:

»Das dunkelste, das schrecklichste Kapitel der deutschen Geschichte wurde in Auschwitz und Birkenau geschrieben. Ich habe
dort ins Besucherbuch eingetragen: Die Mahnung dieses Ortes
darf nicht vergessen werden. Den Angehörigen vieler Völker, insbesondere den deutschen Juden, wurde hier in deutschem Namen
unsagbares Leid zugefügt. Hier geloben wir erneut, alles zu tun,
damit das Leben, die Würde, das Recht und die Freiheit jedes
Menschen, gleich, zu welchem Gott er sich bekennt, welchem
Volk er angehört und welcher Abstammung er ist, auf dieser Erde
unverletzt bleiben.« (a.a.O., S. 13327)

In seiner Entgegnung auf die Erklärung des Kanzlers spielt der
Vorsitzende der SPD, Willy Brandt, ähnlich wie fast alle Redner
nach ihm, auf Geschehnisse an, die sich eine Woche zuvor auf
einer öffentlichen Kundgebung vor dem Schöneberger Rathaus
ereignet hatten. Diese Kundgebung, an der neben Brandt auch
Kohl teilgenommen hatte und die im gemeinsamen Absingen der
dritten Strophe des Deutschlandliedes gipfelte, war massiv durch
Pfiffe von Gegendemonstranten gestört worden. Ganz offensichtlich befürchteten diese Gegendemonstranten, unter ihnen viele
Ost-Berliner, daß mit der Mauer auch der Damm gebrochen war,
der in den vergangenen Jahrzehnten den deutschen Nationalismus im Zaume gehalten hatte. Brandt bemerkt hierzu:

»Die Pfiffe vor dem Rathaus am letzten Freitag... habe ich nicht gern gehört; ich habe sie wirklich nicht gern gehört. (Beifall bei der SPD, der CDU/CSU und der FDP.) Doch Pöbel war das nicht, wie ich hier und da gelesen habe. (Beifall bei der SPD und den GRÜNEN.) Es waren sehr viele Landsleute aus dem anderen Teil der Stadt dabei. (Beifall bei Abgeordneten der GRÜNEN – Frau Vollmer: Man kann sich das Volk schlecht aussuchen! – Zurufe von der CDU.) Ich kritisiere nichts, sondern ich frage uns miteinander über diesen konkreten Anlaß hinaus, ob unsere politische Sprache der veränderten Gemütslage der Nation hinreichend gerecht wird (Beifall bei der SPD und den GRÜNEN), ob man zumal mit überzogener Selbstsicherheit dem gerecht wird, was neu auf uns zukommt. Denn wir müssen uns alle miteinander sagen, daß Überheblichkeit ebensowenig angebracht ist wie die Attitüde der beleidigten Leberwurst.« (a.a.O., S. 13336)

Brandt macht also deutlich, daß die Debatte über das Verhältnis, in das die beiden deutschen Teilstaaten treten wollen, sich längst nicht mehr auf die politischen Eliten beschränkt. Die Rede von der »beleidigten Leberwurst« bezieht sich wohl auf die Bürger der DDR und die vermutete »Überheblichkeit« auf die Westdeutschen. Bevor Brandt aber für seine eigene Position plädiert, nämlich für eine »Neu-Vereinheitlichung«, betont er den weiteren europäischen und europapolitischen Kontext, in dem die absehbare Herausbildung eines neuen deutschen Nationalstaates stehen sollte:

»Meine Damen und Herren, über den Tag hinaus handelt der Prozeß, den wir erleben – geschichtlich wird es einmal so gewertet werden – vom Zusammenwachsen der beiden Teile Europas, nicht von heute auf morgen, aber zu einem wesentlichen Teil noch in dem Jahrzehnt, das vor uns liegt. Falsch wäre es... aus einer mißverstandenen europäischen Perspektive ableiten zu wollen, wir bräuchten uns um die Europäische Gemeinschaft nicht mehr soviel Mühe zu geben. Das Gegenteil ist richtig.« (a.a.O., S. 13336)

Erst dann kommt Brandt unmittelbar auf die Problematik der deutschen Einheit zu sprechen:

»Meine sehr verehrten Kolleginnen und Kollegen, neu und wiederholt stellt sich die Frage nach der deutschen Einheit. Offensichtlich halten die Landsleute in der DDR das Thema Wahlen jetzt für das vorrangige, und das kann ich verstehen ... Ich habe, wie mancher weiß ... seit vielen Jahren mein Problem mit dem »Wieder« bei der Vereinigung, weil ich überzeugt war und bin: Dies suggeriert, als könne etwas wieder so werden, wie es einmal war ... (Beifall bei der SPD und den GRÜNEN – Dr. Dregger: Nein, das »Wieder« bezieht sich auf die Einheit!) Und außerdem steht es nicht im Grundgesetz, Herr Kollege Dregger. (Beifall bei Abgeordneten der SPD und den GRÜNEN – Dregger: Aber im Deutschlandvertrag!) Das Grundgesetz fordert uns auf, für Selbstbestimmung und Einheit in Freiheit und für Europa ... zu wirken. Ich gebe zu, ich habe auf den anderen, an vergangene Vorstellungen erinnernden Begriff hingewiesen. Ich habe in diesem Zusammenhang gelegentlich sogar von einer Lebenslüge gesprochen ... Da sollte man miteinander so seriös wie möglich prüfen, was denn jetzt möglich ist ... Was wir erleben, meine Damen und Herren, das hat nun zu einem nicht unerheblichen Teil zu tun mit dem Heranwachsen einer Einheit von unten. Ich zögere jetzt ein bißchen, weil es so aufgefaßt werden könnte, als halte ich das Volk für etwas, was unten ist – im Verhältnis zu uns. Aber ich meine: von der Basis her, wie es im Neudeutschen heißt. Die Einheit wächst von den Menschen her, auf eine Weise, die so kaum jemand vorausgesehen hat.« (a.a.O., S. 13338)

Brandt glaubt, zwei Garantien für die Hoffnung zu besitzen, daß die Entstehung eines deutschen Nationalstaates nicht wieder an die Geschichte anschließt, die 1945 zur Teilung Deutschlands geführt hatten: einerseits der Kontext des europäischen Einigungsprozesses, in dem eine deutsche Neu-Vereinheitlichung eingebettet wäre, und andererseits die »basis«-demokratische Form, in der diese sich angeblich schon vollzieht. Die letzte Annahme hinterläßt freilich zwiespältige Gefühle. Schon allein die naturalisierende Metapher des »Heranwachsens einer Einheit von unten« (fett im Protokoll) und die vielzitierte Rede davon, »daß jetzt zusammenwächst, was zusammengehört«, scheint auf ein ethnobiologisches Verständnis von »Nation« zu verweisen, das man bei

Willy Brandt kaum vermuten kann. Um dem durch diese Wortwahl vielleicht genährten Verdacht entgegenzuwirken, daß es sich bei den von ihm beobachteten nationalen Einheitsgefühlen nicht erneut um jenen ausschließenden Nationalismus faschistischer Prägung handeln könnte, betont Brandt häufig die »Fröhlichkeit«, die »Unverkrampftheit« und geringe »Aggression« der Kundgebungen, die anläßlich der Maueröffnung in vielen deutschen Städten stattfanden.

Wie zerrissen die Sozialdemokraten in der Frage der Wiedervereinigung sind, zeigt der Redebeitrag des Berliner Bürgermeisters Walter Momper. Anders als sein Parteivorsitzender betrachtet er die Demokratiebewegung der DDR eben nicht »als ein Heranwachsen einer Einheit von unten«, sondern eher als eine innersozialistische Reformbewegung. Bei den Ereignissen, die zur Öffnung der Mauer geführt haben, fühlt sich Momper eher an den Prager Frühling und den Aufstand in Ungarn erinnert. Wenn er überhaupt diese Ereignisse in der DDR zum anderen deutschen Teilstaat in Beziehung setzt, dann in der Hoffnung, daß die politische Energie dieser Transformation des totalitären Sozialismus zu einem demokratischen auch verjüngend auf das demokratische System im Westen einwirken könnte. Denn anders als die Westdeutschen, denen die Demokratie von den Besatzungsmächten »geschenkt« worden sei, hätten sich die Bürger der DDR diese erkämpft. Diese Lesart der Ereignisse im Spätherbst 1989 setzt die gesamte Rede von der Wiedervereinigung dem Verdacht einer Vereinnahmung der DDR durch die Bundesrepublik aus. Momper:

»Die bei uns geführte Wiedervereinigungsdebatte ist für die in der Demokratiebewegung aktiven Bürger eine akademische Diskussion, die ihre Realität nicht trifft. Die demokratische Bewegung in der DDR ist auch ein Beispiel dafür, daß der Kampf für Freiheit Gemeinsamkeit und Identität stiftet. In dem Kampf für Veränderungen hat sich die Identität mit dem eigenen Land aufgebaut, für dessen Demokratisierung man Opfer gebracht hat. Das ist Volksherrschaft und Selbstbestimmung, und zwar im ganz ursprünglichen Sinne. Keine Gruppierung der DDR-Demokratiebewegung hat sich die Wiedervereinigung als programmatisches Ziel vorgenommen. Das Erstaunliche an dem Wiedersehen mit den 2 Millionen Menschen in Berlin war doch, daß das ohne jede nationalistische Emotion, aber um so herzlicher und um so menschlicher ablief. (Beifall bei der SPD und den GRÜNEN.) Die Demokratiebewegung in der DDR hat ihre Freiheit nicht durchgesetzt, um unter das Patronat eines gesamtdeutschen Staates gestellt zu werden.« (a.a.O., S. 13355)

Die Positionen des CSU-Abgeordneten Waigel und des Sprechers der FDP, Graf Lambsdorff, stehen in direktem Gegensatz zu der von Momper. Daß der Fall der Mauer zur deutschen Einheit führen wird, ist für Waigel selbstverständlich. Lakonisch bemerkt er:

»Die deutsche Frage steht auf der Tagesordnung. Wenn in Washington und Paris von führenden Vertretern der EG-Kommission wie von Vertretern der polnischen Solidarność gesprochen wird, wenn Schriftsteller wie Martin Walser und Reiner Kunze darüber reden und wenn selbst die Herren Augstein und Böhme über die Wiedervereinigung diskutieren, dann ist es auch unsere Aufgabe, jetzt und heute über Deutschland zu reden.« (a.a.O., S. 13344)

Für Waigel ist es keine Frage, daß die Gewährung des Rechtes auf demokratische Selbstbestimmung die DDR-Bürger veranlassen wird, für die Wiedervereinigung zu optieren. Dies ist zunächst nur eine empirische Einschätzung, die zu der von Momper und der Einschätzung aller grünen Abgeordneten in Widerspruch steht. Was Waigel selbst betrifft und auch Graf Lambsdorff, so ist die Annahme eines inneren Zusammenhangs von Selbstbestimmung und Wiedervereinigung nicht – oder zumindest nicht im Redetext erkennbar – Ausdruck eines nationalistischen Weltbildes. Die erkennbar nationalen Töne in beiden Reden sind eher verhaltener als bei Willy Brandt. Lambsdorff betont nur stärker und früher als Waigel die Notwendigkeit der Einbettung des deutschen Vereinheitlichungsprozesses in den Zusammenhang der Einigung EU-Europas. Die Unvermeidlichkeit der Einheit Deutschlands ergibt sich für die beiden Abgeordneten vielmehr aus der wirtschaftsliberalen Prämisse, daß sozialistische Zentralverwaltungswirtschaft und liberale Demokratie normativ und institutionell unvereinbar sind. In einer Formulierung, die sich ähnlich auch bei Lambsdorff findet, sagt Waigel:

»Wenn wir uns zur politischen und gesellschaftlichen Entwicklung in der DDR äußern, so hat dies nichts mit einer Einmischung in die inneren Verhältnisse zu tun ... Wenn die Reise in der DDR in Richtung Freiheit geht, dann müssen übergreifende Zusammenhänge beachtet werden. Freiheit ist unteilbar. Eine freiheitliche Demokratie ist mit einer zentralen Planwirtschaft ebensowenig vereinbar wie eine soziale Marktwirtschaft mit einem Einparteienregime.« (a.a.O., S. 13341)

Das Spektrum der Lesarten des Falls der Mauer und die in sie jeweils eingeschriebenen deutschlandpolitischen Implikationen verläuft also relativ quer zu Parteigrenzen. Willy Brandts »basisdemokratisch« geläutertes Plädoyer für das »Zusammenwachsen« beider deutscher Teilstaaten zu einem neu/alten deutschen Nationalstaat hat ähnliche strategische Implikationen wie der »DM-Nationalismus« vieler Christdemokraten und Liberaler. Mompers nur von wenigen Sozialdemokraten geteilte Deutung der DDR-Bürgerrechtsbewegung als einer innersozialistischen Reformbewegung legt es zwangsläufig nahe, die Eigenstaatlichkeit der DDR zu erhalten. In dieser Forderung trifft er sich zwar mit der grünen Abgeordneten Antje Vollmer. Freilich sind es andere Prämissen, die die Sprecherin der GRÜNEN zu dieser Forderung veranlassen. Antje Vollmer stellt nämlich die Ereignisse in der DDR, die zum Fall der Mauer führten, in eine Reihe mit den großen bürgerlichen Revolutionen, aus denen demokratische Republiken entstanden sind:

»Herr Präsident! Meine Damen und Herren! Liebe Kolleginnen und Kollegen! Die bleiernen Zeiten in Europa ... gehen vorbei. Der bleierne Schleier von Jalta, dieser eiserne Vorhang, der über uns hing, wurde aufgerissen, aber auch der Grauschleier über den beiden deutschen Republiken. In diesen Tagen wurde auf einmal das Mögliche sichtbar. Wir wissen von der Französischen und von der amerikanischen Revolution, wie sehr gerade die vielen kleinen Revolutionen zwischen den Menschen den Charakter und die

Grundstimmung dauerhaft prägen können. Es gibt im Leben ein Drittes zwischen der Alltagsgewohnheit von Sicherheit und Ängstlichkeit, nämlich Freiheit, selbstgemachte, atemberaubende Freiheit. Berlin im Herbst, d. h. mindestens die West-Berliner sind nun wohl für das ordentliche Verwaltetwerden durch jedwede Regierung für einige Zeit gründlich ›versaut‹. Das haben wir auch auf der Kundgebung vor dem Schöneberger Rathaus erlebt. Was da auf dem Platz stand, diese Zehntausende, das war die andere Republik live, lebendig, übermütig, genau hinhörend . . .‹ (a.a.O., S. 13372)

Aus dieser radikaldemokratischen Prämisse folgt konsequent »der Respekt vor dem Freiheitswillen der Deutschen in der DDR«. Antje Vollmer fragt:

»Was tun wir, wenn die Menschen in der DDR ihren eigenen Weg gehen wollen, einen Weg, der unserem zwar nahe, aber nicht ähnlich ist, und wenn sie darunter gerade nicht eine staatliche Wiedervereinigung verstehen? Sagen wir dann: Bist du nicht willig, so brauch ich Gewalt – politische oder ökonomische Gewalt? . . . Wenn die DDR in freier Selbstbestimmung sagt, wir wollen dieses Stückchen Freiheit, unser Leben und unseren Gesellschaftsvertrag selber zu bestimmen, an niemanden abgeben, so müßten wir dies respektieren. Dann aber ist die Position wie die von Herrn Lambsdorff . . . doch respektlos, die sagt: Natürlich helfen wir nur, wenn erst bestimmte Grunddaten der freien Marktwirtschaft eingeführt sind . . . (Dr. Müller, CDU/CSU: Wir schmeißen doch das Geld nicht zum Fenster hinaus!)« (a.a.O., S. 13374)

Frau Vollmer erinnert am Ende ihrer Rede noch an zwei säkulare Entwicklungen, die das politische Ziel eines neuen einheitlichen deutschen Nationalstaates ohnehin obsolet machen. Sie nennt zum einen die in ganz Westeuropa zu beobachtende Tendenz einer Dezentralisierung staatlicher Autorität und zum anderen die globalen ökologischen Probleme, die mit den politischen Mitteln einzelner Nationalstaaten ohnehin nicht bewältigt werden können.

Die deutsche Einheit

In der Nacht vom 22. zum 23. August 1990 beschließt die Volkskammer der DDR mit mehr als 80 Prozent der abgegebenen Stimmen den Beitritt der DDR zum Geltungsbereich des Grundgesetzes der Bundesrepublik Deutschland gemäß Artikel 23 des Grundgesetzes mit Wirkung vom 3. Oktober 1990. Zugleich war absehbar, daß sowohl die Beratungen zum Einigungsvertrag als auch die Zwei-plus-vier-Verhandlungen, welche die außen- und sicherheitspolitischen Bedingungen der deutschen Vereinigung regelten, bis zum 3. Oktober abgeschlossen sein würden. Das Ende jenes unvorsehbaren, sich fast überschlagenden Prozesses der deutschen »Neuvereinheitlichung«, dessen historische Möglichkeit ein knappes Jahr zuvor in einer Debatte anläßlich der 50. Wiederkehr des Überfalls der deutschen Wehrmacht auf Polen aufgeschienen war, zeichnete sich nun deutlich ab.

In seiner Erklärung zum 1. September 1989 hatte sich Kohl noch eindringlich zur Schuld der Deutschen an Krieg und Völkermord bekannt. Die Erinnerung der Folgen und Voraussetzungen des 1. September 1939 und die Imagination einer sich am Horizont abzeichnenden Chance der Aufhebung der deutschen Teilung waren in Kohls damaliger Rede noch aufeinander bezogen. Von der Erbschaft dieser Schuld und der aus ihr sich ergebenden Verpflichtungen für die Gestaltung des neuen deutschen Nationalstaates ist jetzt plötzlich nicht mehr die Rede. Zwar spricht Kohl durchaus von der Vergangenheit, auch von den Konzentrationslagern Buchenwald und Sachsenhausen, bezieht sich dabei aber nur auf die Insassen, die nach der Befreiung von der NS-Herrschaft durch die sowjetische Armee dort inhaftiert wurden:

»Der heutige Tag ist aber auch ein Tag der Erinnerung an das Leid, das die Teilung unseres Vaterlandes über so viele Menschen gebracht hat. Wir erinnern uns an die Männer und Frauen, die 1945 aus den Konzentrationslagern Buchenwald und Sachsenhausen befreit und ein wenig später dort erneut eingesperrt wurden. Viele andere wurden in Straflager gesperrt, nicht zuletzt und gerade auch Mitglieder der demokratischen Parteien, und wir wissen bis heute nicht genau, von wie vielen es dann nie wieder ein Lebenszeichen gab.« (a.a.O., S. 17439)

Als Beleg für seine stillschweigende Unterstellung, daß es zur normativen Orientierung des neuen deutschen Nationalstaates der öffentlichen Reflexion des Dritten Reiches nicht mehr bedarf, bezieht sich Kohl auf die gewaltlose Weise, in der sich in den vergangenen zwölf Monaten der Prozeß der deutschen Einheit vollzog. Ihm gilt mithin dieser Prozeß als eine Art demokratischer Reifeprüfung der Deutschen in Ost und West, die nun, nach bestandenem Examen, jenes Rückspiegels zur politischen Richtungsüberprüfung nicht mehr bedürften. Eine weitere Gewähr für einen »nichtnationalistischen« Kurs der neuen Bundesrepublik sieht Kohl in deren Einbettung in die »westliche Wertegemeinschaft« und in den Prozeß der europäischen Einigung. Im Vergleich mit anderen Reden Kohls fällt freilich auf, daß diese Anspielungen auf das zivilisierende Potential eines sich vereinigenden Europas relativ wenig Raum einnehmen.

Es ist gerade dieser Gesichtspunkt, um den herum die Rede seines sozialdemokratischen Gegenspielers Oskar Lafontaine organisiert ist. Lafontaine erinnert zunächst daran, daß die Oppositionsgruppen in der DDR, denen er das Hauptverdienst bei der Herbeiführung der deutschen Einheit zuspricht, nur Teil einer gesamteuropäischen Freiheitsbewegung waren. Dieser transnationale Blick auf die Ereignisse legt es mithin nahe, diese demokratisch und europäisch zu konzipieren:

»Wenn wir uns die Stationen des Einigungsprozesses in den letzten Jahrzehnten vergegenwärtigen, dann müssen wir erkennen, daß er uns zwei Verpflichtungen für die Zukunft hinterläßt. Dies ist das Entscheidende: Wir müssen den Einigungsprozeß demokratisch organisieren. Das sind wir all den Menschen schuldig, die als Verfolgte und als Bürgerrechtler unter den kommunistischen Diktaturen für die Demokratie gestritten haben ... Und wir müssen diesen Prozeß europäisch organisieren, weil es, insbesondere in Osteuropa, nicht verstanden würde, wenn wir jetzt dem Fehler erliegen würden, uns allzusehr auf die deutsch-deutschen Fragen zu konzentrieren.« (a.a.O., S. 17445)

Mit seinem Plädoyer für eine »demokratische« Konzipierung der deutschen Einheit meint Lafontaine zweierlei: erstens die Konstitution eines Verfassungsrates, dessen Entwurf den Deutschen in West und Ost erlauben würde, sich eine neue Verfassung zu geben, um so den demokratischen Makel der Beitrittslösung nach Artikel 23 Grundgesetz zu kompensieren. Und zweitens ein radikales Verständnis der Union Europas, in dem dieses nicht nur als ein Ensemble administrativ vernetzter Nationalstaaten verstanden wird, sondern als »Nation« eigenen Rechts. Das Nationverständnis, das Lafontaine hier zugrunde legt, ist offenkundig nicht das der vorpolitischen Schicksalsgemeinschaft, das für die deutsche Tradition schon vor dem Nationalsozialismus und über diesen hinaus bis in die Tage der deutschen Vereinigung Geltung hatte, sondern das republikanische Verständnis der amerikanischen und Französischen Revolution. Diese Konzeption der »Nation« als einer demokratischen Willensgemeinschaft, das Ernest Renan definierte »als Plebiszit, das sich jeden Tag wiederholt«, würde nach Lafontaine auch dem Umstand Rechnung tragen, daß die Herstellung der Einheit nicht nur die Deutschen in Ost und West einzubegreifen hätte, sondern auch die fünf Millionen Ausländer, die auf dem Territorium der (alten) Bundesrepublik leben. Diese Abkehr von der ethnischen Codierung der »Nation« in der deutschen Verfassungstradition macht Lafontaine unmißverständlich klar:

»Was hat dies mit unserem Nationenbegriff zu tun? Wir müssen uns orientieren an dem Nationenbegriff der Vereinigten Staaten, an dem Nationenbegriff Frankreichs oder an dem Nationenbegriff der Schweiz. Es wird unmittelbar einsichtig sein, daß ein Art. 116 nicht für die französische Republik, für die Vereinigten Staaten oder gar für die demokratische Schweiz konstituierend sein könnte. Konstituierend für die Zugehörigkeit zur Nation – dies ist das Entscheidende und dies heißt die Nation Europa bauen – muß in Zukunft sein, daß sich eine Gemeinschaft von Staatsbürgern zu den gleichen Zielen der Verfassung bekennt.« (a.a.O., S. 17446)

Lafontaine spricht in seiner Rede die Erbschaft des Nationalsozialismus nicht explizit an. Aber den meisten Parlamentariern wird deutlich gewesen sein, daß seine Forderung nach einer republikanischen und auf Europa bezogenen Revision des deutschen Verständnisses von Nation zugleich den Bruch mit jener verfassungsrechtlichen Tradition bedeuten würde, die eine der geistesgeschichtlichen Voraussetzungen für den von den Deutschen zu verantwortenden Völkermord gewesen ist. Denn deren exklusive Definition nationaler Zugehörigkeit mußte von den Nationalsozialisten nur ethnobiologisch zugespitzt werden, um das Programm einer »Ausscheidung des Nicht-Gleichartigen«[4] zu einer grauenvollen Realität werden zu lassen.

Zwischenbilanz

Es ist eine verbreitete Meinung in der politischen Wissenschaft, daß moderne Demokratien auf einen Kernbestand an gemeinschaftsstiftenden Wertorientierungen nicht verzichten können. Der Begriff der »Nation« dient oft als Kürzel für die Summe jener Symbole, Praktiken und Erzählungen, die beim Bürger vorpolitische Gefühle von Zugehörigkeit erzeugen sollen. Gerade in Zeiten dramatischer Orientierungskrisen sollen diese Symbole, Praktiken und Erzählungen einen sinnvollen Zusammenhang stiften zwischen einer positiv stilisierten Vergangenheit und einer ungewissen Zukunft. Darüber, wer wir sind und wie wir leben wollen, reden wir zumeist im Namen einer idealisierten Vergangenheit, der wir die Maßstäbe für unser zukünftiges Verhalten entlehnen. Die rituelle Beschwörung der großen Vergangenheit einer politischen Gemeinschaft, ihres – häufig so genannten – nationalen Erbes, ist die verbreitete Form, in welcher in modernen Gesellschaften der Kanon des für alle Bürger Verbindlichen definiert wird.

Das einschlägige Dilemma der Deutschen nach 1945 bestand eben darin, daß der durch den Holocaust markierte zivilisatorische Bruch es dem Nachfolgestaat des sogenannten Großdeutschen Reiches unmöglich machte, sich unmittelbar auf ein integres nationales Erbe zu berufen. Dieses Dilemma wurde in jedem Jahrzehnt der Nachkriegszeit im Parlament immer wieder neu reflektiert. Am Ende der 80er Jahre, angesichts der deutschen Vereinigung, war dieses Problem nicht mehr nur eines der Reflexion. Die Frage, in welchem Geiste und im Namen welcher Tradition die Vereinigung der beiden deutschen Teilstaaten vollzogen werden sollte, stand ganz oben auf der Tagesordnung der praktischen Politik.

Die große Streitfrage, an der sich in der gesamten Geschichte der Bundesrepublik bis heute die Geister scheiden, ist, wie angesichts der grauenvollen Verbrechen, die im Namen der deutschen Nation verübt worden, das vorpolitische Band zu konzipieren sei, das die Deutschen nach Hitler miteinander verknüpft. Die konservative Antwort auf diese Frage blieb im Laufe der Jahrzehnte immer dieselbe. Die Konservativen von Konrad Adenauer bis Helmut Kohl waren geneigt, die Bewältigung einer mit traumatischer Schuld belasteten Vergangenheit den scheinbaren Notwendigkeiten einer Bewältigung der nachfaschistischen Gegenwart unterzuordnen. Um der sogenannten »Identität« der Deutschen willen, wegen ihrer außenpolitischen Berechenbarkeit, der Selbstachtung der nach 1945 geborenen Generationen, zur Vorbeugung vor überkompensatorischen Neigungen eines militanten Anti-Faschismus usw. sei es geboten, jene zwölf Jahre zu entdämonisieren. Die Vertretbarkeit einer solchen Position, die die Integrität eines nationalen Erbes der Deutschen trotz Auschwitz behauptet, nahm natürlich mit dem Maß der zeitlichen Entfernung von 1945 zu. Schließlich konnte, wer in den 80er Jahren solche Positionen artikulierte, nicht mehr zwangsläufig einer klammheimlichen Sympathie mit dem Nationalsozialismus verdächtigt werden.

Die Position der »Linken«, sei es in Gestalt eines eher sozialistischen, sei es in Gestalt eines eher bürgerlichen Antifaschismus, war der konservativen Position diametral entgegengesetzt. Um der demokratischen Berechenbarkeit der Deutschen willen, der Selbstachtung der nachgeborenen Generationen, aber vor allem aus Respekt vor den Opfern des Nationalsozialismus und ihrer Nachfahren sei es geboten, diese Vergangenheit nicht vergehen zu lassen. Aus der Not der moralischen Korrumpierung des nationalen Erbes durch den Nationalsozialismus leitete die Linke die Notwendigkeit einer postnationalen politischen Tugend ab. Das Wort »postnational« bezeichnet eine Form der kollektiven Identitäts- und Solidaritätsbildung, die nicht mehr auf dem Exklusivitätsanspruch einer bestimmten Nation beruht, sondern auf universalistischen Rechtsprinzipien. Auch die postnationale Position gewann an Plausibilität erst mit dem zunehmenden Alter der Bundesrepublik. Kraft der durch die historische Tatsache des Holocaust gegebenen Nötigung zu einer kritisch-reflexiven Aneignung des nationalen Erbes nahmen die Westdeutschen eine Entwicklung vorweg, die sich in anderen Weltregionen erst gegen Ende des 20. Jahrhunderts abzeichnete – nämlich die einer De-Nationalisierung der Politik. Die Globalisierung der Wirtschaft und der wachsende Stellenwert suprastaatlicher Agenturen zum einen und die wachsende Vielfalt von Lebensformen, Lebensstilen und Milieus zum anderen stützen heute die verbreitete Vermutung, daß die identitätsstiftende Kraft des Nationalstaates abnimmt.

Der Streit über den Ort des Holocaust im politischen Bewußtsein der Deutschen, der im Grunde die gesamte Geschichte Nachkriegsdeutschlands durchzieht, gewann in der zweiten Hälfte der 8oer Jahre noch einmal an Prägnanz und Schärfe, und zwar in Gestalt des sogenannten »Historikerstreits«. Der Historikerstreit fand zwar in der vorparlamentarischen Öffentlichkeit statt, war aber mit den Debatten im Parlament unmittelbar verknüpft. Nur vordergründig stellte sich dieser Streit dar als ein innerwissenschaftlicher Disput zwischen Historikern. Faktisch war es von Anfang an eine öffentliche, in den Massenmedien ausgetragene Kontroverse über das Selbstverständnis der Deutschen nach dem Holocaust. Die geschichtspolitische Offensive Helmut Kohls, die in zahllosen Reden in und außerhalb des Parlaments deutlich wurde, seine sorgfältig inszenierten Auftritte mit den Präsidenten Mitterrand in Verdun und Reagan in Bitburg und die von ihm initiierten Diskussionen über die Ausrichtung eines Hauses der Geschichte der Bundesrepublik in Bonn und eines Deutschen Hi-

storischen Museum in Berlin bildeten den politischen Resonanzboden für den Historikerstreit.⁵

Nur über einen in unserem Zusammenhang symptomatischen
Aspekt dieser gut dokumentierten Kontroverse soll hier kurz berichtet werden: über den Streit zwischen Michael Stürmer und
Jürgen Habermas über das Problem der »deutschen Identität«.
Michael Stürmer war in den 8oer Jahren Berater Helmut Kohls.
Die ersten programmatischen Regierungserklärungen Kohls nach
der Wende, die wir oben betrachtet haben, trugen deutlich seine
Handschrift. Zugleich verteidigte Stürmer als Publizist die geschichtspolitischen Initiativen des Kanzlers. An der Figur Stürmers kann man noch einmal exemplarisch verdeutlichen, wie eng
der Historikerstreit mit Debatten und Positionen im Parlament
verzahnt war.

In einem kleinen, in zahllosen Varianten gedruckten Text mit
dem bezeichnenden Titel »Geschichte in einem geschichtslosen
Land« attestiert Stürmer den Deutschen eine »Identitätsschwäche«.⁶ Empirische Befunde über das geringe politische Selbstbewußtsein der Deutschen, über Entfremdungssymptome zwischen
den Generationen, über den raschen Wandel von Wertorientierungen erklärt Stürmer als Spätfolge jenes Identitätsvakuums, das
sich nach dem Zusammenbruch des Dritten Reiches in Deutschland bildete. Dieses Vakuum konnte in den ersten Jahrzehnten
der Existenz Westdeutschlands noch durch wirtschaftliche und
soziale Erfolge gefüllt werden. Da aber angesichts der krisenhaf-
ten wirtschaftlichen und sozialen Entwicklung in den 8oer Jahren
diese Identitätssurrogate immer weniger zur Verfügung stünden,
sei ein neuer »Grundkonsens über Vergangenheit, Gegenwart
und Zukunft« vonnöten. Den akademischen Historikern wird die
volkspädagogische Aufgabe zugewiesen, diesen Grundkonsens zu
definieren. Über den materialen Gehalt dieses Konsenses macht
Stürmer keine deutlichen Angaben. Aber die Wahl seiner Worte
legt die Deutung nahe, daß es sich um nationale oder, wie er sagt,
»patriotische« Wertorientierungen handelt. Historiker sollen – so
etwa geht die Argumentation – verlorengegangenen Sinn ersetzen
durch die Produktion zustimmungspflichtiger, in patriotischem

Geist konstruierter Geschichtsbilder. Die öffentliche Erinnerung der im Dritten Reich verübten Menschheitsverbrechen eignet sich nun natürlich denkbar schlecht für diese Aufgabe der Stiftung einer neuen patriotischen Identität der Deutschen. Stürmer gebraucht in diesem Zusammenhang gern das Wort von der »Schuldbesessenheit«, die er für die unterstellte Identitätsschwäche der Deutschen unmittelbar verantwortlich macht. Stürmers Programm eines funktionalen Nationalismus ist eine treffliche Selbstbeschreibung dessen, was die revisionistischen Historiker, allen voran Ernst Nolte, in ihren wissenschaftlichen wie publizistischen Arbeiten in den 8oer Jahren bereits praktizierten, nämlich die Einzigartigkeit der nationalsozialistischen Verbrechen herunterzuspielen, um die durch Schuldgefühle gekränkte deutsche Kollektivseele zu entlasten.

Mit Jürgen Habermas wird man auf die geradezu unbegreifliche Naivität aufmerksam, die dem Kerngedanken eines funktionalistischen Nationalismus zugrunde liegt. Michael Stürmer, seine publizistischen Mitstreiter und seinerzeit offenbar auch der von Stürmer beratene Kanzler, glauben der Identität der Deutschen einen Dienst zu erweisen, wenn sie vorschlagen, den Blick von den Leichenbergen im Keller der Nation abzuwenden. Das wissenschaftlich geplante und administrativ verordnete Vergessen als Therapie beschädigter Identität widerstreitet aber schon der elementaren Lebenserfahrung jedes erwachsenen Menschen, der Erfahrung nämlich, daß einzig das vorbehaltlose und uneingeschränkte Eingedenken einer Vergangenheit, samt all ihrer Schattenseiten, ihrer Konflikte und ihrer Schuld uns jene moralische Souveränität verleiht, die wir im Alltag Reife nennen. Habermas erinnert an die elementare psychoanalytische Einsicht, daß es Heranwachsende im Zuge ihrer Adoleszenz lernen müssen, die Erfahrung der liebenden und gewährenden Eltern mit der Erfahrung ihres Versagens und Entziehens zu einem zwar ambivalenten, aber einheitlichen Bild zusammenzubringen. Nur ein schwaches Ich, eine beschädigte Identität kann der neurotischen Nötigung nicht widerstehen, die dunklen Seiten aus dem Bild seiner Herkunftstradition herauszulösen. Im übrigen wissen wir aus der Erforschung des autoritären Charakters nur zu gut, daß diejenigen, die zu ethnozentrischen und rassistischen Einstellungen neigen, in offenkundig zwanghafter Weise ihre Herkunftsfamilie idealisieren. Das von den »Revisionisten« oder funktionalen Nationalisten vorgeschlagene Programm einer unbefragten Traditionsübernahme zur Stabilisierung einer aus den Fugen geratenen Identität ist aus dieser Sicht die Krankheit, die sie zu kurieren vorgibt. Eine intakte, eine nicht beschädigte Identität, sei es auf individueller, sei es auf kollektiver Ebene, ist gerade durch das Vermögen gekennzeichnet, sich von seinen Herkunftstraditionen durch kritische Reflexion zu distanzieren. Kritische Reflexion von Traditionen bedeutet nicht Traditionsabbruch, sondern bezeichnet die Kompetenz zu einer historisch offenen und produktiven Auseinandersetzung mit der eigenen Geschichte und die reflektierte Annahme oder auch Verwerfung von Werten und Traditionselementen.

Habermas behauptet keineswegs, daß die Vernichtung der europäischen Juden jegliche Kontinuität deutscher Traditionen durchschnitten habe. Nur hinterläßt dieses in der deutschen Geschichte einzigartige Ereignis die permanente moralische Nötigung, fortan alle deutschen Traditionen im Lichte dieser Schlüsselerfahrung zu prüfen. Habermas:

»Kann man für den Entstehungszusammenhang solcher Verbrechen, mit dem die eigene Existenz geschichtlich verwoben ist, auf eine andere Art haften als durch die solidarische Erinnerung an das nicht Wiedergutzumachende, anders als durch die reflexive, prüfende Einstellung gegenüber den eigenen, identitätsstiftenden Traditionen? Läßt sich nicht allgemein sagen: Je weniger Gemeinsamkeit ein kollektiver Lebenszusammenhang im Innern gewährt hat, je mehr er sich nach außen durch Usurpation und Zerstörung fremden Lebens erhalten hat, um so größer ist die Versöhnungslast, die der Trauerarbeit und der selbstkritischen Prüfung der nachfolgenden Generationen auferlegt ist? Und verbietet es nicht gerade dieser Satz, die Unvertretbarkeit der uns zugemuteten Haftung durch einebnende Vergleiche herunterzuspielen?«[7]

5
Die 90er Jahre: Sieg des Lebens?
Schuld des Lebens?

»... ich glaube, daß unsere Söhne mit Verwunderung
diese Versammlung so vieler Völker betrachten, die sich
so bekämpft haben, diese Gedenkfeier eines Ereignisses,
in dem sich Sieg und Niederlage vermischen, wo jeder
seine Toten zählt und beweint, wo manchmal
vergessen wird, sich zu wundern und zu freuen, daß
aus diesen Toten die Erkenntnis dessen entstanden ist,
was eine Zivilisation tun kann und was sie nicht tun
darf, was die Zukunft erwartet und was sie verbietet.«

François Mitterrand bei der Gedenkfeier
zur 50. Wiederkehr des Tages
der deutschen Kapitulation in Berlin

In seinem Aufsatz über »Kollektives Gedächtnis und kulturelle Identität« unterscheidet Jan Assmann das »kommunikative« vom »kulturellen Gedächtnis«.[1] Das kommunikative Gedächtnis umfaßt jene Formen der kollektiven Erinnerung, die auf kommunikativ geteilten, leibhaftig gemachten Erinnerungen beruhen oder auch nur auf der persönlichen Kenntnis von Personen, die die relevanten Ereignisse der uns betreffenden Geschichte noch selbst erlebt haben. Das wesentliche Merkmal, das das »kommunikative« vom »kulturellen Gedächtnis« unterscheidet, ist der Zeitraum, auf den es sich jeweils bezieht. Der Umfang des kommunikativen Gedächtnisses wird begrenzt durch das Erinnerungsvermögen lebender Menschen. Die Erinnerungen meiner Eltern und vielleicht auch noch die meiner Großeltern sind Teil meines Erfahrungsraums. Aber schon die Erinnerungen der Urgroßeltern verblassen in modernen Gesellschaften gegenüber dem Bild, das die Geschichtsschreibung, die Schulbücher und die Medien von der entsprechenden Epoche zeichnen.

Jenseits dieses kommunikativen, mit anderen geteilten Alltagswissens über die Geschichte beginnt die Sphäre des kulturellen Gedächtnisses. Die materiellen Formen des kulturellen Gedächtnisses sind vielfältig: Geschichts- und Schulbücher, Denkmäler, Repräsentativbauten, die Namen von Straßen und öffentlichen Plätzen, politische Feiertage, politische Rituale, protokollarische Liturgien usw. Diese Dokumente des kulturellen Gedächtnisses sind das Resultat von gesellschaftlichen Anstrengungen, die für wichtig befundenen Gehalte des kommunikativen Gedächtnisses in eine feste Form zu gießen, so daß sie über den engen Erfahrungshorizont von lebenden Personen hinaus eine feste, die Zeiten überdauernde und gemeinschaftsstiftende Symbolkraft gewinnen.

Für unseren Zusammenhang interessant ist die Phase des Übergangs vom »kommunikativen« zum »kulturellen Gedächtnis«. Weil Fragen der Definition zukünftiger Lesarten der Geschichte unmittelbar verknüpft sind mit Problemen der politischen Legitimität und der kollektiven Identität haben sie einen hohen Streitwert. Nicht zufällig befindet in vordemokratischen Systemen oft der Herrscher selbst über die kulturelle Objektivierung der relevanten Vergangenheit. Auch in demokratischen Gesellschaften sind Entscheidungen z. B. über nationale Denkmäler, Museen und Gedenkstätten, über die Einführung politischer Feiertage oder die Festlegung der historischen Curricula an Schulen und Hochschulen oft »Chefsache« der Regierungen und Parlamente.

Ein großer Teil der im Folgenden diskutierten Debatten können eben in dieser Übergangsphase des »kommunikativen« zum »kulturellen« Gedächtnis angesiedelt werden. Das in den 90er Jahren oft dramatisch geäußerte Bedürfnis nach einer verbindlichen Lesart des Stellenwerts der Nazi-Zeit im Bewußtsein der Deutschen am Ende des Jahrhunderts hat mit der Vereinigung der beiden deutschen Teilstaaten so sehr zu tun wie mit dem Umstand, daß die Generation der »Zeitzeugen«, die als Täter oder Opfer selbst noch die NS-Zeit erfahren haben, allmählich ausstirbt. Ein weiteres Merkmal, das – nach Jan Assmann – das »kulturelle« vom »kommunikativen« Gedächtnis unterscheidet, ist dessen »Reflexivität«. Das kulturelle Gedächtnis ist »reflexiv« nicht nur in dem Sinne, daß politische Gemeinschaften vergangenheitspolitisch festlegen, was nie vergessen werden darf. »Reflexiv« wird es schon durch den elementaren Sachverhalt, daß die gegenwärtige Erinnerung zentraler Bezugsereignisse der gemeinsamen Geschichte immer schon durch das Prisma der in der Zwischenzeit gemachten Erfahrungen gebrochen wird. So müssen sich die Symbolplaner der »Berliner Republik« angesichts der NS-Vergangenheit zwangsläufig auf die Konsequenzen beziehen, die die Gründer und Träger der »Bonner Republik« schon seit vier Jahrzehnten aus diesem traumatischen Zeitabschnitt deutscher Geschichte gezogen hatten.

Kurz nach der deutschen Vereinigung gab es freilich eine als solche unvorhergesehene dramatische politische Entwicklung, die dieses allmähliche Reflexivwerden der NS-Zeit unterbrachen.

Pogromähnliche Zustände in Hoyerswerda, Rostock und Magdeburg, rassistisch motivierte mörderische Brandanschläge in Solingen, Mölln und vielen anderen deutschen Städten sowie Brandanschläge auf eine Synagoge in Lübeck und eine Gedächtniseinrichtung im ehemaligen Konzentrationslager Sachsenhausen legten den Eindruck nahe, daß die Berliner Republik wieder dort anfängt, wovon die Bonner Republik sich im Laufe ihrer Existenz konsequent abgesetzt hatte.

Trotz oder wahrscheinlich wegen der Nazivergangenheit haben rechtsradikale Parteien und besonders rechtsradikale Bewegungen in der alten Bundesrepublik immer nur eine marginale Rolle gespielt. Nach der Vereinigung jedoch, nach der Wiederherstellung eines einheitlichen Nationalstaates erlebte die neue Bundesrepublik die Explosion eines fremdenfeindlichen gewaltbereiten Rechtsradikalismus, den es in dieser Art und und diesem Ausmaß seit der Nazi-Zeit nicht mehr gegeben hatte. In den jährlichen Berichten des Verfassungsschutzes und in der sozialwissenschaftlichen Protestforschung ist diese dramatische Zunahme deutlich dokumentiert.[2] In den letzten Jahren der alten Bundesrepublik waren durchschnittlich 250 Vorkommnisse »mit fremdenfeindlichem Hintergrund« registriert worden. Im Oktober 1991 sind es plötzlich 961. Danach geht die Kurve wieder leicht zurück, um im August 1992 wieder den Höchststand von 1163 zu erreichen; in den Jahren danach pendelt sich eine Durchschnittszahl von ca. 500 solchen offiziell registrierten »fremdenfeindlichen Gewalttaten« ein. Mit diesem Begriff werden physische Angriffe auf Fremde und Brandanschläge auf Unterkünfte von Ausländern bezeichnet, bei denen allein im Jahr 1992 17 Menschen getötet werden. Die Objekte dieser Gewalttaten waren vornehmlich Asylbewerber; aber auch Ausländer, die schon länger in Deutschland leben, waren betroffen. Nach 1993 wird auch eine deutliche Zunahme antisemitischer Vorfälle registriert. Diese Angriffe hatten zumeist keine offen sichtbare bzw. von den Tätern selbst explizierte politische Qualität. Mit Ausnahme der Ereignisse in Rostock und Hoyerswerda, bei denen es zum ersten Male seit der Nazi-Zeit wieder pogromähnliche Zustände in Deutschland gegeben hat, konnten die Täter meist nur auf eine »schweigende Zustimmung« der Bevölkerung rechnen. Das reale Maß dieser klammheimlichen Sympathie für die fremdenfeindliche und antisemitische Gewalt ist indes schwer zu messen. Die gerade als Folge des Holocaust geschehene psychische und soziale Tabuisierung xenophober Gewalt macht die Ermittlung dieser Zustimmung in der Form konventioneller Umfrageforschung fast unmöglich.

Ausländische Beobachter und kritische Zeitdiagnostiker waren nicht nur von der Explosion der gewalttätigen Fremdenfeindlichkeit im wiedervereinigten Deutschland irritiert, sondern auch von der zunächst zurückhaltenden Verurteilung dieser Verbrechen durch manche Regierungsvertreter. Manche konservative Politiker zeigten keine Hemmungen, die mehr oder weniger latenten fremdenfeindlichen Ressentiments für ihre Zwecke populistisch zu instrumentalisieren. Einem kritischen Blick mußte sich geradezu der Eindruck aufdrängen, daß mit der Wiederherstellung eines einheitlichen deutschen Nationalstaates auch die schlechte deutsche Normalität massenhafter antidemokratischer Ressentiments zurückgekehrt sei. In diesen Deutungsrahmen fügte sich die Tatsache nur zu gut, daß eines der ersten großen Gesetzesvorhaben der deutschen Politik nach der Vereinigung die Änderung bzw. restriktivere Fassung des Asylrechtsparagraphen im Grundgesetz war. Dieses menschenrechtliche Element in der (west-)deutschen Verfassung, das in seiner Großzügigkeit die Asylrechtsregelungen vergleichbarer Länder weit übertraf, war eine unmittelbare Reaktion der Verfassungsväter und -mütter auf die Vertreibungs- und Vernichtungspolitik des nationalsozialistischen Deutschland.

Auch manche Parlamentarier haben die Befürchtung ausgesprochen, daß mit der deutschen Vereinigung Deutschland wieder beim Status quo ante der Nachkriegszeit angekommen sei. Voller Verzweiflung bemerkt der sozialdemokratische Abgeordnete Wolfgang Thierse bei einer großen Debatte über »Ausländerfeindlichkeit und Rechtsextremismus« am 10. Dezember 1992:

»... Ich weiß nicht, wie es Ihnen ergeht, aber für mich ist unser politisches Reden, ist der gewohnte politische Betrieb kaum noch erträglich. Es erscheint mir dem gänzlich unangemessen, was um uns in Deutschland alltäglich geschieht: Haßausbrüche, Gewalttaten, Morde, Menschenverachtung und Gefährdung der Demokratie, Wiederaufleben des schlimmsten deutschen Ungeistes – als wäre alles umsonst gewesen, die millionenfachen Opfer des deutschen Faschismus, die schrecklichste Erfahrung, die ein Volk gemacht haben kann, nämlich ein Volk voller Täter gewesen zu sein ...« (1992/XII/128/S. 11056)

In derselben Debatte sagt Otto Graf Lambsdorff von der FDP in Anspielung auf den rechtsradikalen Täterkreis:

»Das sind diejenigen, die unser Land schon einmal ins Unglück geführt haben. Das sind diejenigen, die mit ihrer ideologischen Verbohrtheit und intellektuellen Beschränktheit unendliches Leid über die Welt gebracht haben und auf deren Fahnen Tod und Verfolgung standen ... Jeder Brandanschlag auf ein Asylbewerberheim, jede Gewalttätigkeit gegen Ausländer in Deutschland wird als Beweis dafür empfunden, daß Deutschlands Weg in Wahrheit nicht in die europäische Zukunft, sondern in deutsche Vergangenheit führt.« (a.a.O., S. 11049)

Und nach dem Brandanschlag auf eine Lübecker Synagoge in der Nacht vom 24. auf den 25. März 1994 bemerkt der sozialdemokratische Abgeordnete Siegfried Vergin in einer von der PDS beantragten »Aktuellen Stunde«:

»Frau Präsidentin! Meine Damen und Herren! Liebe Kolleginnen und Kollegen! Nie wieder – das war der tiefempfundene gemeinsame Wille demokratisch gesinnter Frauen und Männer in Deutschland nach dem Ende der nationalsozialistischen Gewaltherrschaft, nach Auschwitz. Nie wieder sollten Menschen auf Grund ihrer Rasse, ihrer Religion, ihres vermeintlichen Andersseins gedemütigt, verfolgt, getötet werden dürfen. Nie wieder sollte eine Synagoge brennen dürfen ... Seit der Nacht vom 24. auf den 25. März 1994 liegt erneut Brandgeruch über Deutschland, der an *die Nacht des 9. November 1938* erinnert.« (Hervorhebung im Original! H. D.; 1994/XII/219/S. 18986)

Diese explosive Zunahme rechtsradikaler und fremdenfeindlicher Gewalttaten, die den Eindruck nähren konnte, daß mit dem Fall der Mauer auch die Halterung gebrochen war, die Nach-

kriegsdeutschland vor dem Rückfall in seine Vorgeschichte bewahrte, repräsentierte indes nur die eine Seite des politischen Szenarios. Auf der anderen Seite entwickelte sich rasch eine anti-rassistische Gegenbewegung, deren breite Trägerschaft den Eindruck
widerlegte, daß Bonn/Berlin doch Weimar sein könnte.

Im November 1992 gab es in Berlin eine große, von der Bundesregierung selbst initiierte Demonstration. Am Rande dieser Veranstaltung gab es scharfe Proteste von linken Gegendemonstranten,
die mit einem gewissen Recht den »Schaufenstercharakter« einer
Demonstration kritisierten, die von Politikern initiiert worden
war, welche kurze Zeit zuvor den Asylrechtsparagraphen des
Grundgesetzes geändert hatten. Aber aus dieser Kritik an dem
fragwürdigen Unternehmen einer staatlich initiierten Großde-
monstration entwickelte sich dann nahezu spontan eine wirklich
zivile Protestkultur. Mit minimalem organisatorischen Aufwand
gelang es z. B. einer Gruppe in München, 400 000 Demonstran-
ten auf die Straße zu bekommen, die oft nichts anderes taten, als
zum Zeichen ihres Protestes eine Kerze anzuzünden. Innerhalb
kürzester Zeit schlossen sich etwa drei Millionen Bürgerinnen
und Bürger dieser Protestbewegung der »Lichterketten« an. Die
Spontaneität und der Umfang dieser Proteste zeigten deutlich,
daß in den vierzig Jahren der Existenz der Bundesrepublik eben
das entstanden war, was der Weimarer Republik gefehlt hatte –
nämlich eine aufmerksame und handlungsbereite »zivile Gesellschaft«, die nicht bereit war, den Nazis erneut die »Straße« zu
überlassen. Daß das Ausmaß rechtsradikaler Gewalt im weiteren
Verlauf der 90er Jahre zurückging, ist gewiß nicht allein den
»Lichterketten« zu verdanken. Eine erst allmählich konsequenter
werdende polizeiliche Repression und die strikt anti-rassistische
Politik deutscher Unternehmen, die um ihre Absatzmärkte im
Ausland fürchteten, taten ein übriges, um den neuen Rechtsradikalismus einzudämmen.

Bonner versus Berliner Republik

Bei der Ursachenforschung über die Explosion rechtsradikaler Gewalt im neu vereinigten Deutschland ist als einer der möglichen Gründe der Umstand genannt worden, daß es im Parlament keine wirkliche Diskussion über das historische Selbstverständnis der Bundesrepublik Deutschland nach der Vereinigung gegeben hat. Diese Einschätzung ist freilich nur zum Teil zutreffend. Zwar waren die meisten Debatten über die Folgeprobleme der Vereinigung im Bundestag der frühen 90er Jahre tatsächlich geprägt vom Mix eines hohlen Pathos einerseits und eines geschäftigen Pragmatismus andererseits.

Eine Ausnahme indes bildet in dieser Hinsicht die sogenannte Berlin-Debatte, also die Debatte über die Frage, ob Berlin nicht nur nominell, sondern auch faktisch die Hauptstadt des neu vereinigten Deutschland werden soll. Diese Debatte fand statt am 20. Juni 1991. Die pragmatischen, finanziellen und rechtlichen Dimensionen dieser Entscheidung spielten in der Debatte eine weitaus geringere Rolle als die strittigen Fragen der historisch-politischen Symbolik, die in der Alternative »Bonn« versus »Berlin« eingeschlossen waren.

Die parlamentarische Debatte über die Wahl der Bundeshauptstadt war notwendig geworden, weil tags zuvor der Antrag, diese Frage per Volksabstimmung entscheiden zu lassen, im Parlament keine Mehrheit gefunden hatte. Der Debatte lagen fünf Anträge zugrunde, die aber in ihrer Substanz auf drei wirkliche Entscheidungsalternativen hinausliefen: Die erste Alternative lief hinaus auf eine deutliche Fortschreibung der Bonner Republik. Bonn sollte Parlaments- und Regierungssitz bleiben. Nur der Bundespräsident und der Bundesrat sollten in der Hauptstadt Berlin residieren. Die zweite Alternative war bewußt als Kompromißlösung konzipiert worden. Berlin sollte zum Sitz der Regierung, Bonn zum Sitz des Parlaments werden. Die dritte Alternative, auch »Berlin-Antrag« genannt, wollte Regierung, Parlament und andere zentrale Bundesbehörden in Berlin konzentrieren.

Um dieser Debatte auch wirklich den Charakter einer repräsentativen demokratischen Diskussion zu geben, hatte der Ältestenrat ein ungewöhnliches Diskussionsverfahren gewählt, so daß möglichst viele Abgeordnete aktiv an der Debatte teilnehmen konnten. Nach der Begründung der fünf vorliegenden Anträge wurde die Aussprache in Form einer sogenannten »Aktuellen Stunde« fortgesetzt, in der die Sprecher jeweils fünf Minuten Zeit hatten, um ihr Votum zu begründen. So wurde es möglich, daß fast hundert Abgeordnete sich an der Diskussion über die Hauptstadtfrage beteiligten.

Das auf den ersten Blick auffälligste Merkmal dieser Debatte war, daß überkommene politische Frontlinien – etwa zwischen »links« und »rechts« – für die jeweilige Entscheidung offenbar keine Rolle spielten. Für »Berlin« optierten PDS-Abgeordnete zusammen mit konservativen Christdemokraten und »national« orientierten Sozialdemokraten wie etwa Willy Brandt, für »Bonn« optierten Abgeordnete aus allen Parteien. Seine Verwirrung über die Durchkreuzung aller alten Frontlinien artikuliert der Ministerpräsident von Nordrhein-Westfalen, Johannes Rau, in großer Offenheit:

»... Es ist eine Debatte, die schon ihre merkwürdigen Akzente hat ... Ich weiß nicht, wem von Ihnen es auch so geht wie mir: Da sitzt man da und schüttelt den Kopf bei Rednern, die man seit Jahren und Jahrzehnten verehrt und mit denen man befreundet ist. Da gibt man Leuten Beifall, bei denen man früher keine Hand gerührt hätte. (Das Protokoll vermerkt: Heiterkeit und Beifall im ganzen Haus.) Dann ist man beeindruckt von Argumenten für die Position Berlins. Dann hört man jemand, der für Bonn wirbt und man denkt: Na, wenn er es doch ein bißchen anders sagte ...« (1991/XII/34/S. 2767)

Die vielfach beklagte Verwirrung in der Diskussion ergab sich gewiß auch aus dem schlichten Umstand, daß eine mit hohem Zeitdruck verknüpfte Sachdiskussion zum Schauplatz für eine historische Selbstverständigungsdebatte wurde, die unendlich mehr Zeit und Reflexionsraum erfordert hätte. Denn die jeweiligen Optionen für »Bonn« oder »Berlin« waren durchtränkt von Vergangenheitsdeutungen und Zukunftsprämissen, deren komplexe Implikationen kaum einem Redner wirklich klar waren. Dies registriert freimütig der CDU-Abgeordnete Geißler in seiner Begründung für seinen Kompromißantrag:

»Wir fällen diese Entscheidung in einem Zeitabschnitt, in dem unsere Geschichte wieder Wirklichkeit wird: 47 Jahre Kaiserreich, Preußen, Zweiter Weltkrieg, Weimar, Kataklysma des Nazireichs, 60 Millionen Kriegstote, Flucht und Vertreibung und 17 Millionen Deutsche nahtlos von der braunen Diktatur in die rote Diktatur. Und im Westen: die Demokratie, die längste Zeit freiheitlicher Geschichte, mit dem Namen Bonns verbunden, mit dem Föderalismus, der unser Staatswesen überlegen gemacht hat, eine neue Demokratie, soziale Marktwirtschaft, Adenauer, Schumacher, Heuss, Europa und die Westbindung – und gleichzeitig Berlin, die Hauptstadt der Freiheit, die Hauptstadt gegen die Usurpation des roten Zaren, Symbol der Menschenrechte und Signal der Freiheit für Millionen von Menschen. Meine sehr verehrten Damen und Herren, vieles ist gesagt worden: über Preußen, über die Vielfalt unserer Geschichte. Das alles ist vergangen. Gegenwart ist der 3. Oktober, ist Brandenburg und sind die neuen Länder mit den Ängsten und Hoffnungen von Millionen von Menschen, die für die Freiheit, für die Gleichheit und die Brüderlichkeit auf die Straße gegangen sind, genauso wie die Polen und die Tschechen... Das ist die komplexe deutsche Wirklichkeit, die Vielfalt, wie sie sich uns darstellt...« (a.a.O., S. 2741)

Auch in den Stellungnahmen vieler anderer Politiker wurde deutlich, daß die in der Alternative »Bonn« oder »Berlin« beschlossene historisch-politische Symbolik viele Schichten hat. In der publizistischen Diskussion, die der parlamentarischen Debatte seit Wochen vorausgegangen war, hat sich das folgende plakative Deutungsmuster durchgesetzt: »Bonn« war ein programmatischer Begriff für die erste erfolgreiche parlamentarische Demokratie auf deutschem Boden. Die linksrheinisch, im äußersten Westen der Republik gelegene Stadt symbolisierte schon geographisch die Selbstzuordnung Nachkriegsdeutschlands zur westlichen Welt, d. h. zu den Traditionen der westlichen Demokratie, zur NATO und zum Projekt eines Vereinigten Europa. »Bonn« stand für Föderalismus und nationale Bescheidenheit. Erst am Ende der alten Bundesrepublik wurde klar, daß »Bonn« einen wirklichen Neuanfang der deutschen Geschichte repräsentierte. »Bonn« verkörperte die Lehre, die die Westdeutschen aus der Erfahrung der nationalsozialistischen Epoche gezogen hatten. »Berlin« hingegen stand in dieser solcherart polarisierten Sicht für die deutsche Vergangenheit, für die Wiederanknüpfung an preußische Traditionen, für einen zentralistischen deutschen Nationalstaat. Berlin lag an der Ostgrenze der jetzt erweiterten Republik; diese geographische Lage konnte die alten geopolitischen Träume von der Mittellage nähren und damit die Neigung zu einer Abkehr von den westlichen Traditionen, die die »Bonner Republik« so sehr geprägt hatten. Und schließlich konnten weder der Widerstand gegen die Blockade der Sowjets im Winter 1948/49 noch der Aufstand der Berliner Arbeiter am 17. Juni 1953, noch der Durchbruch der Mauer am 9. November 1989 den Eindruck wegwischen, daß die Stadt das exekutive Zentrum von zwei totalitären Herrschaftssystemen auf deutschem Boden gewesen war. »Berlin« stand mithin in dieser verbreiteten Sicht für die Rückkehr zu einem Status quo ante der Deutschen, d. h. zu einem historischen Zustand, der sich nicht mehr ausschließlich in Reaktion auf die Katastrophe der Deutschen definierte.

Diese hier stark polarisierte Sichtweise machten sich freilich nur wenige Politiker zu eigen. Fast durchweg bemühten sie sich, die Option für »Bonn« oder »Berlin« zu begründen, ohne gleichzeitig der abgelehnten Alternative den Respekt zu verweigern. Zwei prägnante Ausnahmen von dieser Regel sollen hier zu Wort kommen: Willy Brandt, ehemaliger Bundeskanzler, Parteichef der SPD und jetzt Alterspräsident des Bundestages, und der Parlamentsneuling Uli Briefs von der PDS.

Willy Brandt scheut sich nicht vor Pathos, als er sein dramatisches Plädoyer für Berlin mit der Formulierung einleitet: »Es geht um eine *nationale* (Hervorhebung von mir, H. D.) Weichenstellung.« (a.a.O., S. 2749) In einer Kritik an der Auffassung der Anhänger der »Bonner Republik«, der zufolge in einer europäischen Union zentralistische Hauptstädte ohnehin an Stellenwert verlieren würden, unterläuft ihm ein eigentümlicher Gedanke, dem im Laufe der Debatte von allen Seiten scharf widersprochen wurde: »In Frankreich wäre übrigens niemand auf den Gedanken gekommen, im relativ idyllischen Vichy zu bleiben, als fremde Gewalt der Rückkehr in die Hauptstadt an der Seine nicht mehr im Wege stand.« (a.a.O., S. 2750)

Sein Argument wäre akzeptabel, wenn sich die Analogie nur auf die ruhige kleinstädtische Atmosphäre von Vichy und Bonn bezog. Aber in politischem Sinne stand »Vichy« für ein undemokratisches Unrechtsregime von Hitlers Gnaden. »Bonn« würde in diesem Vergleich zu einem Unrechtsregime von Gnaden der westlichen Alliierten, und die deutsche Vereinigung von 1990 wäre ein Befreiungsakt der deutschen Nation von der Fremdherrschaft der Alliierten. Viele Teilnehmer der Debatte, die nach Brandt sprechen, kommen auf diese Analogie zurück. Sie wird durchweg scharf zurückgewiesen, auch von Mitgliedern seiner eigenen Partei wie etwa Peter Glotz. Auch Raus Bemerkung über den Redner, über dessen Beitrag man den Kopf schüttelt, obwohl man ihn seit Jahrzehnten verehrt, könnte sich auf den Debattenbeitrag von Willy Brandt beziehen. Es ist freilich unwahrscheinlich, daß Brandt in dieser offenbar frei gesprochenen Redepassage die Implikationen seines Vergleichs bedacht hat. Schließlich wäre die politisch-historische Gleichsetzung von Vichy und Bonn Ausdruck eines rechtsextremen Weltbildes, das man einem Willy Brandt in keiner Weise unterstellen kann. Aber sein Argument bliebe auch dann schief, wenn es sich nur auf die ruhige Atmosphäre der beiden Kleinstädte beschränkt hätte. In einer sehr viel späteren Phase der Debatte kommt der christdemokratische Abgeordnete Christian Schmidt noch einmal auf Brandts Analogie zurück. Er konfrontiert sie mit der den Deutschen viel näher liegenden Analogie von Weimar und Berlin. Er fragt sich, ob das Schicksal der Weimarer Republik nicht vielleicht einen anderen Verlauf genommen hätte, wenn die Stadt, in der sie gegründet wurde, auch Sitz des Reichstages geworden wäre (vgl. a.a.O., S. 2820).

Die radikale Alternative zu Willy Brandts starkem Plädoyer für Berlin (»nationale Weichenstellung«), die mit einer, wenn auch mißverständlichen Herabsetzung von Bonn einhergeht, ist Ulrich Briefs radikal antifaschistisches Plädoyer für Bonn. Berlin wird von ihm in toto mit der nationalsozialistischen Vergangenheit identifiziert. Berlin sollte nicht nur nicht Sitz von Regierung und Parlament der erweiterten Bundesrepublik werden. Ihm sollte auch der Titel der Hauptstadt aberkannt werden:

»... Berlin war als Hauptstadt des dutzendjährigen Dritten deutschen Reiches die Hauptstadt des unmenschlichsten politischen Terrorsystems der gesamten Menschheitsgeschichte. (Zuruf von der CDU/CSU: Brunnenvergifter!) ... Dieser Terror verbindet sich im Gedächtnis der Menschen in den europäischen Nachbarländern nach wie vor mit Berlin. Berlin war die Stadt des Reichssicherheitshauptamtes, des Gestapo-Hauptquartiers, des Oberkommandos der Wehrmacht, des Volksgerichtshofs... (Zuruf von der CDU/CSU: Stasi!) ... Es war insbesondere die Stadt der Wannsee-Konferenz, des systematisch geplanten, entschiedenen und organisierten Völkermordes an Juden, auch des Völkermordes an Sinti und Roma, des millionenfachen Mordes an Frauen, Kindern, Männern, sowjetischen Kriegsgefangenen, Zwangsarbeitern und Zwangsarbeiterinnen... Berlin war als Hauptstadt – als Hauptstadt und nicht zufällig! – die Stadt der Schreibtischtäter und der Schreibtischmittäter des NS-Terrors; das darf nicht vergessen werden. Deshalb, weil Berlin die Hauptstadt dieses Dritten deutschen Reiches war und weil es als diese Hauptstadt zentraler Ort der Planungen und Entscheidungen, die zu diesen Verbrechen geführt haben, war, kann es nach meiner Meinung nicht wieder Hauptstadt sein. Ich schlage auch deshalb vor, das zu einem späteren Zeitpunkt formell zu beschließen...« (a.a.O.)

Die extrem polarisierten Stellungnahmen von Brandt und Briefs waren zwar für nichts repräsentativ. Aber sie zeigen deutlich die fundamentalen Veränderungen im Symbolhaushalt der Deutschen nach der Vereinigung. Während der Abgeordnete Briefs von der PDS aus antifaschistischen Motiven für jene Stadt optiert, die in der Wahrnehmung der Linken für lange Zeit als »Hort der revanchistischen Kräfte« galt, kehrt der lange Zeit als links geltende Sozialdemokrat Willy Brandt zu den nationalistischen Motiven Kurt Schumachers zurück und sieht in der Entscheidung für Berlin eine »nationale Weichenstellung«.

Die Plädoyers anderer Abgeordneter haben die Frage der historisch-symbolischen Implikationen der Hauptstadtwahl nur mittelbar berührt. Die ostdeutschen Abgeordneten sind – unabhängig von ihrer Parteizugehörigkeit – für Berlin als Hauptstadt, weil sie darin eine symbolische Aufwertung der beigetretenen Länder sehen. Sie berühren sich darin mit älteren Abgeordneten der CDU und SPD, die gemäß der alten Präambel des Grundgesetzes im Umzug von Regierung und Parlament nach Berlin die Vollendung der deutschen Einheit sehen. Eine nicht nur auf die »föderale« Vergangenheit der alten Bundesrepublik, sondern auch auf die Zukunft des vereinigten Europa bezogene Position ist gegen Berlin, weil diese neue zentralistische Metropole der Idee eines Europas der Regionen widerstreitet. Andere sind wiederum für Berlin, weil es im Zuge einer zum Osten hin erweiterten Europäischen Union das angemessenere Zentrum des EU-Mitglieds Deutschland wäre. Der CDU-Abgeordnete Oscar Schneider möchte überhaupt die symbolische Aufladung der Alternative »Bonn« versus »Berlin« vermeiden. Mit einem gewissen Recht betont er, daß die erste deutsche Demokratie zwar in, aber nicht an Berlin gescheitert ist, ähnlich wie die zweite deutsche Demokratie in, aber nicht an Bonn genesen ist.

Ein neues Argument bringen einzig die Abgeordneten Hans-Jochen Vogel von der SPD und Konrad Weiß vom Bündnis 90/ Grüne ins Spiel. Ihre Position liegt jenseits jener durchgängigen Konfliktachse, auf der die totalitären Erfahrungen der Deutschen eo ipso gegen Berlin und die guten Erfahrungen mit der Demokratie eo ipso für Bonn sprechen. Gerade weil in Berlin die dunkelsten Kapitel der deutschen Geschichte spielen, soll es die Hauptstadt der neuen Bundesrepublik werden. Hans-Jochen Vogel schließt seine kurze Rede in Anspielung auf Berlin:

»Ich müßte mich vor der Stadt schämen, die wie keine andere die deutsche Geschichte in ihren dunklen, aber auch in ihren hellen Seiten repräsentiert ... Ich möchte, daß Parlament und Regierung dort ihren Sitz haben, wo wir nicht nur an einen guten und besonnten Abschnitt der deutschen Geschichte, sondern an unsere ganze Geschichte mit all ihren Höhen und Tiefen erinnert werden.« (a.a.O., S. 2781)

Und Konrad Weiß sagt:

»Berlin ist auch Symbol deutscher Schuld. Der brennende Reichstag steht für die tiefste Niederlage der Menschlichkeit und Demokratie in Deutschland. Die rote Siegesfahne auf seinem Dach erinnert mahnend an die Opfer, die von der Völkergemeinschaft und von wenigen mutigen Deutschen erbracht worden sind, damit Deutschland wieder ein demokratisches und menschliches Land werden konnte. Nun, seit der Vereinigung hat der Reichstag seine Würde wieder. Gibt es einen Ort, der geeigneter sein könnte für ein Parlament?« (a.a.O., S. 2774)

Mit diesem so begründeten Plädoyer knüpfen Weiß und Vogel zugleich an das Erfolgsgeheimnis der »Bonner Republik« an. Denn diese hatte sich in schmerzhafter Langsamkeit zu einer Demokratie nur bilden können, weil sie durch die Rechtsnachfolgerschaft gegenüber dem Dritten Reich in Permanenz genötigt war, die Bedeutung jener Vergangenheit für die Gegenwart immer wieder neu zu reflektieren. Die alte Bundesrepublik war – nach den Worten von Rainer Lepsius – gezwungen, die Nazi-Zeit zu »internalisieren«. Sie unterschied sich damit fundamental von zwei anderen Nachfolgestaaten des Großdeutschen Reiches, nämlich der DDR und Österreichs. Diese beiden Staaten hatten ihre jeweilige totalitäre Vorgeschichte nur zur Kontrastfolie ihres eigenen nach-totalitären Selbstverständnisses gemacht – mit dem infamen Resultat, daß sie sich nicht nur aus der Haftung für diese Geschichte fortstahlen, sondern aus ihren Hypotheken sogar noch Legitimationsprofite für die nachfaschistische Ära ziehen konnten. In einem ähnlichen Sinn würde in der historischen Situation der Geburt der neuen Bundesrepublik Deutschland die Entscheidung für die Kontinuität der Bonner Republik deren spezifische Vorgeschichte verkannt, während die Hauptstadt Berlin die Übernahme der Verantwortung für die ganze deutsche Geschichte symbolisiert.

Die Verhüllung des Reichstags

Am 25. Februar 1994 gab es im Deutschen Bundestag eine Aussprache über das Ansinnen des Aktionskünstlers Christo, das Gebäude des Reichstags zu Berlin mit ca. 100 000 qm Stoff zu verhüllen. Das Ergebnis der Aussprache ist bekannt. Die 14 Tage währende Aktion fand statt im Juni 1995. Ihr spektakulärer Erfolg bestätigte weitgehend die Abgeordneten, die sich mit großer Mehrheit für das Projekt ausgesprochen hatten. Eine bessere Werbung für das neue demokratische Deutschland, für die von vielen Startschwierigkeiten begleitete Berliner Republik hätte sich kein PR-Büro ausdenken können.

Die auf eine Stunde angesetzte Debatte hatte ausdrücklich nicht den Zweck gehabt, ästhetische Werturteile über Christos Projekt auszutauschen. Es ging ausschließlich um die Frage, ob das Gebäude des Reichstags angesichts seines hohen nationalen Symbolwerts ein legitimes Objekt für Christos Verhüllungsaktion war. Über seinen außerordentlichen historischen Symbolwert waren sich alle Abgeordneten einig. Das Gebäude symbolisiert die Anfänge der parlamentarischen Demokratie in Deutschland. Hier wurde am 9. November 1918 die Republik ausgerufen. Der Brand des Reichstagsgebäudes war ein Menetekel am Beginn der Nazi-Herrschaft; an ihrem Ende stand das zur Ikone gewordene Bild des Rotarmisten, der auf dessen Dach die Fahne des Siegers aufpflanzt. Auf der Treppe des Reichstags stand am Abend des 3. Oktober 1990, dem Tag der Vereinigung, die Prominenz der bundesdeutschen Politik und sang die Nationalhymne.

Nur ganz am Rande wurde über die Gründe gesprochen, die Christo und seiner Unterstützergruppe selbst für die Wahl ihres Objektes genannt hatten. Diese Gründe hatten sich auch im Verlauf der langen 22 Jahre, in denen Christo sich mit dem Projekt der Reichstagsverhüllung beschäftigte, gewandelt. Zunächst hatte diese Aktion ein provokativer Anstoß zur Reflexion über die NS-Vergangenheit der Deutschen sein sollen. Dann sollte die besondere Qualität dieses Ortes als Nahtstelle der beiden feindlichen Systeme hervorgehoben werden. Und nach der Wende verband sich mit der Verhüllung die Absicht einer ästhetischen Symbolisierung demokratischer Traditionen für das neu vereinigte Deutschland.

Es gab eine Reihe von Redebeiträgen, die sich fast alle für das Projekt aussprachen. Seine Gegner beschränkten sich weitgehend auf Zwischenrufe. Nur in zwei Beiträgen, in dem von Konrad Weiß und dem von Wolfgang Schäuble, zeichnet sich eine prägnante Kontroverse ab. Für den Sprecher der Bündnisgrünen, Konrad Weiß, bietet die Aktion der Verhüllung und Enthüllung des Reichstags den Deutschen die Gelegenheit zu einer ästhetisch-ironischen Selbstdistanzierung und damit die Chance einer Schärfung ihres demokratischen Bewußtseins. Für den Fraktionsvorsitzenden der CDU/CSU ist das Reichstagsgebäude ein quasi-sakrales Staatssymbol. Seine ironisch-ästhetische Verfremdung könne den normativen Zusammenhalt der Deutschen gefährden.

Konrad Weiß:

»Die Verhüllung des Reichstags, meine Kolleginnen und Kollegen, ermöglicht es uns, diesen zentralen und ambivalenten Abschnitt deutscher Geschichte in anderem Licht zu sehen und sinnlich neu zu erfahren. Die Verhüllung ist keine Entwürdigung. Sie ist ein Ausdruck der Ehrfurcht und schafft Freiraum zur Besinnung auf das Wesentliche. In der katholischen Liturgie der Karwoche wird das Kreuz verhüllt, um dann am Höhepunkt des Karfreitags feierlich enthüllt zu werden. In der jüdischen Tradition sind es die Thorarollen, die verhüllt werden, um immer wieder daran zu erinnern, wie kostbar das ist, was sie bergen … Der Reichstag wird … hervorgehoben als ein besonderer Ort, ganz einmalig und unvergleichbar. Durch die Verhüllung wird unsere Erinnerung an das, was in und mit diesem Haus geschehen ist, an die Schaffung, den Untergang und die Wiedergeburt der Demokratie belebt. Die Verhüllung ist Erinnerungsarbeit. Nichts anderes kann unsere Auseinandersetzung mit der Geschichte doch sein: daß wir uns ein Bild machen von dem, was sich unter den Ablagerungen der Zeit an gewesener Wirklichkeit bietet … Das ist die Vision: Der Stein des Reichstags wird eine Zeitlang unseren Blicken verborgen. Was bleibt, ist die Form unter dem weich fal-

lenden Stoff, die veränderte, verfremdete Gestalt. Was wir wirklich sehen werden, können auch Christos Zeichnungen nur
andeuten. Es wird ein Einschnitt sein in die Geschichte dieses
Hauses, und – anders als beim Brand vor einem halben Jahrhundert – es wird eine friedliche, eine schöpferische Zäsur sein. Der
weiche Stoff, der den Reichstag umhüllt, wird uns an die Flam-
men gemahnen, die aus diesen Mauern schlugen, und daran, wie
verletzlich und gefährdet Demokratie ist. Die Enthüllung schließlich ist das Symbol für die Wiedergeburt der Demokratie, für den
Aufbruch unseres Landes, das mit der Wiedervereinigung ein
neues Land werden sollte. Ich wünschte uns, meine Damen und
Herren, daß wir den Mut finden, uns der kreativen Provokation
dieser symbolischen Verhüllung zu stellen, daß wir den Mut zeigen zur ironischen Distanz mit uns selbst als Teil des Kunstwerks
und zugleich zur verantwortlichen Integration unserer Geschichte
mit all ihren Höhen und Tiefen, mit allem Bösen und Guten,
wofür dieser Reichstag steht.« (1994/XII/211/S. 18281)
Und in fast direkter Gegenrede Wolfgang Schäuble:
»... Warum gerade der Reichstag? In keinem anderen Land gab
es bisher die Überlegung, ein Gebäude von vergleichbarer Bedeutung zum Gegenstand einer solchen Aktion zu machen. Auch in
anderen Ländern drücken Parlamentsgebäude Geschichte aus,
aber die Hausherren im Palace of Westminster, auf dem Capitol
Hill oder im Palais Bourbon würden doch niemals dem Gedanken einer Verhüllung ernsthaft nahetreten ... Jedenfalls weiß man
in anderen Demokratien um die Ehrwürde, die einem Traditions-
gebäude freiheitlicher Demokratie innewohnt und innewohnen
muß. Wir Deutsche tun uns schwer mit Symbolen, die unsere Geschichte zum Ausdruck bringen, und angesichts der Brüche und
Verletzungen ist das nur zu verständlich ... Unsere repräsentative
Demokratie, ihre Institutionen, auch ihre Repräsentanten haben
derzeit eher zuwenig als zuviel Vertrauen, und weil solche Defi-
zite bestehen, müssen sie abgebaut werden. Wir sollten niemand
in Versuchung führen oder ihm Gelegenheit bieten, solche Defi-
zite für sich auszunutzen, um unsere freiheitliche Demokratie zu
schwächen. Die Menschen müssen in unserem Land heute vieles

an Veränderungen und an Verunsicherungen aushalten ... Sie sehen sich neuen Gefährdungen ihrer Sicherheit ausgesetzt, im Innern wie von außen her, und in diesem Zusammenhang müssen wir den inneren Zusammenhalt unserer freiheitlichen staatlichen Gemeinschaft stärken. Wir müssen uns der Grundlage unserer Gemeinschaft, unseres Fundaments gemeinsamer Werte, auch unserer nationalen Identität neu vergewissern ... So ist ein Bauwerk wie der Reichstag ein politisches Symbol. In solchen Symbolen bündeln sich wie in einem Brennglas die historischen Erfahrungen eines Volkes. Sie sind ruhende Pole, Achsen, um die das Mit- und das Gegeneinander der politischen Kräfte über Jahrzehnte kreist. Insofern verbinden sie ein Volk auch und gerade im Widerstreit der Interessen, der Ziele und der Überzeugungen. In solchen Symbolen kann sich die innere Einheit eines Volkes verkörpern. Die ganze staatliche Gemeinschaft soll sich in solchen Symbolen wiederfinden können. Dies, sehr verehrte Kolleginnen und Kollegen, ist der Grund dafür – nicht Humorlosigkeit, Intoleranz oder mangelnder Respekt vor künstlerischer Freiheit –, warum man überall sonst auf der Welt nationalen Symbolen behutsamen Respekt angedeihen läßt, warum man ihrer Verfremdung im allgemeinen wenig abgewinnen kann.« (a.a.O., S. 18284)

Der Streit zwischen Konrad Weiß und Wolfgang Schäuble bezieht sich nicht auf das historisch-symbolische Gewicht des Reichstags an sich. Über den Rang dieses Symbols in der deutschen Tradition sind sich beide völlig einig. Die Verhüllung des Reichstages bietet ihnen die Gelegenheit zu einem prinzipiellen Streit über den Umgang mit historischen Symbolen in der Demokratie. Zwar spricht Schäuble ausdrücklich auch von »Demokratie«. Aber der ganze Duktus seiner Argumention ist deutlich bezogen auf den – nicht notwendigerweise demokratischen – Nationalstaat. Der im Zeitalter des Absolutismus entstandene Nationalstaat ist die erste politische Organisationsform, die nicht mehr vom geliehenen Glanz einer der Politik enthobenen religiösen Sphäre zehrte. Indem die Idee des Nationalstaates die Grenzen der staatlichen Selbstbehauptung und einer profanisierten Nationalkultur zur Deckung bringt, wurde sie zum klassischen

Modell einer strikt innerweltlichen, die ganze Gesellschaft einbegreifenden Konsensstiftung. Der im Absolutismus entstandene vordemokratische Nationalstaat orientierte sich zwar an weltlichen Prinzipien der Legitimation. Aber diese weltlichen Prinzipien hatten einen gleichsam sakralen Stellenwert. Nicht zufällig wurde in der politischen Philosophie des 18. Jahrhunderts der Kreis von Prinzipien, deren absolute Anerkennung jedem Bürger abverlangt wurde, als »zivile Religion« bezeichnet.[3] Gerade in der deutschen politischen Tradition hat sich die eigentümliche Vorstellung, daß staatliche Symbole wie die Fahne, die Hymne oder nationale Monumente auf weltliche Weise »heilig« sind, daß sie Anspruch auf absolute Anerkennung haben, daß sie »geschändet« werden können, bis in unsere Tage erhalten. Diese Vorstellung ist der eigentliche Hintergrund von Schäubles Argumentation. Freilich spricht er explizit nur davon, daß eine Aktion der ästhetischen Verfremdung des Reichstages den normativen Zusammenhalt der Deutschen in schwieriger Zeit gefährden könnte. Aber auch dies ist eine antiquierte Vorstellung. In der modernen demokratischen Gesellschaft, in der die Pluralität von Lebensformen und die Relativität der eigenen Kultur zur alltäglichen Durchschnittserfahrung geworden sind, kann von der einheitsstiftenden Kraft nationaler Symbole nicht mehr die Rede sein. Nicht mehr Ähnlichkeiten des religiösen Bekenntnisses oder nationaler Traditionen können in den kulturell hochdifferenzierten Gesellschaften unserer Tage den erforderlichen politischen Konsens stützen, sondern einzig das historisch akkumulierte Kapital ertragener Verschiedenheit. Die in Kleingruppen und Partnerschaften jedermann vertraute Erfahrung, daß die einzig zuverlässigen Stützen von Gemeinschaftlichkeit solche sind, die sich gerade in der Kette durchgestandener Konflikte bilden, bezeichnet auch das Geheimnis des Zusammenhalts moderner demokratischer Gesellschaften.[4] Während frühere Gesellschaften auf die Fragen letztverbindlicher Wertorientierungen noch Antworten besaßen, die immer im voraus feststanden, gründen moderne demokratische Gesellschaften in einer institutionalisierten Infragestellung ihrer selbst. Der parlamentarische Streit ist selbst Ausdruck dieser notwendig konflikthaften Form, in der sich Bürger in der Demokratie auf die Einheit ihrer Gesellschaft beziehen. Nationale Monumente und andere Formen des »kulturellen Gedächtnisses« sind in den Konfliktdemokratien unserer Tage nicht mehr die symbolische Verkörperung dessen, über das absolut nicht gestritten werden darf. Sie schließen nicht den Raum der öffentlichen Reflexion ab. Das Maß ihrer kollektiven Geltung bemißt sich vielmehr an ihrem Potential der Eröffnung von Arenen und Diskursen. Die Aktion der Verhüllung und Enthüllung des Reichstages war ein geradezu beispielhaftes Lehrstück dafür, wie eine künstlerische Aktion den Raum für eine historische Selbstreflexion eröffnen kann.

50 Jahre nach dem 8. Mai 1945

Daß der 8. Mai 1995 ein besonderer Tag in der öffentlichen Erinnerung der Deutschen sein würde, war zu erwarten. Es war nicht allein das symbolische Gewicht des halben Jahrhunderts, welches die Vorbereitungen der geplanten Feierlichkeiten zu einem Gegenstand öffentlicher Aufmerksamkeit machten. Durch die 1989 vollzogene Auflösung der globalen politischen Konstellation der Nachkriegszeit war eine historische Nullsituation entstanden, die dazu einlud, die Erinnerung an den 8. Mai 1945 mit Reflexionen über die Gestalt eines Nach-Nachkriegs-Europa zu verknüpfen.

Um so erstaunlicher sind deshalb in der Rückschau die Konzeptionslosigkeit in der Planung der Veranstaltungen und die Zufälligkeit dessen, was schließlich geschah. Ursprünglich war wohl nur an eine schlichte Feier von Bundestag und Bundesrat gedacht. Dann äußerte der scheidende französische Staatspräsident François Mitterrand den Wunsch, auf einer zentralen Gedenkveranstaltung in Deutschland zu sprechen. Dies soll Bundeskanzler Helmut Kohl auf die Idee gebracht haben, nicht nur Mitterrand, sondern auch noch die politischen Repräsentanten der anderen drei Siegermächte des Zweiten Weltkriegs zu einem vom Bundespräsidenten protokollarisch ausgerichteten »Staatsakt« nach Berlin einzuladen. Daß zu diesem Staatsakt nur die Signatarmächte des Potsdamer Abkommens eingeladen wurden, nicht aber Vertreter jenes Landes, das zuerst unter der deutschen militärischen Aggression zu leiden hatte, nämlich Polen, löste schwere diplomatische Verstimmungen auf seiten der polnischen Regierung aus. Um diesen Konflikt zu entschärfen, veranlaßte der Bundeskanzler den Bundestag zu einer zweiten öffentlichen Veranstaltung, in der neben der Bundestagspräsidentin und neben dem Vorsitzenden des Bundesrates auch der polnische Außenminister Wladyslaw Bartoszewski sprachen. Auch die ungewöhnliche Form, daß der Regierungschef das Parlament anweist, eine Gedenkveranstaltung nach seinen Vorstellungen auszurichten, sorgte seinerzeit für Aufsehen.

So gab es also gleich zwei öffentliche Gedenkveranstaltungen, eine des Bundestages und Bundesrates am 28. April in Bonn und ein »Staatsakt« am 8. Mai im Berliner Schauspielhaus, bei dem neben dem Bundespräsidenten Roman Herzog auch François Mitterrand, der britische Premierminister John Major, der russische Ministerpräsident Wiktor Tschernomyrdin und Al Gore als amerikanischer Vizepräsident sprachen.

Zu den außenpolitischen Verwicklungen im Vorfeld der Gedenkfeierlichkeiten waren schon im April auch noch innenpolitische Konflikte hinzugetreten. Eine Gruppe von Bundes- und Landespolitikern, die dem konservativen bis rechten politischen Spektrum entstammen, fühlte sich provoziert durch die eindeutige Wertung des 8. Mai 1945 als »Tag der Befreiung« – eine Wertung, die durch die starke Ausrichtung der geplanten Feierlichkeiten an den Perspektiven der ehemaligen Kriegsgegner schon vorgegeben war. Diese Gruppe um den CDU-Abgeordneten Alfred Dregger wollte daran erinnern, daß der 8. Mai 1945 nicht nur das Ende der nationalsozialistischen Schreckensherrschaft bezeichnet, sondern zugleich auch »den Beginn von Vertreibungsterror und neuer Unterdrückung im Osten und der Teilung unseres Landes bedeutet« (zit. nach »Frankfurter Rundschau«, 30. März 1995). Auch wenn Alfred Dregger unter dem Druck des Bundeskanzlers seine Bereitschaft zur Teilnahme an der am 7. Mai 1995 geplanten öffentlichen Veranstaltung zurückzog, war diese Gruppierung um Dregger in Folge der hohen internationalen Publizität, die ihr zuteil wurde, doch erfolgreich in dem Versuch, die Diskussion um die Wertung des 8. Mai zumindest mitzubestimmen. Bei den im folgenden geschilderten Gedenkfeierlichkeiten gab es kaum eine Rede, die nicht auf die strittige Frage »Befreiung oder Niederlage« einging.

Auf beiden offiziellen Veranstaltungen der Bundesrepublik spielten deutsche Politiker gewollt oder ungewollt nur eine Nebenrolle. Die von Rita Süssmuth und Johannes Rau auf der Veranstaltung am 28. April 1995 gehaltenen Reden erschöpften sich in ritueller Rhetorik. Sie waren ganz offenkundig nur das protokollarische Beiprogramm zur Rede des polnischen Außenministers Wladyslaw Bartoszewski. Man hätte sich kaum einen anderen polnischen Politiker denken können, der für die ihm zugedachte heikle diplomatische Mission besser geeignet gewesen wäre. Bartoszewski war Historiker von Beruf, ein profunder Kenner der deutschen Kultur, Überlebender von Auschwitz und Mitglied der demokratischen Opposition im kommunistischen Nachkriegspolen.

Auch wenn Bartoszewski auf die von dem Kreis um Dregger ins Spiel gebrachte alternative Deutung des 8. Mai 1945 nur ganz am Rande ausdrücklich eingeht, ist seine Rede insgesamt ein Lehrstück für einen moralisch und historisch differenzierten Umgang mit einer strittigen Vergangenheit. Als solche beschämte sie die Konservativen im Bundestag, die mit Dreggers Initiative offen oder klammheimlich sympathisierten. Der polnische Außenminister erinnert zunächst eindringlich daran, daß entgegen der Wahrnehmung vieler Deutscher, die angesichts der an die Oder/Neiße-Linie vorgeschobenen Westgrenze die Polen als vom Krieg Begünstigte betrachteten, der polnische Staat tatsächlich ein Opfer des Krieges war. Unstrittig war sein Opferstatus am Beginn des Zweiten Weltkrieges, als die Deutschen in Polen einfielen. Aber Opfer waren die Polen auch durch die Beschlüsse der Konferenz von Jalta, auf der die Nachkriegsordnung von den Siegermächten festgelegt wurde. Als Folge der Konferenz wurde der polnische

Staat um einige hundert Kilometer nach Westen verschoben. Die Westalliierten sanktionierten die neue polnische Ostgrenze als Zugeständnis an die Sowjetunion. Damit bekräftigten sie einen zentralen Teil des Stalin-Hitler-Abkommens von 1939, das der Sowjetunion die westlichen Gebiete Polens zugeschlagen hatte. Als »Ausgleich« bekamen die Polen die ehemaligen deutschen Ostgebiete. Die in Potsdam 1945 beschlossene Aussiedlung der deutschen Bevölkerung aus den Gebieten jenseits von Oder und Neiße schuf z.T. den Siedlungsraum für jene Polen, die aus den der Sowjetunion zugeschlagenen Gebieten Ostpolens vertrieben worden waren.

Auf eine zwar diplomatische, aber unmißverständliche Weise machte Bartoszewski durch diese Darstellung der Nachkriegsgeschichte aus der polnischen Binnenperspektive noch einmal das Maß der Kränkung deutlich, die Kohl den Polen durch seine auf die Siegermächte beschränkte Einladung zum Staatsakt nach Berlin zugefügt hatte. Aber er beschränkt sich nicht auf die Andeutung dieser Kränkung. Ihm geht es um die Wahrnehmung jener Chancen zur historischen Versöhnung, die durch den Zusammenbruch des kommunistischen Imperiums eröffnet wurden:

»Die gemeinsame Geschichte von Polen und Deutschen ist eine schwierige Geschichte. Wir müssen möglichst schnell jene Zeit aufholen, die durch Mißtrauen, Verachtung, Feindschaft und Krieg verlorengegangen ist.« (S. 29, Dokumentation des Bundestages, Referat Öffentlichkeitsarbeit, Bonn 1995)

Kein Problem hat in den wechselseitigen Beziehungen der beiden Staaten soviel Mißtrauen und Feindschaft erzeugt wie das der Vertriebenen. Noch in den Tagen, in denen Bartoszewski in Bonn sprach, kursierte jener Aufruf der Gruppe um Alfred Dregger, die den 8. Mai 1945 primär als »Beginn des Vertreibungsterrors im Osten« gewertet sehen wollte. Dieser von borniertem nationalistischen Prämissen und falschen Kausalitäten verzerrten Sichtweise begegnet der polnische Außenminister durch ein konsequentes Bemühen um historische Gerechtigkeit, d.h. um die Einfühlung in die Leidenserfahrung aller Opfer des Krieges und seiner Folgen. Für ihn ist es ein tragisches Paradox, daß die Feindschaft zwischen Polen und Deutschen gerade bei den jeweilig vertriebenen Bevölkerungsgruppen besonders ausgeprägt war. Dabei hätte die Gemeinsamkeit ihres Schicksals doch eine Brücke für ihre Verständigung sein können:

»Während des Krieges und nach seiner Beendigung mußten Millionen von Menschen ihre Heimat verlassen. Für viele Polen waren dies die Gebiete jenseits des Bugs und für viele Deutsche die Gebiete östlich von Oder und Neiße. Diese beiden Gruppen von Menschen konnten nicht miteinander reden; und wenn es dazu gekommen wäre, so hätten sich beide Völker beträchtlich früher verständigen und verstehen können. Aber die polnischen Aussiedler konnten in diesen Fragen nicht einmal einen Dialog führen. Und wenn sie sich in den polnischen Westgebieten ansiedelten, so kamen sie nicht als Sieger dorthin, sondern sie betrachteten sich als Opfer des Krieges, den sie niemals gewollt und dessen Ausbruch sie nicht verschuldet hatten. Der Umbruch von 1989 schaffte Möglichkeiten für eine offene politische Diskussion. Da man nun über das Schicksal der Aussiedler aus Wilna und Lemberg sprechen darf, ist es auch leichter, die menschliche Dimension des Dramas der Aussiedlungen aus Breslau und Stettin zu erblicken.« (a.a.O., S. 21)

Im weiteren Verlauf seiner Rede demonstriert Bartoszewski jene moralische Kompetenz, in der die Fähigkeit zur Einfühlung in die Leidenserfahrungen ehemaliger Feinde eigentümlich verschränkt ist mit der Reflexion auf die schuldhaften Seiten der eigenen Geschichte. Diese Leistung ist um so höher zu veranschlagen, weil der Minister hier im Namen eines Volkes sprach, das unter den Kriegsfolgen länger und schwerer zu leiden hatte als die Deutschen, die den Krieg begonnen hatten. Für diese moralische Fähigkeit benutzt Bartoszewski selbst den Begriff der »geistigen Souveränität«:

»Polen hat seine politische Souveränität wiedererlangt. Es gelangt auch zu seiner geistigen Souveränität. Ihr Maß ist das Gefühl der moralischen Verantwortung für die ganze Geschichte, in der es – wie immer – helle und dunkle Seiten gibt. Als Volk, das vom Krieg besonders heimgesucht wurde, haben wir die Tragödie der Zwangsumsiedlungen kennengelernt und die damit verbundenen Gewalttaten und Verbrechen. Wir erinnern uns daran, daß davon auch unzählige Menschen der deutschen Bevölkerung betroffen waren und daß zu den Tätern auch Polen gehörten. Ich möchte es offen aussprechen: Wir beklagen das individuelle Schicksal und die Leiden von unschuldigen Deutschen, die von den Kriegsfolgen betroffen wurden und ihre Heimat verloren haben.« (a.a.O., S. 22)

Und er spitzt diese Geste der Entschuldigung noch einmal zu durch ein Zitat aus den Überlegungen des polnischen Essayisten Jan Josef Lipski, der schon 1981 die folgenden – in Polen seinerzeit äußerst umstrittenen – Sätze notiert hatte:

»Wir haben uns daran beteiligt, Millionen Menschen ihrer Heimat zu berauben, von denen die einen sicherlich sich schuldig gemacht haben, indem sie Hitler unterstützten, die anderen, indem sie seine Verbrechen tatenlos geschehen ließen, andere nur dadurch, daß sie sich nicht zu dem Heroismus eines Kampfes gegen die furchtbare Maschinerie aufraffen konnten, und das in einer Lage, als ihr Staat Krieg führte. Das uns angetane Böse, auch das größte, ist aber keine Rechtfertigung und darf auch keine sein für das Böse, das wir selbst anderen zugefügt haben.« (a.a.O., S. 22)

Am Abend des 8. Mai 1995, 50 Jahre nach Kriegsende, lädt die Bundesregierung Repräsentanten Frankreichs und der drei Signatarmächte des Potsdamer Abkommens sowie zahlreiche Vertreter des öffentlichen Lebens in das Berliner Konzerthaus am Gendarmenmarkt ein, um in einem feierlichen »Staatsakt« des Tages der Kapitulation zu gedenken. Staatsakte sind nach geltendem Zeremoniell der Bundesrepublik eine besondere Veranstaltungsform. Es hat ihrer in der Geschichte der Bundesrepublik etwa 30 gegeben, und zwar fast immer aus Anlaß des Todes bekannter politischer Repräsentanten. Positiv veranlaßte Staatsakte hat es nur viermal gegeben, nämlich anläßlich verschiedener Jubiläen der Grundgesetzverabschiedung sowie am 3. Oktober 1990, dem Tag der deutschen Vereinigung. Der Staatsakt am 8. Mai 1995 repräsentiert in dieser Serie einen eigentümlichen Zwitter. In ihm sind Aspekte von öffentlichem Schuldbekenntnis, kollektive Trauer und die Feier eines geeinten Europa eine ebenso spannungsvolle wie widersprüchliche Verbindung eingegangen. Aus der Reihe fällt dieser Staatsakt auch noch unter anderen Gesichtspunkten. Anders als die meisten fand er nicht im Gebäude des Parlaments selber statt. Und zum ersten Mal in der Geschichte der Staatsakte kommen nicht-deutsche politische Repräsentanten zu Wort.

Bundespräsident Herzog hält die erste Rede. Der feierlichen Rahmung der Veranstaltung entspricht seine Unterwerfung unter die rituellen Regeln der politischen Liturgie dieser Veranstaltungen. Anders als Mitterrand, der die politisch-historische Botschaft seiner Rede mittels eines demonstrativen Subjektivismus transportiert – er löst sich vom Manuskript, er argumentiert mit persönlichen Erinnerungen –, ist bei Roman Herzog durchgängig klar, daß er nicht als Privatperson, sondern als Amtsträger spricht. Anders als in den meisten seiner sonstigen Reden, leistet er sich bei dem Staatsakt nicht einen Millimeter an Rollendistanz. Da spricht nicht ein Individuum, sondern ein Repräsentant. Freilich spricht Herzog nicht mehr allein als der Repräsentant der Deutschen. Die vergangenen 50 Jahre werden als eine erfolgreich abgeschlossene Resozialisierung der Deutschen gefeiert. Und der Präsident glaubt es sich schon leisten zu können, die Geschichte der vergangenen Jahrhunderthälfte aus der Perspektive jenes (europäischen) Kollektivs rekonstruieren zu können, in das die Deutschen hineinsozialisiert worden sind.

Die gesamte Rede zielt auf eine fast penetrante Weise auf Konsensstiftung. Eines Konsenses, in den nicht nur die Deutschen einbezogen sind, sondern auch alle Europäer. Dieser Prozeß historischer Versöhnung, deren erfolgreichen Abschluß seine Rede unterstellt, wird mit einer Reihe von auffälligen Stilmitteln konstruiert. So weist sie z. B. keine dem Individuum Roman Herzog zurechenbare Erzählhaltung auf. Sie ist vielmehr die rhetorische Inszenierung eines imaginären Dialoges, in dem die Argumente und Gegenargumente für und gegen die These einer erfolgreichen Resozialisierung – wie in einem Besinnungsaufsatz – kontrapunktisch nebeneinandergestellt werden. Die Rede wird eröffnet mit einem großen Panorama, in dem die Unterschiede zwischen Deutschen und Nicht-Deutschen, Tätern und Opfern, Siegern und Verlierern im existentiellen Dunkel der großen Katastrophe verschwinden:

»... Europa war ein Trümmerfeld, vom Atlantik bis zum Ural und vom Polarkreis bis zur Mittelmeerküste. Millionen aus allen europäischen Völkern, auch aus dem deutschen, waren tot, gefallen, in Bombenangriffen zerfetzt, in Lagern verhungert, auf den Straßen der Flucht erfroren, und andere Millionen – vor allem Juden, Roma und Sinti, Polen und Russen, Tschechen und Slowaken – waren den größten Vernichtungsaktionen zum Opfer gefallen, die menschliche Hirne je ersonnen hatten. Millionen hatten ihre Verwandten, ihre Freunde, ihre Heimat verloren oder waren gerade dabei, sie zu verlieren. Millionen kamen aus Kriegsgefangenenlagern oder wanderten gerade dorthin. Millionen waren zu Krüppeln geschossen. Hunderttausende von Frauen wurden vergewaltigt. Der Geruch der Krematorien und der schwelenden Ruinen lastete über Europa.« (Zit. nach Bulletin der BReg, S. 95 f.)

Abgesehen von der suggestiven, Konsens heischenden olfaktorischen Bildsprache (»der Geruch der Krematorien und der schwelenden Ruinen ...«) ist es im besonderen das durchgängige Stilmittel der Beantwortung imaginierter Einwände, mit denen Roman Herzog möglichen Streit über die Bewertung gar nicht erst aufkommen läßt:

»Es ist schon richtig, daß Deutschland ... dem Wunsch der damaligen Schutzmächte folgte ... Ebenso richtig ist es aber auch ... daß die Überzeugungen mit diesen Wünschen übereinstimmten ...« »Es soll niemand behaupten, daß die Deutschen im Frühjahr 1945 glühende Anhänger von Rechtsstaat und Demokratie geworden wären ... Ebenso ist es aber richtig, daß der Aufbau von Demokratie und Rechtsstaat ohne die starke Hand der Besatzungsmächte nicht so vor sich gegangen wäre, wie wir es erlebt haben. Doch das andere ist eben auch wahr: daß die Deutschen in dieser Frage bereitwillige Schüler wurden, daß ... die allermeisten von ihnen treue und überzeugte Anhänger der Demokratie geworden sind.« (a.a.O.)

In der Passage, mit der Herzog das Ende der Rede und seine eigentliche Pointe einleitet, läßt er noch einmal alle jene vor dem Auge des Weltgeistes defilieren, die Subjekte und Träger der Versöhnungsgeschichte sind:

»Ich will sie nicht noch einmal alle aufzählen: die Überlebenden der KZs, die die Kraft zum Verzeihen gefunden haben, die Soldaten, die sich über die Gräber hinweg die Hände gereicht haben, und vor allem die Millionen, die in allen Ländern Europas schweigend und beharrlich an den Wiederaufbau gegangen sind und ihn geschafft haben. Alle, die danach kamen, stehen eigentlich nur auf ihren Schultern.« (a.a.O.)

Zu einer versöhnten Gemeinschaft werden diese für Herzog im retrospektiven Licht einer Konstruktion, die sich an Hegels »List der Vernunft« orientiert haben könnte. Er entwickelt die These von der geschichtseröffnenden Potenz des 8. Mai 1945. Diese Gedankenfigur wird übrigens von fast allen Nachrednern und besonders nachdrücklich von François Mitterrand aufgegriffen. Anders als für die unmittelbaren Zeitzeugen, für die, wenn sie die militärisch Besiegten waren, dieser Tag eine finale Katastrophe war, und anders auch für die Opfer des Nationalsozialismus, für die das Datum des 8. Mai immer mit dem äußersten Schrecken verbunden bleiben wird, der an diesem Tag beendet wurde, ist für Roman Herzog der 8. Mai – aus der 50 Jahre später erfolgten Rückschau – »ein Tor in die Zukunft«. In Anspielung auf den die Feierlichkeiten zum Kriegsende begleitenden öffentlichen Streit darüber, ob dieser Tag als »Befreiung« oder »Niederlage« gewertet werden soll, bemerkt er:

»Als Angehöriger einer jüngeren Generation... möchte ich aber sagen, daß ich ihn (den 8. Mai 1945, H.D.) – wenn auch nachträglich – vor allem als einen Tag begreife, an dem ein Tor in die Zukunft aufgestoßen wurde. Nach ungeheuren Opfern und unter ungeheuren Opfern. Aber doch ein Tor in die Zukunft.«

Diese »Zukunft« ist die Gegenwart Westeuropas oder politisch gesprochen: der Europäischen Union – für Herzog »eine Insel des Friedens, der Freiheit und des Wohlstandes«. Diesen Teil Europas versteht er freilich nicht nur als »Deutschland plus«, als bloß erweiterte nationalstaatliche Partikularität, sondern als Verkörperung eines universalistischen Programms mit einer noch unabgeschlossenen inklusiven Tendenz. Es ist nicht ganz klar, worauf sich Herzog zunächst geographisch bezieht, wenn er in Anspielung auf die »Insel« Westeuropa mehrfach emphatisch ausruft: »Diese Insel muß größer werden, Stück für Stück, Land für Land...« (a.a.O.) Die Rede klingt aus mit der »Vision« einer Erweiterung Westeuropas zu einer internationalen Friedensordnung. Diese ist für Herzog das eigentliche Vermächtnis des 8. Mai 1945:

»Vor 200 Jahren schrieb Immanuel Kant in seiner Schrift ›Zum Ewigen Frieden‹, daß Demokratien untereinander nicht Krieg führen. Was damals noch als idealistische Utopie erscheinen mochte, ist heute die konkrete Vision einer internationalen Friedensordnung. Die Nachkriegsgeschichte Europas ist dafür der eindrucksvolle Beleg. Das Kriegsende war eine Rückkehr zu den besseren geistigen Traditionen Europas und, wie das Werk Kants zeigt, auch Deutschlands. Es war eine Rückkehr in die Zukunft... Wir wären der Chance, die der 8. Mai 1945 für uns alle bedeutet, nicht würdig, wenn wir an dieser Vision verzweifeln wollten.« (a.a.O.)

Die Rede von François Mitterrand, die den Staatsakt beschloß, war mit großer Spannung erwartet worden. Seine Ansprachen auf den 50-Jahr-Feiern in Berlin und in Paris waren die letzten großen öffentlichen Auftritte seiner Amtszeit, ja seines Lebens überhaupt. Da er schon sichtlich vom Tode gezeichnet war, hatte seine Rede den Charakter eines Vermächtnisses. Mitterrand spricht nicht mehr im Hier und Jetzt. Vielmehr blickt er in seherischem Gestus aus einer antizipierten Zukunft auf den Staatsakt am 8. Mai 1995 in Berlin zurück:

»... ich glaube, daß unsere Söhne mit Verwunderung diese Versammlung so vieler Völker betrachten, die sich so bekämpft haben, diese Gedenkfeier eines Ereignisses, in dem sich Sieg und Niederlage vermischen, wo jeder seine Toten zählt und beweint, wo manchmal vergessen wird, sich zu wundern und zu freuen, daß aus diesen Toten die Erkenntnis dessen entstanden ist, was eine Zivilisation tun kann und was sie nicht tun darf, was die Zukunft erwartet und was sie verbietet.« (Zit. nach dem Bulletin der BReg, S. 95 f.)

Nach François Mitterrand feiert man im Konzerthaus am Gendarmenmarkt nicht den Sieg der alliierten Streitkräfte über die deutsche Wehrmacht, sondern den »Sieg Europas über sich selbst«:

»Gedenken wir einer Niederlage? Oder eines Sieges? Und welches Sieges? Es ist zweifellos der Sieg der Freiheit über die Unterdrückung, ganz zweifellos. Aber es ist in meinen Augen vor allem – das ist die einzige Botschaft, die ich hinterlassen möchte – ein Sieg Europas über sich selbst.« (a.a.O.)

Der Tenor aller Reden, die beim Staatsakt gehalten wurden, sozusagen das Kommuniqué, auf dessen Grundlage die Deutschen endgültig wieder in den Kreis der zivilisierten Völker aufgenommen werden, wird von Mitterrand mit dem Begriff »der Sieg des Lebens« auf den Punkt gebracht. Er spricht emphatisch »von der Hoffnung, von allem, was atmet, was immer wieder neu entsteht, Jahr für Jahr, denn der Frühling ist nicht nur für Pflanzen und Dinge gemacht ...« (a.a.O.) Den nachwachsenden Generationen glaubt Mitterrand versichern zu können, daß der angebrochene europäische Völkerfrühling mit geschichtsphilosophischer Zwangsläufigkeit auf den Winter des großen Mordens folgt. Diese Stilisierung der Europäischen Union als Phönix aus der Asche des großen Weltbrandes funktioniert nur um den Preis der Aussparung des äußersten Schreckens: des Vernichtungsfeldzugs der deutschen Wehrmacht im Osten und der industriellen Massentötungen in den Lagern. Als in der unmittelbaren Nachkriegszeit die wahren Dimensionen des Grauens bekannt wurden, sprach Theodor W. Adorno nicht vom »Sieg des Lebens«, sondern von der untilgbaren »Schuld des Lebens«. Er konnte sich wie viele, die dem Äußersten entronnen waren, nicht vorstellen, daß es nach dem Winter der Shoah noch einen Frühling geben werde. Der geschichtsphilosophische Stellenwert dieses äußersten Schreckens besteht für Adorno eben darin, daß kein tröstender Sinn ihm je unterlegt werden könnte.

Hegels geschichtsphilosophische Gedankenfigur der »List der Vernunft«, der gemäß historische Ereignisse auch Folgen zeitigen können, die in diametralen Gegensatz zu den Intentionen ihrer Akteure geraten können, ist eine verweltlichte Variante der Theodizee. Die Theodizee ist der anthropologische Ursprung aller Religionen. Sie bezeichnet die menschliche Neigung, auch angesichts unerträglichen sinnlosen Leidens an eine fügende Hand Gottes zu glauben. Entwickelt man Adornos Gedanke weiter, so könnte man sagen, daß in Auschwitz der Bogen der Theodizee zerbrochen wurde. Es gibt wenige Orte in der Geschichte, an denen das Mißverhältnis zwischen dem Ausmaß menschlichen Leidens und seiner absoluten Sinnlosigkeit derartig offenkundig geworden ist.

Aber völlig jenseits des fragwürdigen Versuchs, dem absolut Sinnlosen noch einen Sinn abzupressen, käme es darauf an zu zeigen, daß der in der Tat außerordentliche historische Glücksfall einer (gar noch transnationalen) demokratischen Zivilisation in Europa der Barbarei immer nur abgetrotzt werden kann. Der »Sieg des Lebens« ist von der »Schuld des Lebens« nicht zu trennen. Es kann doch kein Zufall sein, daß alle philosophischen Überlegungen, die den Weg zur modernen demokratischen Republik gebahnt haben, in Reaktion auf das historische Trauma der Religionskriege entstanden. In den seltensten Fällen, nicht einmal in der amerikanischen Revolution, sind Demokratien im friedlichen Konsens freier Bürger entstanden. In der Regel entstehen stabile Demokratien auf den Trümmern von Kriegen und Bürgerkriegen. Die demokratische Grundtugend, die darin besteht, daß wir die Existenz des anderen im politischen Raum ertragen, lernt man nicht in der Sonntagsschule. Erst in der Folge der totalen Demoralisierung, die in der Begegnung mit dem äußersten Schrekken entsteht, kann die Bereitschaft wachsen, den »Feind« als »Gegner« zu akzeptieren, mit dem man sich politisch auseinandersetzt. Insofern kann man sagen, daß sich die Demokratie von dem Entsetzen nährt, das ihr vorausging. Um der Stabilität der Demokratien willen ist es geboten, sich der Tragödien und Schmerzen zu erinnern, die in ihre Gründung eingegangen sind. Der japanische Philosoph Kenichi Mishima hat diesen Zusammenhang auf eindrucksvolle Weise formuliert: »Es gibt keine ungebrochene Normalität. Sie ist stets eine beschädigte; die Demokratie braucht wohl dieses Bewußtsein, daß sie kein Versöhnungsangebot an die Opfer von Vergangenheit und Gegenwart ist, sondern auf einer Grundlage beruht, aus deren Tiefe stets Klagen und Schreie, Heulen und Jammern, Zittern und Schluchzen in das zivilisatorische Gehege aufsteigen und uns nicht loslassen.«

Bilanz und Ausblick

>»Trauer braucht Zeit. Wenn ein Steinsplitter seine Existenz, seinen Atem, so lange ausstrahlt, wie beharrlich wird die Seele sein? Wenn Schallwellen unendlich weit in das All hinausgehen, wo sind ihre Schreie jetzt? Irgendwo in einer Galaxie stelle ich sie mir vor, wie sie ewig den Psalmen entgegentreiben.«
>
> Anne Michaels, in: »Fluchtstücke«

Ich habe die Auseinandersetzung der Deutschen mit ihrer historischen Verantwortung für den Holocaust rekonstruiert. Das Ergebnis dieser Rekonstruktion ist nicht eindeutig. Zum einen bleibt das Erstaunen, wie sehr es den Politikern, zumal in den ersten Jahrzehnten, unmöglich war, in der ersten Person Plural (»Wir haben das getan«) von dem Völkermord zu sprechen, den Deutsche begangen hatten. Gleichwohl wäre die pauschale Behauptung, die Generation der Nachkriegspolitiker hätte die ihnen vorausgehende Epoche einfach verschwiegen, schlicht falsch.

Gespaltene Erinnerung:
Antifaschismus und Antitotalitarismus

Völlig falsch wäre sie im Fall der politischen Eliten der DDR, auf die ich hier am Ende auch zu sprechen kommen möchte, obwohl sie nicht Gegenstand meiner empirischen Analysen waren. Für sie war die öffentliche Erinnerung zwar nicht der jüdischen Opfer, aber der Opfer des kommunistischen Widerstandes der Kern einer vom Staat inszenierten Zivilreligion im Zeichen des »Antifaschismus«. Und in einem zunächst zwar schwächeren Sinne und zu einem späteren Zeitpunkt gehörte auch für die politischen Eliten Westdeutschlands der kritische Bezug auf die nationalsozialistische Vergangenheit zum festen Repertoire politischer Selbstrechtfertigung.

Der eigentliche Skandal der gesamtdeutschen »Vergangenheitsbewältigung« war nicht das schlichte Ignorieren der NS-Vergangenheit, sondern vielmehr der Umstand, daß ihre öffentliche Erinnerung in der DDR und in der BRD von vornherein unter dem Vorbehalt der ideologischen Konkurrenz beider deutscher Teilstaaten stand. Beide stritten sich letztlich darum, welches System aus der Erfahrung des Nationalsozialismus die jeweils richtige Konsequenz gezogen hatte. Die Erinnerung an diese Epoche sollte zwar wachgehalten werden, aber vornehmlich zu dem Zweck, die historische Verantwortung für die von Deutschen begangenen Verbrechen von sich abzuweisen und zu unterstellen, daß auf der jeweils anderen Seite des »Eisernen Vorhangs« die Ermöglichungsbedingungen des historischen Unrechts fortdauern.

Der westdeutschen Strategie, das Erbe des Nationalsozialismus durch eine antitotalitäre »freiheitlich-demokratische Grundordnung« zu bewältigen, setzte die politische Führung der frühen DDR das suggestive Konzept einer antifaschistischen Präventivdiktatur entgegen. Sie konnte sich mit dieser Konzeption auf eine breite antikapitalistische Stimmung im Nachkriegsdeutschland stützen, die keineswegs auf die sowjetisch beherrschte Zone oder die Kommunisten in den Westzonen beschränkt war. Wie bekannt, reichte diese antikapitalistische Grundstimmung bis in die Kreise der westdeutschen Christdemokraten hinein. Freilich beruhte das antifaschistische Legitimationsprogramm der frühen DDR auf einer ökonomistischen Deutung des Zusammenhangs von Kapitalismus und nationalsozialistischer Herrschaft. Die Fortexistenz der Marktwirtschaft in der Bundesrepublik begründete den Faschismusverdacht sozusagen a priori. Dieser wurde zusätzlich abgestützt durch eine scharfe Kritik an der liberalen Demokratie, der vorgeworfen werden konnte, daß sie in den 30er Jahren die Machtübernahme der Nationalsozialisten nicht hatte verhindern können. Das Programm einer antifaschistischen Gegendiktatur wurde dann zur Grundlage einer tiefgreifenden strukturellen und personellen Entnazifizierung – welche der halbherzigen und frühzeitig abgebrochenen Säuberung der politisch-administrativen Eliten im Westen oft kritisch konfrontiert wurde.

Diese verbreitete Deutung übersieht jedoch die Schattenseite dieser Politik.[1] Zwar eröffnete sie Chancen des politischen und gesellschaftlichen Aufstiegs für Gruppen, die vom früheren Regime systematisch benachteiligt oder unterdrückt worden waren. Die ursprüngliche Intention der Bildung antifaschistischer Gegeneliten wurde dann aber zum Fundament einer ihrerseits undemokratischen Form der Elitenauswahl, zur Basis dessen, was Rudolf Bahro – 30 Jahre später – die »Produktion von Subalternität« nennen sollte.[2] Daß die Politik der DDR unmittelbar einer spezifischen Interpretation des deutschen Faschismus entsprang, läßt sich auch an anderen Beispielen demonstrieren. Die stalinistische Zwangsvereinheitlichung der SPD mit der KPD in den späten 40er Jahren und die systematische Unterdrückung aller innerparteilichen Opposition in der SED wurde stereotyp gerechtfertigt mit der Zerrissenheit der Arbeiterbewegungsparteien am Ende der Weimarer Republik, deren Schwäche unstrittig mit dazu beigetragen hatte, daß die Nationalsozialisten an die Macht kommen konnten. Auch das Konzept der »Volksdemokratie«, das die Rhetorik der »Volkssouveränität« zwar verschwenderisch in Anspruch nahm, aber zugleich dem realen Volk alle politischen Ausdrucksmöglichkeiten versagte, ergab sich aus dem antifaschistischen Programm. Nach diesem Programm mußte das »souveräne« Volk von den politischen Eliten erst zur Selbstherrschaft erzogen werden. Das Erziehungsziel war indes nicht offen. In Gestalt des Marxismus-Leninismus stand es immer schon fest. Das Mißtrauen gegenüber einem Volk, das den Nationalsozialismus mitgetragen hatte, zwang übrigens die Intelligenz der DDR für lange Zeit an die Seite der Einheitspartei. Es war der mit großer Konsequenz inszenierte Antifaschismus, der – anders als in anderen kommunistischen Gesellschaften – ein antitotalitäres Bündnis zwischen Intellektuellen und Nicht-Intellektuellen so schwierig machte. Die Schwäche der ostdeutschen Bürgerrechtsbewegung in Gestalt der Abwesenheit der literarischen und wissenschaftlichen Intelligenz in ihren Reihen, ist eine Spätfolge dieser Entwicklung. Zwar ist in der Folge des 17. Juni 1953 und des Ungarn-Aufstandes die Bedeutung des Antifaschismus in der staatlichen

Legitimationspolitik der DDR ein wenig zurückgetreten – aber in den Mentalitäten, symbolischen Ritualen und Habitusformen der politischen Eliten und der Intelligenz blieb er gegenwärtig bis in die Tage der »Wende« hinein.

Nur selten ist gesehen worden, daß diese Programmatik einer antifaschistischen Präventiv- oder Gegendiktatur nicht nur als antidemokratisches Gegenbild problematisch war, sondern ihrerseits eine Form repräsentierte, sich der historischen Verantwortung für die Menschheitsverbrechen der Deutschen zu entziehen. Für das marxistisch-leninistisch geprägte Selbstverständnis der Führungseliten der SED bot die – mechanisch konzipierte – Kausalbeziehung zwischen Kapitalismus und Nationalsozialismus ein Interpretationsschema, das es erlaubte, die Verantwortung für das Entstehen und die Verbrechen des Nationalsozialismus pauschal abzulehnen. Mit der ja nicht erkämpften, sondern von der sowjetischen Besatzungsmacht aufgenötigten Transformation Ostdeutschlands war nach dieser Deutung dem Nationalsozialismus die ihn einzig bedingende Basis entzogen. Nach diesem Schema, das das Verhältnis von Kapitalismus und Faschismus transnational und überhistorisch »universalisierte«, wie Rainer Lepsius sagt, war der historische Kontinuitätsbruch scheinbar vollzogen, der dann diese deutsche Geschichte nur noch als Kontrastfolie des eigenen Legitimitätsverständnisses heranzog.[3] So gelang es den SED-Eliten mit einigem Erfolg, aus einem Kapital potentieller historischer Belastung sogar noch Rechtfertigungsvorteile zu ziehen.

Das Paradox, daß gerade die Dramatisierung des historischen Kontinuitätsbruchs in der staatlichen Legitimation die öffentliche Reflexion der Teilhabe an einem verbrecherischen Regime systematisch unterbinden kann, beobachten wir auch bei einem anderen Nachfolgestaat des sogenannten Großdeutschen Reiches – nämlich Österreich. So führte im Fall Österreichs die von den Siegermächten beschlossene Wiederherstellung von dessen Eigenstaatlichkeit zur Chance, die Geschichte der zweiten Republik an die scheinbar nur von außen unterbrochene Kontinuität der ersten Republik wiederanzuknüpfen. Mit der Anerkennung dieser aufgenötigten oder geschenkten Eigenstaatlichkeit konnten die Österreicher den ideologischen Gehalt des Nationalsozialismus, seine Voraussetzungen und Konsequenzen »externalisieren«, d. h. aus dem kollektiv zu verantwortenden Zusammenhang der eigenen Geschichte ausblenden.[4] Diese historische Entstehungskonstellation entlastete die zweite Republik von der institutionellen Nötigung, sich in der öffentlichen Vergegenwärtigung der eigenen Legitimität auf die Zeit zwischen 1938 und 1945 zu beziehen.

Nur nebenbei sei bemerkt, daß auch der Umgang Italiens mit seiner faschistischen Vergangenheit ein weiteres Beispiel für die Strategie war, die Vergangenheit gerade mittels einer legitimationswirksamen Dramatisierung des historischen Bruchs zwischen faschistischer Diktatur und nachfaschistischer Demokratie zu verdrängen. In Italien wurde die ostdeutsche Strategie der »Universalierung« mit der österreichischen der »Externalisierung« gewissermaßen verknüpft. Auch der Bezug Nachkriegsitaliens auf seine faschistische Vorgeschichte war – wie im Fall der DDR – ein rein negatorisch-kontrastiver. Das von den kommunistischen bis zu den katholischen Partisanen reichende antifaschistische Bündnis, das unter dem Schutzschild alliierter Truppen Mussolini verjagte, bildete zugleich die politische Kräftekonstellation, auf deren breiter Basis sich die nachfaschistische Republik entfalten konnte. Für fast drei Jahrzehnte bildete der Mythos der »Resistenza« den durchaus zivilreligiösen Kitt der italienischen Nachkriegspolitik.[5] In diesem Mythos wird schlicht ausgeblendet, daß den zwei Jahren des antifaschistischen Widerstandskampfes immerhin zwanzig Jahre vielfältiger Komplizenschaft mit den Faschisten vorausgegangen waren, und ausgeblendet wird weiterhin, daß der »Befreiungskampf« auch ein italienischer Bürgerkrieg gewesen ist. Die öffentlich ritualisierte Deutung des antifaschistischen Widerstandes als der »Wiederauferstehung« des »wahren Italien« erlaubte es – ähnlich wie im Falle Österreichs –, an die Kontinuität vorfaschistischer Traditionen anzuknüpfen. Und so war auch für Italien der Bezug auf seine faschistische Vergangenheit vor allem legitimitätsstiftend und eben nicht legitimitätsbedrohend wie in der Bundesrepublik.

Im westdeutschen Teilstaat vollzog sich die öffentliche Anrufung der nationalsozialistischen Vorgeschichte weitgehend im Rahmen eines für rhetorische Kampfzwecke umgeschmiedeten Antitotalitarismus. Der Antitotalitarismus füllte das Identitätsvakuum, das der Nationalsozialismus im Bewußtsein der Deutschen und ihrer politischen Repräsentanten hinterlassen hatte. In dieser Funktion als Ersatzidentität war der Antitotalitarismus nur der erfolgreichste Kandidat unter anderen ideologischen Projekten. Andere konkurrierende Versuche wie das Projekt einer »christlichen Demokratie«, der »formierten Gesellschaft«, der Patriotismus einer erfolgreichen Wirtschaftsnation, das dann von der SPD, nur um einige sozialpolitische Dimensionen bereichert, als »Modell Deutschland« fortgeschrieben werden konnte, waren sich ähnlich in der Funktion als Prothese für eine nicht mehr vorhandene, unmittelbar Legitimität stiftende nationale Identität der Nachkriegsdeutschen. Das Bewußtsein dieses Vakuums und die planmäßig von Politikern inszenierten Versuche, es zu füllen, bildeten sich freilich erst allmählich heraus. In der unmittelbaren Nachkriegszeit gab es dieses Bewußtsein noch nicht. Wie wir besonders in den allerersten Debatten sehen konnten, beschworen Politiker aller Lager die vom Nationalsozialismus vorgeblich nur geschändete, aber nicht zerstörte deutsche »Ehre«, viele Deutsche glaubten z. B. mit ihrem Bundespräsidenten Theodor Heuss an die unzerstörbare Integrität der deutschen »Kulturnation«. Die Ahnung, daß der gesamte Bestand identitätsstiftender Traditionen der deutschen politischen Kultur von dem Zivilisationsbruch kontaminiert sein könnte, so daß nach Hitler kein unbefangener Patriotismus mehr möglich ist, hat sich erst allmählich durchgesetzt.

Die Unmöglichkeit eines unbefangenen Patriotismus nach Hitler kann mit einem Gedanken des englischen Philosophen Alisdair McIntyre leicht demonstriert werden. In seinem berühmten Versuch, den Patriotismus zu rehabilitieren, definiert er diesen zunächst in provozierender Schlichtheit als »Loyalität gegenüber einer Nation«. Er sagt, daß der Patriotismus, der ihm vorschwebt, nicht der jeweiligen Regierung gilt oder dem historisch-politischen Status quo einer Nation, sondern »der Nation, verstanden als ein Projekt«.[6] Der Patriot fühlt sich also nicht der puren Tatsächlichkeit einer Nation verpflichtet, sondern ihrer »Idee« – ähnlich wie man vielleicht seine Liebe zu einem Menschen an den Vorbehalt bindet, daß dieser dem Bild entspricht, das man sich in einer wohlwollenden und zugleich moralisch anspruchsvollen Einstellung von ihm macht.

Die eigentliche Pointe der nationalsozialistischen Ideologie hatte eben darin bestanden, daß sie jeglichen Unterschied zwischen der deutschen Nation als »Projekt« und als Faktizität einebnete. Eben weil in keinem anderen historisch vergleichbaren Fall Nation und Regime so eng miteinander verschränkt waren wie im nationalsozialistischen Deutschland, hinterließ die totale militärische Niederlage und die nicht minder totale moralische Diskreditierung ein Vakuum im Bewußtsein der Deutschen, welches die Chancen auf die Ausbildung eines konventionellen positiven Selbstkonzepts bis heute unmöglich macht.

Große Teile meines Berichts handelten von Versuchen, diese als schmerzlich empfundene Lücke durch Akte bewußter Sinnstiftung zu schließen. Wir haben gesehen, daß das Konzept des »Antitotalitarismus« von allen diesen Ersatzidentitäten die bei weitem erfolgreichste war. Für die frühe Bundesrepublik war der »Totalitarismus« das symbolische Negativ, von dem sich ihr positives Selbstverständnis als Verkörperung einer christlichen Werteordnung, als freie Marktwirtschaft und als rechtsstaatliche Demokratie abheben sollte. Im Hinblick auf die Funktion, in der spezifischen Situation der deutschen Nachkriegssituation ein unmöglich gewordenes positives Konzept nationaler Selbstachtung zu ersetzen, war die Figur des Antitotalitarismus eine geradezu geniale Konstruktion. Sie erlaubte es, die neue geopolitische Rolle der Bundesrepublik im westlichen Bündnis zu rechtfertigen; sie erlaubte weiterhin die Abgrenzung von der eigenen totalitären (sprich: nationalsozialistischen) Vergangenheit bei gleichzeitiger Verleugnung ihrer unbewältigten Erbschaft. Diese drei Leistungen wurden möglich durch die Markierung eines klar konturierten Feindbildes: des Kommunismus. Unschwer läßt sich erkennen, daß dieses Weltbild sich vor allem aus den biographischen Bedürfnissen seiner Schöpfer speiste. Schließlich war der Antikommunismus ein zentrales Moment der deutschen Ideologie in und nach der Hitler-Zeit.

Die legitimierende Kraft der Figur des »Antitotalitarismus« wurde freilich begrenzt durch ein in der frühen Nachkriegszeit sich allmählich herausbildendes Selbstverständnis der Bundesrepublik als Rechtsnachfolger des sogenannten Großdeutschen Reiches, welches seinen politischen Eliten die Fingierung eines totalen Bruchs mit dem vorhergehenden totalitären System strukturell unmöglich machte. Ihre eigene staatsrechtliche Konstruktion hatte sie also in ein Verhältnis zu ihrer eigenen Vergangenheit gesetzt, die es ihr nicht erlaubte – wie in der DDR, Österreich und Italien –, diese einfach einzuklammern und als nicht mehr der eigenen Geschichte zugehörig zu erklären oder sie gar noch zur bloßen Kontrastfolie der eigenen Legitimität zu machen. Mit der Rechtsnachfolgerschaft war eine politische Konstellation geschaffen, die eine solche öffentliche Reflexion der kollektiven Verantwortung der Deutschen nicht von Beginn an abschnitt. In dieser Argumentation ist also keineswegs impliziert, daß die NS-Zeit in der Geschichte der Bundesrepublik von seiten ihrer politischen Eliten »bewältigt« oder auch nur angemessen öffentlich reflektiert worden sei. Die These ist nur, daß mit den besonderen staatsrechtlichen Formierungsbedingungen der Bundesrepublik überhaupt erst eine institutionelle Konstellation geschaffen war, die eine solche öffentliche, auf fundamentale Legitimitätsfragen bezogene Reflexion deutscher Schuld nicht von vornherein abschnitt. Und es war diese Konstellation, die den sich bildenden oder sich neu formierenden Trägerschichten der westdeutschen Demokratie und ihren ausländischen Wächtern – über bloße Appelle hinaus – immer wieder Mittel an die Hand gab, eine Sühne einzufordern, die sich nicht in feierlichen Erklärungen erschöpfte, sondern langfristig auch politischen Ausdruck fand. Gewiß bot die Doktrin der Rechtsnachfolgerschaft auch den Boden für großdeutsche Selbstermächtigungsversuche. Aber für Konservative, die das NS-Erbe schon mit der bloßen Etablierung einer formalen Demokratie für »bewältigt« erklärten, war sie auch ein schlüpfriges Parkett. Nicht nur bei den »großen«, auf das NS-Erbe bezogenen Debatten im Bundestag, z. B. anläßlich der Wiedergutmachung für Israel, der Entschädigung für Widerstandskämpfer gegen den Nationalsozialismus, der Aufhebung der Verjährungsfrist für NS-Mörder, sondern auch bei den eher ephemeren Anlässen wie der Neufassung des bundesdeutschen Ordensrechts oder des Streits um das niedersächsische Schulrecht, das mit den Bestimmungen des 1936 (!) beschlossenen Reichskonkordats konfligierte, ließ sich die Diskussion kaum auf die rechtstechnische Dimension der jeweiligen legislativen Entscheidungsmaterie beschränken. Diese Debatten wurden – meist gegen den Widerstand vieler Parlamentarier – auch zu Auslösern grundsätzlicher politisch-moralischer Diskurse, deren Dynamik sich im Laufe der Jahre immer weniger auf das »Hohe Haus« beschränken ließ.

Die auf den Nationalsozialismus und den Stalinismus bezogene klassische Theorie des Totalitarismus hat nach der Erosion des kommunistischen Imperiums ihre Realitätsgrundlage verloren. Schon für die »liberalisierten« Varianten nachstalinistischer Regime war die empirische Treffsicherheit dieser Theorie angezweifelt worden. Und völlig unbestritten ist, daß jene Theorie zur Entschlüsselung des nachtotalitären Szenarios nichts mehr beizutragen hat. Der Plausibilitätsschwund dieser alten, letztlich antikommunistisch geeichten Totalitarismustheorie betrifft freilich nur seine erklärende Kapazität. Auf fatale Weise fortwirken könnte die ideologische Funktion, die sie im Rahmen des antikommunistischen Bewußtseins übernommen hatte. Eben weil die spezifisch deutsche Haftung für den Nationalsozialismus hinter der generalisierenden Formel des Totalitarismus verschwand, in ihm gewissermaßen aufgelöst war – und weil man im antikommunistischen Kampf Sühnearbeit für die eigenen Kollektivverbrechen zu leisten behauptete, sei jetzt – so die Logik dieser Ideologie – mit dem kommunistischen Imperium auch die NS-Vergangenheit endgültig zur Geschichte geworden. Viele Konservative schienen sich nach 1989 an dem heimlich abgewandelten Motto Max Horkheimers zu orientieren, daß jetzt, da man über den Kommunismus nicht mehr reden muß, auch über den Faschismus schweigen darf.

Der Antifaschismus des ehemaligen SED-Staates hinterläßt eine ähnliche Hypothek. Die darin ursprünglich angelegte strategische Selektivität der Erinnerung, besonders in Gestalt der Monopolisierung des Opferstatus für den kommunistischen Widerstand, könnte in der historischen Dialektik nach der deutschen Vereinigung ihrerseits zum Vehikel des Vergessens werden. Weil der kommunistische Antifaschismus das öffentliche Gedächtnis monopolisiert hatte, könnte er in seinem Sturz von der Bühne der Geschichte das Gedenken an die Opfer des Nationalsozialismus mit sich in die Tiefe reißen. Wenn heute in den neuen Bundesländern Aufforderungen zum Gedenken an die Opfer des Nazi-Terrors gelegentlich als SED-Propaganda abgewehrt werden, zeigen sich noch einmal nachträglich die Spätfolgen dieser infamen Instrumentalisierung unvorstellbaren menschlichen Leids für Propagandazwecke.

Hannah Arendt hat das Gebot eines nicht-instrumentellen Umgangs mit der Geschichte der Shoah schlicht formuliert. Sie sagt: »Das Höchste, was man erreichen kann, ist zu wissen und auszuhalten, daß es so und nicht anders gewesen ist, und dann zu sehen und abzuwarten, was sich daraus ergibt.« Das Gebot einer solchen nicht-selektiven, abwartenden und politisch offenen Erinnerung ist durch die politischen Schablonen des Antifaschismus und Antitotalitarismus verletzt worden. Die moralischen Kosten dieser Instrumentalisierung einer grauenvollen Vergangenheit für zeitgenössische Legitimationsprofite bestanden freilich nicht nur in der nur selektiven Kenntnisnahme der Vergangenheit. Sie bestanden darüber hinaus politisch darin, daß die antifaschistischen bzw. antitotalitären Legitimationsmuster verknüpft waren mit spezifischen innerstaatlichen Feindbestimmungen.

Somit mag der Umstand, daß die Ereignisse nach 1989 dem Antitotalitarismus wie dem Antifaschismus die Geschäftsgrundlage entzogen haben, auch die Hoffnung begründen, daß kommende Generationen in ein solches Verständnis von Demokratie hineinwachsen, das in Zukunft ohne innerstaatliche Feindbilder auskommt. Jürgen Habermas prägte in diesem Zusammenhang die erstaunliche Formulierung von einem »antitotalitären Konsensus, der diesen Namen wirklich verdient«. Diese nicht weiter erläuterte Formulierung war inspiriert von einer Konzeption der demokratischen Verfassung als eines prinzipiell unabschließbaren Raums, in dem sich gleichberechtigte Bürger über die Form der politischen Selbsteinwirkung auf ihre Gesellschaft streiten.

Moralische Souveränität

Ich habe den Zusammenhang verfolgt zwischen der demokratischen Unreife der Deutschen (hier: der Westdeutschen) und ihrer Unfähigkeit, das moralisch nachzuvollziehen, was ihr Staat in einem politisch-rechtlichen Sinne längst getan hatte, nämlich die Verantwortung für das Erbe des Nationalsozialismus zu übernehmen. Es hat 25 Jahre gedauert, bis Bundeskanzler Willy Brandt vor dem Mahnmal des Warschauer Ghettos niederkniete. Sein Kniefall war freilich eine stumme Geste. Jeder Deutsche mochte in diese Geste hineindeuten, was er wollte. Erst 40 Jahre nach der bedingungslosen Kapitulation wurde es möglich, daß Bundespräsident Weizsäcker mit der Autorität seines Amtes die Schuld der Deutschen stellvertretend annahm.

Wenn jemand eine Schuld annimmt, rechnet er sich die schuldhafte Handlung als Subjekt zu. Sie abzulehnen läuft darauf hinaus, sich selbst als freies handlungsfähiges Subjekt zu leugnen. Er betrachtet sich dann lediglich als Glied in einer Kausalkette, die vor ihm begonnen hat und auf deren weiteren Verlauf er keinen Einfluß hat. Die Berufung auf den Befehlsnotstand oder die im Parlament häufige anonymisierend-existentialisierende Rede vom »Schicksal, in das man verwickelt gewesen« sei, sind gute Beispiele für diesen inneren Zusammenhang von Schuldabwehr und Subjektverleugnung. Nicht nur in der Wahrnehmung seiner Mitsubjekte, sondern auch in der Wahrnehmung seiner selbst, ist ein Mensch nur in dem Maße imstande, autonom in die Zukunft hinein zu handeln, wie er die aktuellen Folgen früherer Handlungen verantwortungsvoll übernimmt.

Auf der Ebene von politisch geeinten Kollektiven ist eine solche Verantwortungsübernahme nur in Gestalt von Stellvertretung möglich. Darum waren für die Untersuchung der kollektiven Identität der Nachkriegsdeutschen die »Verhandlungen des Deutschen Bundestages« eine so interessante Quelle. Nur die politischen Repräsentanten der (West-)Deutschen konnten unabhängig von ihrer eigenen individuellen Verwicklung in den Schuldzusammenhang Hitler-Deutschlands diese kollektive Verantwortung annehmen. Das Hannah-Arendt-Motto, das der Einleitung vorangestellt ist, erinnert freilich daran, daß in einer wahrhaft demokratischen Gesellschaft jeder Bürger und jede Bürgerin imstande sein müßte, die Verantwortung für die gemeinsame Geschichte ihrer Gesellschaft zu übernehmen. Der oben erwähnten Autonomie des Individuums, das die Folgen früherer Handlungen verantwortungsvoll übernimmt, entspricht deshalb auf kollektiver Ebene die demokratische Reife oder die moralische Souveränität einer Gesellschaft.

Die kollektive Identität der Nachkriegsdeutschen war also durch ihre Unfähigkeit zur Schuldakzeptanz oder auch durch die objektive Schwierigkeit, eine so große Schuld anzunehmen, nachhaltig gestört. Doch weil ihre politischen Repräsentanten nicht umhin konnten, sich in schwierigen Situationen der weiterlaufenden Geschichte auf das orientierende Potential irgendeiner kollektiven Identität zurückzugreifen, aber zugleich außerstande waren, sich als verantwortliches Subjekt ihrer eigenen Geschichte zu begreifen, identifizierten sie sich in der öffentlichen Reflexion der NS-Vergangenheit geradezu zwanghaft mit den Siegern oder den Opfern des Krieges und gelegentlich auch mit beiden zugleich. Geradezu aufdringlich präsent war – wie wir gesehen haben – die Opferidentifikation in den allerersten Reden im Bundestag. Nicht weniger verbreitet war das Muster, sich in die Position der Sieger des Krieges zu versetzen. Der westdeutsche Antitotalitarismus und der ostdeutsche Antifaschismus, welche über vier Jahrzehnte lang das Bewußtsein ganzer Generationen geprägt haben, waren die ideologischen Schablonen, die es vielen Nachkriegsdeutschen in Ost und West erlaubten, sich als »siegreicher Verlierer« des Krieges zu empfinden.

Es kann kein Zufall sein, daß dieses eigentümliche Muster der erborgten Identifikation der Deutschen als »Opfer« und als »siegreiche Verlierer« erst nach dem Ende der deutschen Teilung, genauer: in den Tagen des zweiten Golfkrieges reflexiv greifbar wurde. Wie kaum ein anderes internationales Großereignis der Nachkriegszeit hat der Angriff der Golfkriegsallianz auf den Irak die Deutschen aufgewühlt. Obwohl die Deutschen – anders als andere Nachbarstaaten – gar nicht unmittelbar in den Krieg verwickelt waren, schlugen die Wogen der öffentlichen Erregung höher als selbst im unmittelbar bedrohten Israel. Vielen Zeitdiagnostikern ist schon damals aufgefallen, daß sich der zweite Golfkrieg, ganz unabhängig von seinem realen Bedrohungsgehalt, den Deutschen als imaginäre Bühne für die Zuspitzung eines Dramas anbot, das sich in ihrer Seele offenbar schon seit Jahrzehnten abspielte. Dies wurde offenkundig in den zahllosen und fast immer abwegigen Parallelen, die zwischen dem Zweiten Weltkrieg und dem Golfkrieg gezogen wurden. Der beschriebene Typus der Opfer-Identikation dominierte das Bewußtsein der Pazifisten: Feministinnen weigerten sich öffentlich, »wieder Trümmerfrauen« zu sein, das »Neue Deutschland« berichtete ganz im Stil des »Völkischen Beobachters« von »angloamerikanischen Bombergeschwadern, die ihre tödliche Last abladen«; auf zahllosen von Jugendlichen hochgehaltenen Schildern wurde »Bagdad« zu »Dresden«.[7]

Das Bewußtsein der Bellizisten hingegen war geprägt von der erborgten Identifikation mit den »Siegern« des Zweiten Weltkrieges. Hans Magnus Enzensbergers suggestive Parallele zwischen Sadam Hussein und Hitler bot vielen Deutschen die Chance, ein längst bereitliegendes und nur im Kontext der eigenen Geschichte verständliches Reaktionsmuster auf ein Ereignis zu projizieren, das sachlich damit wenig zu tun hatte. In der über das Ereignis selbst hinausreichenden öffentlichen Diskussion wurde freilich der Projektionscharakter beider Ersatzidentitäten so überaus deutlich, daß vielleicht die neurotische Energie dieser Projektion abnahm.

Ich habe hoffentlich den Zusammenhang deutlich machen können zwischen der Unfähigkeit der Deutschen zur Übernahme der kollektiven Verantwortung für ihre Geschichte und der notorischen Unterentwicklung demokratischer Tugenden. Die demokratische Primärtugend besteht gerade darin, das Bürgerrecht des »anderen« im politischen Raum zu ertragen. Die von den Besatzungsmächten verfügte politische Souveränitätsbeschränkung hatte somit ihr Gegenstück in einem moralischen Souveränitätsmangel der Deutschen und ihrer repräsentativen politischen Elite. Die historische Parallelität beider Souveränitätsbeschränkungen kam mit der deutschen Vereinigung an ihr Ende. Während die staatsrechtlichen Beschränkungen der Bundesrepublik Deutschland aufgehoben wurden, dauert der moralische Souveränitätsmangel – in einer historisch veränderten Form – fort. Und diese Ungleichzeitigkeit ist das Schlüsselproblem bei der Neuorientierung deutscher Politik nach der Vereinigung. Alle Kontroversen über die neue Rolle Deutschlands in der Welt, etwa in der Frage der »out of area«-Einsätze oder der Neujustierung der Außenpolitik, lassen sich in ihrem normativen Kern auf das Schema eines alternativen Umgangs mit dieser Ungleichzeitigkeit bringen. Während die einen nach der Wiedergewinnung der politischen Souveränität nicht mehr den Sinn von spezifisch deutschen Skrupeln im Gebrauch dieser Souveränität einsehen, verlangen die anderen – im Namen des noch fortdauernden moralischen Souveränitätsmangels – eine freiwillig erbrachte Selbstbeschränkung in der Außen- und Militärpolitik.

Manchmal habe ich mich beim Lesen der Bundestagsprotokolle gefragt, ob es den Deutschen schon in den 50er oder 60er Jahren – in einer aufrichtigen und wahrhaftigen Weise – möglich gewesen wäre, die kollektive Verantwortung für das ungeheuerliche Verbrechen des Holocaust anzunehmen. Konkret gefragt: Könnte man sich Weizsäckers Rede schon am 8. Mai 1955 vorstellen? Nicht erst die Psychoanalyse, sondern auch die älteren Traditionen der Moralphilosophie und Theologie lehren uns indes, daß einem schuldbeladenen Subjekt die moralische Akzeptanz seiner Schuld nicht jederzeit einfach zu Gebote steht. Die Fähigkeit zur Schuldannahme wird begrenzt durch die Größe der Schuld und durch den Zeitraum, der für eine angemessene Sühne zu veranschlagen ist. Manchmal wird die Spanne eines Menschenlebens nicht ausreichen, um eine extrem schwere Schuld anzunehmen. In diesem Sinne waren die Deutschen, die sich als erwachsene Menschen am Völkermord beteiligt hatten, als moralische Subjekte gestorben, auch wenn sie physisch überlebt hatten. Als unrealistisch erweist sich die Erwartung, daß ihre Mitverantwortung für die ungeheuerliche Tat der fabrikmäßigen Vernichtung unzähliger Menschen schon innerhalb weniger Jahre Gegenstand eines bewußten subjektiven Schuldgefühls hätte sein können. Die Kultur der Reflexion, des kritischen Selbstvorbehalts, der moralischen Gefühle und die sprachlichen und rituellen Formen ihrer öffentlichen Artikulation, derer es bedarf, damit so etwas wie Verantwortungsübernahme überhaupt auf den Weg kommen kann, müssen erst wieder in langen und sehr komplexen zivilisatorischen Prozessen wachsen.

Zugänglich wird die Schuld erst den nachkommenden Generationen, die sich zwar kraft familialer und nationaler Herkunft nach der Tätergeneration verwandt fühlten, aber zugleich keinen biographisch zu verantwortenden Anteil an deren empirischen Schuldzusammenhang mehr hatten. Nur so wird auch die paradoxe Dynamik der öffentlichen Beschäftigung mit den Hypotheken der nationalsozialistischen Vergangenheit verstehbar. Nicht nur an den hier zu Rate gezogenen Protokollen des Bundestages, sondern auch anhand anderer Dokumente der Zeitgeschichte gewinnt man den Eindruck, daß die öffentliche Aufmerksamkeit für das, was in Auschwitz geschah, mit zunehmendem zeitlichen Abstand zu- statt abnimmt. Offenkundig ist das zivilisierende Projekt der Schuldannahme also einzig möglich in Form einer von machtvollen unbewußten Kräften immer wieder blockierten, konflikthaften Kooperation mehrerer Generationen.

Die Balance des Erträglichen

Aber wem kämen die Kompetenz und die Autorität zu, den Augenblick zu erkennen, in dem jener von Eva Reichmann visionär antizipierte Prozeß einer Übernahme der kollektiven Verantwortung der Deutschen vollendet ist? Heute jedenfalls wäre es absurd, den – nach allen verfügbaren Umfragedaten – bei einer Mehrheit der Bevölkerung in Gang gekommenen Prozeß der Schuldreflexion mit dem Hinweis auf die vollständig wiederhergestellte Souveränität Deutschlands für überflüssig zu erklären. Wenn die Politiker der frühen Bundesrepublik vor einer Forcierung der öffentlichen Schuldreflexion warnten, hatten sie immerhin ein empirisches Argument auf ihrer Seite. Sie sahen sich mit der Quadratur des Kreises konfrontiert – mit der paradoxen Aufgabe nämlich, eine zutiefst antidemokratische Gesellschaft in ein politisches System einzubinden, das als demokratisches von den Überzeugungen seiner Bürger nicht vollständig absehen durfte. Diejenigen, die heute anregen, jetzt, nach der Wiederherstellung eines einheitlichen deutschen Nationalstaates, die öffentlichen Rituale einer kollektiven Schuldannahme einzustellen und zu einem »unbefangenen« und »positiven« Patriotismus zurückzukehren, würden damit nicht nur die Quelle verschütten, aus der sich die demokratische Kultur der Bundesrepublik Deutschland bis heute speist. Zugleich würde damit verkannt, daß die vorgeblich wiederhergestellte »Normalität« einer Nation, deren Bürger wieder in einem unmittelbaren Sinn auf ihren Staat »stolz« sein dürften, auch bei denjenigen Staaten Risse zeigt, deren scheinbare nationale Unbefangenheit man gern nachahmen möchte. Denn weltweit mehren sich die Zeichen für eine Umstellung von einer traditionellen »positiven« Form staatlicher Legitimation auf eine demokratische Kultur öffentlicher Rechtfertigung, die auch das trauernde Eingedenken des kollektiven Unrechts einbezieht, die im Zusammenhang der eigenen Geschichte verübt wurden. Der amerikanische Präsident bekannte sich jüngst stellvertretend für die Gesellschaft Nordamerikas zur Schuld der Sklaverei und des Rassismus, die australische Regierung zur Schuld am Massenmord an den Aborigines, die holländische Regierung zum Unrecht an der kolonialen Ausplünderung Indonesiens. Der französische Staatspräsident bekannte sich stellvertretend zur Kollaboration des Vichy-Regimes bei der Deportation der französischen Juden, ähnlich wie sich auch die norwegische Ministerpräsidentin stellvertretend für die Kollaboration ihres Staates mit den deutschen Besatzern entschuldigte. Dies sind vielleicht nur spektakuläre und oberflächliche Beispiele. Viel deutlicher noch sind die Zeichen einer über Schuld- und Trauerrituale hergestellten demokratischen Legitimität bei den »jungen« Demokratien Lateinamerikas, Südafrikas und der postkommunistischen Welt. Diese neuen demokratischen Staaten reagieren auf ihre vordemokratische Vergangenheit mit neuartigen, mit hohem Legitimitätswert behafteten Institutionen und Gremien, die nicht nur die Wahrheit über vergangenes Unrecht ans Tageslicht bringen sollen, sondern denen auch die symbolische Funktion der Integration der neuen Gesellschaft zugewachsen ist. Südafrikas »Wahrheitskommission« ist hier nur das sichtbarste Exempel einer neuartigen Institution, die den sozialen Zusammenhalt einer Gesellschaft herstellen soll, indem sie den Opfern vergangenen Unrechts eine Stimme gibt und den Tätern eine öffentliche Arena anbietet, in der sie ihre Schuld einbekennen können.

Der globale Durchbruch einer solchen neuen »posttotalitären« Legitimationskultur läßt sich recht genau bestimmen. Bis 1989 konnten sich die liberalen Demokratien des Westens – wenn auch mit schwindender Plausibilität – durch den Kontrastbezug auf die Totalitarismen legitimieren. Mit den Resten des totalitären Sozialismus stand immer noch ein Herrschaftsmodell vor Augen, dem für die Legitimität der liberalen Demokratie eine Art negativer Bürgschaft zugefallen war. Als es nach 1989 das »Drüben« nicht mehr gab, an das man Kritiker der hiesigen Verhältnisse verweisen konnte, hat jene in ihren Folgen noch gar nicht absehbare Umstellung im Symbolhaushalt liberaler Demokratien begonnen.

Folgt man einer Anregung von Bernd Giesen, so ist der deutsche Fall einer von der öffentlichen Reflexion der eigenen Schuld genährten demokratischen Legitimität das prägnanteste und historisch etablierte Beispiel eines neuen Musters (post-)nationaler Identitätsbildung.[7] Dieser neuartige »posttotalitäre« Stil der Legitimation ist zunächst gekennzeichnet durch eine allmähliche Abkehr von einer triumphalistischen Demonstration der eigenen Nationalgeschichte, wie sie sich sinnfällig etwa in der überkommenen Kriegerdenkmalskultur zeigt. Die eigene nationale Vergangenheit bietet jetzt nicht mehr das Material einer positiven Vergewisserung des Status quo. Sie wird eher zu einer Kontrastfolie der Gegenwartsorientierung. Ihre öffentliche Erinnerung wird jetzt mit der Aufgabe bedacht, den mythischen Wiederholungszwang einer mit Schuld und Unrecht belasteten Geschichte zu brechen. Empirische Hinweise für diese neuartigen Formen der Legitimitätsbildung findet Giesen nicht nur in den erwähnten Gesten demonstrativer Schuldannahme von prominenten Politikern und in den genannten neuen Institutionen und Ritualen wie etwa der »Wahrheitskommission«. Vorbereitet wurden diese in den etablierten Demokratien durch spezifische, dem »Historikerstreit« ähnliche Auseinandersetzungen um die Revision einer triumphalistischen Sicht der jeweiligen Nationalgeschichte. Zu nennen wären hier die Neubewertung der »conquista« in der spanischen und amerikanischen Welt, die neue Geschichtsschreibung der Französischen Revolution, die Neubewertung der Kolonialgeschichte bei fast allen ehemaligen Kolonialmächten, die Neubewertung der Geschichte des antifaschistischen Widerstandes in Belgien, Holland und Frankreich. Das uns Deutschen am nächsten liegende Beispiel ist die Debatte um die Rolle der Wehrmacht, mit deren parlamentarischer Diskussion ich meinen Bericht eingeleitet habe.

Das geheime, nur undeutlich erkennbare Zentrum dieser neuen Legitimationsform scheint in einer zeitlichen Entgrenzung des demokratischen Kollektivsubjekts zu liegen. Vergangene und zukünftige Generationen werden in einem auf Dauer gestellten demokratischen Gründungsakt symbolisch einbezogen, indem das ihnen in der Vergangenheit angetane, aber bis heute fortwirkende Unrecht öffentlich bekannt wird. Nach dieser symbolischen Logik gehören zu dem, was wir »Gesellschaft« nennen, nicht nur die physisch Lebendigen, die hier und heute unser Territorium teilen.

In den Kosmos der Menschen, auf den wir uns implizit beziehen, wenn wir das Wörtchen »wir« benutzen, werden auch die Toten eingeschlossen. Wenn wir uns derjenigen, die früher aus unserer politischen Gemeinschaft ausgeschlossen wurden oder die gar durch einen in unserem Namen verübten Mord ihr Leben verloren, nicht erinnern, werden sie durch uns noch ein zweites Mal ausgeschlossen. Zu »uns« im oben genannten Sinne gehören aber auch die noch ungeborenen Kinder, die Angehörigen zukünftiger Generationen, deren Lebenssinn und Lebensglück durch die langfristigen, generationsübergreifenden Spätfolgen vergangenen und ungesühnten Unrechts belastet wird.

Von dieser neuen Legitimationskultur würde, wenn sie sich denn durchsetzt, ein schonungsloses Licht auf die konventionellen Formen nationaler Identitätsbildung fallen. Ihr triumphalistischer Stil, der sich bezeichnenderweise vorwiegend in militärischer Symbolik artikuliert, in Hymnen, Fahnenweihen, Aufmärschen, öffentlichen Vereidigungen usw., würde in diesem Licht erkennbar als Relikt einer barbarischen Sozialität – einer Sozialität, die sich vor allem durch ausgrenzende Gewalt konstituiert hat. Ihre primären Merkmale wie unbefragte »Wir«/»Die«-Abgrenzungen, ein unbefragter Gruppennarzißmus und eine unreflektierte Identifikation des einzelnen mit dem Kollektiv waren in reiner Form im nationalsozialistischen Deutschland zur Realität geworden. Es sind eben nicht – wie von einer traditionellen Soziologie behauptet – gemeinschaftliche Wertverpflichtungen oder geteilte Gründungserfahrungen, die aus diffusen »Wir«-Gefühlen eine Nation entstehen lassen. Vielmehr sind es die Leichen im Keller ihrer Geschichte, die bei den Menschen ein von verdrängten Schuldgefühlen bestimmtes existentielles Gefühl von Zugehörigkeit erzeugt haben. Die negative und unbewußte Bindungskraft solcher nationaler Gemeinschaften ist um so ausgeprägter, je mehr sie sich durch die Ausbeutung und Zerstörung fremden Lebens erhalten hat. Das Geheimnis ihres Zusammenhalts beruht nicht auf der freien Wahl ihrer Mitglieder, sondern auf beschwiegener Komplizenschaft.

Nach dem endgültigen Scheitern aller Gesellschaftsentwürfe,

die uns versprachen, daß menschliche Verhältnisse mit einem revolutionären Schlag und zusätzlich noch mit geschichtlicher Rückfallversicherung eingerichtet werden können, ist bei vielen Menschen das Bewußtsein dafür gewachsen, daß die »Balance des Erträglichen« (Jürgen Habermas), d.h. die Gewähr gerechter und gewaltfreier Verhältnisse eine beständige Leistung demokratischer Aktivbürger ist. Der Fortschritt, auf den sie hoffen, ist durch nichts anderes garantiert als durch ihr eigenes politisches Handeln. Walter Benjamin hat ein solches Gesellschaftsbild, in dem die Gegenwart weder als das »noch-nicht« einer utopischen Zukunft noch als das »nicht mehr« eines goldenen Zeitalters erscheint, als einen immer verwundbaren, jederzeit vom Rückfall in die Barbarei bedrohten Zustand mit dem Bild der Engel bezeichnet, die sofort vergehen, wenn sie aufhören zu singen. Wer vor dem Hintergrund eines solchen Geschichtsbildes angesichts gegenwärtiger Menschenrechtsverletzungen und Völkermorde an Auschwitz erinnert, bestreitet nicht dessen Einzigartigkeit. Er zieht aus dieser exemplarischen Erfahrung, was Menschen einander antun können, nur die politische Konsequenz.

Dank

Mein Dank gilt zunächst der Deutschen Forschungsgemeinschaft, durch deren Unterstützung das vorliegende Buch überhaupt erst auf den Weg gekommen ist. Zu danken habe ich vielen, vielen Leuten: zum Beispiel Ulrike Liebert, die mich vor fast zehn Jahren in Florenz darauf aufmerksam werden ließ, daß Parlamentsprotokolle eine spannende Lektüre sein können; oder Cornelia Klinger, die mir beim Zuschnitt des Buchprojektes jegliche akademische Bescheidenheit ausgeredet hat. Mein Dank gilt auch Kollegen und Kolleginnen am Institut für Sozialforschung in Frankfurt: Ludwig von Friedeburg, der alle Zwischenfassungen des Manuskriptes aufmerksam gelesen hat, sowie Carlo Campani, der den italienischen Part in dem gemeinsamen Projekt übernommen hatte, und besonders Brigitte Tarpataky, die mich in allen Etappen der Arbeit unterstützt hat. Danken muß ich auch Studierenden, Kollegen und Kolleginnen an der Universität Gießen: Olaf Wolf, Jürgen Schraten, Andreas Langenohl und besonders Barbara Holland-Cunz für eine konstruktive Kritik am Endmanuskript, Bernd Giesen für anregende Gespräche und Ideen, die sich unübersehbar im Schlußabschnitt zeigen, sowie Claus Leggewie für die freundschaftliche Inspiration, die sich aus der Gemeinsamkeit unserer Perspektiven ergab. Besonderen Dank verdient Jan Philipp Reemtsma, der meine Arbeit durch zahlreiche, überaus wertvolle Annotationen und kritische Anmerkungen bereichert hat. Mein Dank gilt schließlich Ruth Ayaß. Ihrem sprachlichen Gespür habe ich letztlich das Gefühl zu verdanken, bei der schwierigen Thematik dieses Buches vielleicht doch den richtigen Ton getroffen zu haben.

Helmut Dubiel, Frankfurt/M. im Oktober 1998

Anmerkungen

Einleitung

1 Vgl. dazu meinen Aufsatz »Zivilreligion in der Massendemokratie« in dem Buch »Ungewißheit und Politik«, Frankfurt/M. 1994

2 Eli Wiesel bezog sich in seiner Aneignung des Begriffs auf die *akedah* (Genesis 22), auf das durch Gott geforderte Opfer Isaaks. Der problematischen religiösen Implikationen war er sich offenbar voll bewußt. Die Vernichtung der Juden Europas wird in Beziehung gesetzt zu dem Brandopfer, das freiwillig gegeben bzw. von Gott eingefordert wird. Wiesel benutzt den Begriff zum ersten Mal in einer in der »New York Times« vom 27. Oktober 1978 abgedruckten Rezension des »Theresienstädter Requiems« von Joseph Bor. Eine geradezu explosive Verbreitung erfuhr der Begriff durch die 1978 in den USA und 1979 in der Bundesrepublik ausgestrahlte Fernsehserie gleichen Namens.

3 Der Bundestag ist freilich in diese Rolle eines »Resonanzbodens« nur sehr allmählich hineingewachsen. In den Debatten der ersten beiden Nachkriegsjahrzehnte zeigte sich noch deutlich die korporative Abgeschlossenheit einer politischen Klasse, die sich in Ermangelung einer funktionierenden demokratischen Öffentlichkeit auf das »Volk« meist nur in populistischen Deklarationen bezog. Überdies verstand sich der Bundestag ursprünglich als »Arbeitsparlament«, in dem die Produktion von Gesetzen Vorrang hat vor der öffentlichen Debatte kontroverser politischer Positionen. Schon allein deshalb kann man nicht umstandslos von – einer in fünfzig Jahren gleich bleibenden – Repräsentativität der Meinungsbildungsprozesse im Parlament reden. In jenen ersten beiden Jahrzehnten waren die Mitglieder des Bundestags im Durchschnitt gewiß liberaler und vergangenheitskritischer als der Demos, den sie politisch repräsentierten. Empirisch zutreffend ist die Rede vom »Resonanzboden« frühestens seit den Zeiten der sogenannten Außerparlamentarischen Opposition. Erst seit dem Beginn der 70er Jahre gibt es unübersehbare Austauschbeziehungen zwischen parlamentarischer Diskussion und vorparlamentarischer Öffentlichkeit.

4 Vgl. dazu meinen Aufsatz »Unversöhnlichkeit und Demokratie«, in: Wilhelm Heitmeyer (Hg.), »Was hält die Gesellschaft zusammen?«, Frankfurt/M. 1997

5 Mündliche Mitteilung von Zarko Puhovsky, Professor für politische Philosophie in Zagreb und Sprecher des dortigen Helsinki-Komitees

6 Bei diesen Überlegungen verdanke ich zahllose Anregungen dem Buch von Gesine Schwan: »Politik und Schuld«, Frankfurt/M. 1997

7 Vgl. Tzvetan Todorov, »Angesichts des Äußersten«, München 1993

8 Vgl. Karl Jaspers, »Die Schuldfrage«, Heidelberg 1946
9 Die wenig bekannte Kontroverse zwischen Karl Jaspers und Hannah Arendt rekonstruiert Anson Rabinbach in seinem Buch »In the Shadow of Catastrophe. German Intellectuals between Apocalypse and Enlightment«, University of California Press 1997
10 Vgl. dazu das eindrucksvolle Buch von Jonathan Shay: »Achill in Vietnam. Kampftrauma und Persönlichkeitsverlust«, Hamburg 1998

1
Die 50er Jahre: Generation ohne Abschied

1 Vgl. Paul Löbe, »Der Weg war lang«, Berlin 1990.
2 Vgl. Dan Diner, »Die Juden und Europa«, in: Babylon, 1990, Nr. 7, Sept.
3 Vgl. Norbert Frei, »Vergangenheitspolitik. Die Anfänge der Bundesrepublik und die NS-Vergangenheit«, München 1996
4 a.a.O., S. 304
5 Vgl. Hermann Lübbe, »Der Nationalsozialismus im politischen Bewußtsein der Gegenwart«, in: »Deutschlands Weg in die Diktatur«, Berlin 1983, S. 329–349
6 a.a.O.
7 Vgl. Dietmar Schirmer, »Strukturen und Mechanismen einer deformierten Wahrnehmung«, in: »Leviathan«, Sonderheft 9/88
8 Vgl. Gabriel Almond/Sidney Verba, »The Civic Culture«, New York 1963
9 Vgl. Rainer Lepsius, »Das Erbe des Nationalsozialismus und die politische Kultur der Nachfolgestaaten des Großdeutschen Reiches«, in: Max Haller et.al., »Verhandlungen des Deutsch-Österreichischen-Schweizerischen Soziologentages«, Frankfurt 1989

2
Die 60er Jahre: Demokratie und Schuld

1 Vgl. Werner Bergmann, »Antisemitismus als politisches Ereignis«, in: W. Bergmann/Rainer Erb (Hrsg.), »Antisemitismus in der politischen Kultur nach 1945«, Opladen 1990, S. 253–277
2 Vgl. Hermann Lübbe, »Der Nationalsozialismus im politischen Bewußtsein der Gegenwart«, in: »Deutschlands Weg in die Diktatur. Internationale Konferenz zur nationalsozialistischen Machtübernahme«, Berlin 1983, S. 329–349
3 Vgl. Arnold Gehlen, »Urmensch und Spätkultur«, Frankfurt/Bonn 1964, und Helmut Schelsky, »Der Mensch in der wissenschaftlichen Zivilisation«, Hamburg 1960

4 Vgl. Rüdiger Altmann, »Späte Nachricht vom Staat«, München 1967/1998
5 Sehr hilfreich zum Verständnis des Hintergrundes der Verjährungsdebatten war mir das Buch von Peter Steinbach, »Nationalsozialistische Gewaltverbrechen«, Berlin 1981
6 Vgl. Eugen Kogon, »Das Recht auf politischen Irrtum«, in: »Frankfurter Hefte«, Jg. 2, Heft 2, 1947, S. 641–655
7 Vgl. dazu den Band »Antisemitismus in der politischen Kultur nach 1945«, hg. von Werner Bergmann und Rainer Erb, Opladen 1990, sowie als prägnante Zusammenfassung den Literaturbericht von Werner Bergmann, »Die politische Psychologie des Antisemitismus«, in: »Leviathan«, Sonderheft 9/1988
8 Vgl. Henryk Broder, »Der ewige Antisemit«, Frankfurt/M. 1986
9 Vgl. Karl Jaspers, »Die Schuldfrage«, Heidelberg 1946

3
Die 70er Jahre: Kinder Hitlers oder Kinder der Demokratie

1 Vgl. dazu Henner Hess, »Italien: Die ambivalente Revolte«, in: Henner Hess u. a., »Angriff auf das Herz des Staates«, II. Band, Frankfurt/M. 1988
2 Norbert Elias, »Studien über die Deutschen«, Frankfurt/M. 1989, S. 540
3 Jillian Becker, »Hitlers Kinder? Der Baader-Meinhof-Terrorismus«, Frankfurt/M. 1978
4 Die Ausführung dieser Idee, daß gelungene politische Konfliktlösungen sich – über die bloße Aneinanderreihung von Kompromissen hinaus – zu einem symbolischen Kapital verdichten können, das dann Gesellschaften ohne traditionale Vorgaben in Krisen zusammenhalten kann, wird ausgeführt in: Helmut Dubiel, »Das ethische Minimum der Demokratie«, in: »Ungewißheit und Politik«, Frankfurt/M. 1994
5 Vgl. dazu als konzisen Überblick über alle Facetten der Totalitarismus-Diskussion, einschließlich der nach 1989: Wolfgang Wippermann, »Totalitarismustheorien. Die Entwicklung der Diskussion von den Anfängen bis heute«, Darmstadt 1977
6 Zitiert nach Wolfgang Wippermann, S. 48
7 Ernst Nolte, »Deutschland und der Kalte Krieg«, München 1974, S. 253
8 Kommentar zum Grundgesetz der Bundesrepublik Deutschland, München 1974, Art. 18, RDnr. 48

4
Die 80er Jahre: Demokratie und Nation

1 Wichtige Bücher zur Sonderwegthese sind: Helmut Plessner, »Die verspätete Nation«, Stuttgart 1959, Ralf Dahrendorf, »Gesellschaft und Demokratie in

Deutschland«, Frankfurt/M. 1965, Norbert Elias, »Studien über die Deutschen«, Frankfurt/M. 1989, Friederich Karl Ringer, »Die deutschen Mandarine«, München 1987, und neuerdings: Bernd Giesen, »Die Intellektuellen und die Nation«, Frankfurt/M. 1993

2 Vgl. dazu die Ausführungen, die ich im 2. Kapitel über das Phänomen des »schuldreflexiven Antisemitismus« gemacht habe

3 Vgl. dazu Micha Brumlik, »Gedenken in Deutschland«, in: Kristin Platt und Mihran Dabag, »Generation und Gedächtnis«, Opladen 1995, S. 115–130

4 Diesen Begriff prägte Carl Schmitt in seinem Buch »Der Begriff des Politischen«, Berlin 1932

5 Vgl. dazu die Dokumentation »Historikerstreit. Die Dokumentation der Kontroverse über die Einzigartigkeit der nationalsozialistischen Judenverfolgung«, hg. vom Piper-Verlag, München/Zürich 1987

6 Vgl. Michael Stürmer, »Geschichte in einem geschichtslosen Land«, in: »Historikerstreit«, s. Anm. 5, S. 253–255

7 In: Die Zeit (7. Nov. 1986)

5
Die 90er Jahre: Sieg des Lebens? Schuld des Lebens?

1 Vgl. Jan Assmann: »Kollektives Gedächtnis und kulturelle Identität«, in: J. Assmann/Tonio Hölscher (Hg.), »Kultur und Gedächtnis«, Frankfurt/M. 1988

2 Bei der Darstellung des deutschen Rechtsradikalismus in den 90er Jahren war mir sehr hilfreich der ausgezeichnete Artikel von Dieter Rucht: »Recent Right-Wing Radicalism in Germany: Its Development and Resonance in the Public and Social Sciences«, in: »Research on Democracy and Society«, Bd. 3, S. 255–274

3 Vgl. Heinz Kleger und Albrecht Müller (Hg.), »Die Religion des Bürgers. Zivilreligion in Amerika und Europa«, München 1986

4 Diese Idee entwickle ich gegenwärtig in dem Buchprojekt »Gehegte Konflikte«.

Bilanz und Ausblick

1 In der Darstellung des DDR-Antifaschismus orientiere ich mich an: Sigrid Meuschel, »Wandel durch Auflehnung«, in: Reiner Deppe/Helmut Dubiel/Ulrich Rödel »Demokratischer Umbruch in Osteuropa«, Frankfurt/M. 1991; ausführlicher dargestellt hat Sigrid Meuschel diese Problematik in »Legitimation und Parteiherrschaft«, Frankfurt/M. 1991

2 Rudolf Bahro, »Die Alternative«, Hamburg 1980

3 So argumentiert in einem brillanten Aufsatz M.Rainer Lepsius, »Das Erbe des Nationalsozialismus und die politische Kultur der Nachfolgestaaten des ›Großdeutschen Reiches‹«, in: Max Haller, Hans-Jürgen Hoffmann-Nowottny und Wolfgang Zapf (Hg.), »Kultur und Gesellschaft. Verhandlungen des Deutschen/Österreichischen/Schweizerischen Soziologentages«, Frankfurt/M. 1989

4 A.a.O.

5 Vgl. Carlo Campani, »›Resistenza‹ als Zivilreligion des nachfaschistischen Italien«, unveröffentlichtes Ms., Frankfurt 1995. Diese glänzende Dissertation war ein Teil des in der Einleitung erwähnten Projekts über »zivile Religion«

6 Vgl. Alisdair McIntyre, »After the Virtue«, London 1981

7 Vgl. Bernd Giesen, »Verlorene Paradiese, gescheiterte Revolutionen, vergessene Opfer«, in: »Kollektive Identität«, Frankfurt/M. 1998

8 Vgl. Lutz Wingert, in: »Babylon. Beiträge zur jüdischen Gegenwart«, 9 (1991)

Namenregister